SPORT TAUCHEN LERNEN

Richtig üben und trainieren

Dr. Marc Dalecki

Dr. Tobias Dräger

Dr. Uwe Hoffmann

Nils Holle

Ansgar Steegmanns

Fabian Steinberg

Alexander Wojatzki

Delius Klasing Verlag

Bibliografische Information der Deutschen Nationalbibliothek
Die Deutsche Nationalbibliothek verzeichnet diese Publikation
in der Deutschen Nationalbibliografie; detaillierte bibliografische
Daten sind im Internet über http://dnb.d-nb.de abrufbar.

1. Auflage 2013
ISBN 978-3-7688-3580-0
© Verlag Stephanie Naglschmid, Stuttgart / Delius, Klasing & Co. KG, Bielefeld
Herausgegeben in der EDITION NAGLSCHMID

Lektorat: Dr. Friedrich Naglschmid
Titelfoto: Hintergrund picture alliance / Borut Furlan / WaterFrame, Einklinker
Autoren
Fotos: Theo Konken / VDST Seite 10; alle anderen von den Autoren
Grafiken: Aqualung Werkfoto Seiten 16 und 18; Stephanie Naglschmid / ILVA Seiten
26, 28, 39, 55, 56 und 137; alle anderen von den Autoren.
Einbandgestaltung: Buchholz.Graphiker, Hamburg
Layout: Gabriele Engel
Lithografie: digital | data | medien, Bad Oeynhausen
Druck und Bindung: Print Consult, München

Vertrieb: Delius Klasing Verlag, Siekerwall 21, D-33602 Bielefeld
Tel.: 0521/559-0, Fax: 0521/559-115
E-Mail: info@delius-klasing.de
www.delius-klasing.de

Inhalt

Vorwort

Von besonderer Faszination sind für viele Menschen Erlebnisse unter Wasser, ganz egal ob in den tropischen Riffen oder in heimischen Gewässern. Um diese Welt zu entdecken, muss man Tauchen lernen. Schnell erkennt man, dass diese spannende Natursportart erst richtig Spaß macht, wenn Ausbildung und spezifische Fitness durch regelmäßiges und abwechslungsreiches Training ein hohes Niveau erreicht haben.

Während sich die meisten Ausbildungsbücher auf die reine Technik des Tauchens und die Handhabung der Geräte konzentrieren, haben die Autoren hier vielfältige Anregungen und Übungsvorschläge zur Verbesserung der Tauchtechnik, vor allem aber der spezifischen Fitness nach aktuellsten sportmedizinischen und trainingsspezifischen Erkenntnissen zusammengestellt.

Entstanden ist ein Modulbaukasten für die Tauchausbildung. Vom Schnuppertauchen über Einzel- und Vereinstraining bis zu schulischen Projektwochen bietet dieses Werk, das von der Arbeitsgruppe Dr. Marc Dalecki, Dr. Tobias Dräger, Nils Holle, Ansgar Steegmanns, Fabian Steinberg und Alexander Wojatzki unter der Leitung des renommierten Sportwissenschaftlers Dr. Uwe Hoffmann von der Deutschen Sporthochschule Köln zusammengestellt wurde, die perfekte Basis für Ausbilder, Trainer, Sportlehrer und Autodidakten. Die Übungen eignen sich für alle Altersklassen und alle Leistungsstufen und umfassen sowohl spezielle Übungen für die Ausbildung im Schwimmbad mit Schnorchel, Flossen und Maske (*ABC-Ausbildung*) als auch mit dem Druckluftgerät (*DTG-Ausbildung*).

Spezielle Übungen für das Konditionstraining im Wasser und an Land runden das Angebot ab, indem beispielhaft und anschaulich gezeigt wird, wie man zielgruppengenau sinnvolle Trainingseinheiten gestaltet.

Theoretische und ergänzende Hintergrundinformationen wurden bei Bedarf eingearbeitet und im Kapitel 10 zusammengefasst.

Mit diesem Buch kann sich jeder Taucher und jede Taucherin individuelle Trainingspläne zusammenstellen, so die taucherischen Fähigkeiten perfektionieren und die eigene Fitness im gewünschten Maß erreichen und verbessern.

Dr. Friedrich Naglschmid

Danksagung

Die Autoren bedanken sich bei zahlreichen Helfern, die dieses Buch erst in dieser Form möglich gemacht haben. In besonderer Weise haben Jessica Koschate, Ann-Christin Kleidt, Christine Hanusa, Dr. Claudia Behrens, Hendrik Franke, David Loosen und Benjamin Schulze zum Gelingen des Werkes beigetragen. Nicht zu vergessen sind die Jugendlichen vom DUC Stommeln e. V., die Schüler der AG Tauchen des St.-Angela-Gymnasiums aus Bad Münstereifel und die Taucher und Taucherinnen der Hai-Society Köln e. V.

1. Einleitung

(T. Dräger, U. Hoffmann)

Überblick

Mit Bewegung die Faszination der Unterwasserwelt zu entdecken, dies ist für viele Menschen die Motivation, in Vereinen, Clubs und Tauchschulen das Tauchen zu lernen und die taucherischen Fähigkeiten weiterzuentwickeln. Die erste praktische Ausbildung und das Training finden aber im Schwimmbad statt, das leider nicht die Attraktionen der natürlichen Gewässer bieten kann. Das vorliegende Buch soll helfen, mit Spaß und Motivation Tauchen zu vermitteln und zu verbessern. Es ist nicht nur eine Übungssammlung, sondern liefert auch Konzepte für eine zielgruppenorientierte Ausbildung und das Training, um nachhaltig die Sicherheit und damit die Attraktivität des Tauchsports zu fördern.

Immer wieder wird der Eindruck vermittelt, Tauchen sei eine gefährliche Sportart. Richtig ist: Werden alle Regeln beachtet, dann ist Tauchen eine attraktive und sichere Sportart. Tauchen bedarf der theoretischen und der praktischen Vorbereitung, die auch das regelmäßige Training einschließt. Damit kommt der Ausbildung und dem Training im Schwimmbad eine vielfache Bedeutung zu:

- Je anspruchsvoller die Tauchbedingungen sind, umso größer muss die Leistungsfähigkeit und Routine des Tauchers sein.

- Der Taucher muss seine eigene Leistungsfähigkeit richtig einschätzen können, um Zwischenfälle zu vermeiden.

- Der Taucher hat einen vergrößerten Leistungsspielraum in kritischen Situationen.

- Körperliche Fitness vermindert das Risiko einer Dekompressionserkrankung.

Die Bewegungen während eines Tauchgangs sind in den meisten Fällen nur wenig belastend für den Menschen. Kälte, Dunkelheit und die Atmung unter hohem Druck können Taucher aber beeinträchtigen, sodass auch niedrige körperliche Belastungen zur Herausforderung werden. Kommt dann noch mangelnde Routine dazu, wird schnell die individuelle Leistungsgrenze erreicht. Nur die qualifizierte Ausbildung und das regelmäßige Training können dieses Risiko mindern und so den Spaß an der Ausübung dieses Sportes erhöhen.

Diese Sammlung von Übungen soll helfen, ein motivierendes und strukturiertes Training zu gestalten. Dies umfasst die Aspekte der Ausbildung im Schwimmbad, aber auch das konditionelle Training im Wasser und an Land.

Die Übungen sollen Angebote für alle Altersklassen der Tauchanfänger ermöglichen. Bereits im Kinderbereich ist eine gut strukturierte Ausbildung wichtig. Bewegungen und Handlungsmuster werden besser und schneller gelernt und wesentlich stärker eingeprägt als im Erwachsenenalter. Dadurch erhöht sich die Wahrscheinlichkeit, dass die erlernten Verhaltensweisen auch in kritischen Situationen verfügbar sind. Erwachsene Anfänger und Taucher sollen durch die Vielfalt der vorgeschlagenen Übungen abwechslungsreich gefordert werden, und der Ausbilder und Trainer soll in die Lage versetzt werden, eine angemessene Zusammenstellung von Übungen zu finden.

Alle vorgeschlagenen Übungen und Trainingshinweise beschränken sich auf die Ausbildung im Bad bzw. geschützten Gewässer, wo der Anfänger seine ersten Erfahrungen sammeln soll. Hier findet aber auch das regelmäßige Training für erfahrene Taucher statt. Besonderer Wert wird dabei der Ausbildung mit Schnorchel, Maske und Flossen *(ABC-Ausrüstung)* zugemessen, der im Wesentlichen dieses Buch gewidmet ist. Im mittleren Teil des Buches wird auf einige Ausbildungsthemen für das Tauchen mit Drucklufttauchgerät *(DTG-Ausrüstung)* eingegangen. Im letzten Teil werden konkrete Trainingshinweise gegeben und das Thema Tauchsicherheit und Fitness diskutiert.

Der Nutzer kann sich zusätzlich über die physiologischen und trainingswissenschaftlichen Hintergründe umfassend informieren und weiterbilden. Es empfiehlt sich, die einzelnen Kapitel gezielt durchzuarbeiten, um vorhandenes Wissen zu festigen oder zu vertiefen.

Ziele der Sporttauchausbildung

Sporttauchen zur Erkundung eines ansonsten schwer erreichbaren Teiles unserer Umwelt ist die häufigste Motivation zur Ausübung dieser Sportart. Die Vorstellung des schwerelosen Dahingleitens durch eine faszinierende Umwelt lockt immer wieder neue Tauchanfänger an.

Tauchsportliche Ausbildung wird in verschiedenen Einrichtungen mit anderen, sehr unterschiedlichen Zielsetzungen und Schwerpunkten angeboten (vgl. Abb. 1). Dies hat unmittelbare Folgen für die übergeordneten Lernziele, für das angestrebte Lerntempo, für die Form der Vermittlung und damit auch für die Auswahl der Übungen. Neben dem aufwendigen – und bei unsachgemäßer Ausübung, gefährlicheren – Tauchen mit DTG-Ausrüstung ist das Tauchen mit ABC-Ausrüstung die sportlich anspruchsvollere Form, sich die Fauna und Flora der Unterwasserwelt zu erschließen. Unabhängig von den sportlichen Aspekten, geht vom Tauchen mit der DTG-Ausrüstung schon deshalb eine enorme Faszination aus, weil damit der längere Aufenthalt in einer sonst für den Menschen lebensgefährlichen Umgebung möglich wird. Viele verschiedenartige Einflüsse, wie die veränderte Sinneswahrnehmung und die scheinbare Schwerelosigkeit unter Wasser, können eine Sicherheit vorgaukeln, die unversehens zur Lebensbedrohung werden kann.

Die Beherrschung elementarer Techniken des Tauchens mit ABC-Ausrüstung gilt u. a. als unabdingbare Voraussetzung für das Tauchen

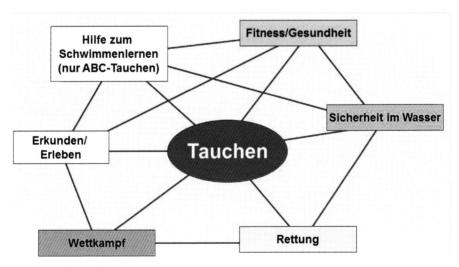

Abb. 1: Tauchen als Ausgangspunkt für eine Vielzahl von Aktivitäten in verschiedenen Organisationen und Institutionen.

mit DTG-Ausrüstung. Weitere Lernziele für das Tauchen mit ABC-Ausrüstung orientieren sich, unabhängig davon, ob diese Ausbildung in der Schule, im Verein, an der Tauchbasis am Meer oder in anderem Rahmen stattfindet, an den späteren Anwendungsformen. Wie unterschiedlich die Schwerpunkte sein können, mag folgende Aufzählung verdeutlichen, in der verschiedene Zielsetzungen dargestellt werden:

- ABC-Tauchen kann in der Schule in nahezu allen Altersklassen eingebracht werden, z. B. kann ABC-Tauchen in den Jahrgangsstufen 1–4 und in einem Teil der Jahrgangsstufen 5–8 unter dem Aspekt der Bewegungsvielfalt eingeführt werden, um die Sicherheit im Wasser zu erhöhen. Die Verwendung kann auch als methodische Hilfe im Rahmen der Schwimmausbildung eingesetzt werden. In den höheren Jahrgangsstufen können spezifische tauchsportliche Anwendungsformen vermittelt werden, die vom Unterwasserrugby *(UW-Rugby)* bis zur Vorbereitung des Tauchens mit DTG-Ausrüstung reichen.

- In Vereinen des Verbandes Deutscher Sporttaucher *(VDST)* kann ABC-Tauchen der Ausgangspunkt für wettkampfsportliche Aktivitäten wie Flossenschwimmen und UW-Rugby sein. Vereinsmitglieder aller Altersstufen werden aber auch über das ABC-Tauchen hinaus auf das Tauchen mit DTG-Ausrüstung vorbereitet.
Mit ABC-Tauchübungen werden die konditionellen Fähigkeiten für die Freigewässeraktivitäten erhalten oder verbessert. Hierbei spielt häufig zusätzlich der gesundheitssportliche Aspekt eine wichtige Rolle.

- An Tauchbasen und -schulen in Deutschland und in den ausländischen Urlaubsorten werden ABC-Übungen sicherlich nur auf das notwendige Minimum beschränkt bleiben, um möglichst schnell die Unterwasserwelt mithilfe der DTG-Ausrüstung entdecken zu können. Mit dieser Zielsetzung wird ABC-Tauchen nur als Voraussetzung zur Tauchsicherheit des Tauchschülers verstanden.

- Im professionellen Bereich, etwa während der Ausbildung zum Forschungstaucher, wird das ABC-Tauchen ebenfalls als Voraussetzung des sicheren DTG-Tauchers verstanden.

- In den Wasserrettungsorganisationen (DLRG, Wasserwacht) soll das ABC-Tauchen die Wassersicherheit und die Rettungsfähigkeit erhöhen. Außerdem mündet die ABC-Ausbildung in die Ausbildung zum Rettungstaucher ein.

Aus den o. a. Beispielen wird deutlich, dass die Sicherheit beim Tauchen mit DTG-Ausrüstung eng mit der Beherrschung des ABC-Tauchens verbunden ist. Damit sollte in jedem Falle die Ausbildung im ABC-Tauchen einen Schwerpunkt der Tauchausbildung darstellen und fließend in die Ausbildung mit DTG-Ausrüstung übergehen. Bei der Vermittlung von Fertigkeiten und Verhaltensweisen sollten dabei immer folgende Grundsätze beachtet werden:

1. Partnerschaftliches Verhalten ist in jeder Ausbildungsphase zu fördern und zu schulen.

2. Der Taucher muss in die Lage versetzt werden, seine Leistungsgrenzen und mögliche Risiken selbst zu erkennen und ggf. die notwendigen Konsequenzen daraus zu ziehen.

3. Aus Sicherheitsgründen sollten möglichst viele Fertigkeiten und Verhaltensweisen, die für das Tauchen mit DTG-Ausrüstung nötig sind, durch ABC-Übungen vorbereitet werden.

Selbstverständlich gilt das Gesagte auch für Taucherinnen. Des besseren Leseflusses wegen steht allgemein der Begriff »Taucher«.

2. Voraussetzungen für die Ausbildung und das Training

(T. Dräger, U. Hoffmann)

Für die Planung einer Ausbildung oder eines Trainings sind verschiedene Aspekte abzuklären:

■ Formale Voraussetzungen, die durch schriftliche Nachweise erfüllt werden sollten

■ Räumliche und gerätetechnische Voraussetzungen

■ Voraussetzungen der Übenden

■ Voraussetzungen der Trainer und Ausbilder

2.1 Formale Voraussetzungen

Die formalen Voraussetzungen, also solche, die durch Nachweise belegt werden müssen, sind in den verschiedenen Institutionen höchst unterschiedlich geregelt. Drei Beispiele mögen dies verdeutlichen:

■ So können für den Schulbetrieb in manchen Bundesländern besondere Genehmigungen durch die Schulleitung oder übergeordnete Stellen für einen Unterricht im ABC-Tauchen und erst recht für das Tauchen mit DTG-Ausrüstung notwendig sein.

■ In den Hausordnungen der Schwimmbäder kann festgelegt sein, dass Ausbilder ihre Rettungsfähigkeit mit einem Deutschen Rettungsschwimmabzeichen (DLRG, ASB oder DRK) nachweisen müssen.

■ Verschiedene Organisationen fordern eine tauchsportärztliche Untersuchung vor Beginn einer Tauchausbildung, während andere Organisationen und Anbieter sich mit einer Selbsterklärung oder medizinischen Aufklärung begnügen.

In Zweifelsfällen muss daher der Träger oder Anbieter der Ausbildung und ggf. auch dessen Versicherer angesprochen werden. Sofern Minderjährige außerhalb des Pflichtschulunterrichts unterwiesen werden sollen, sollte auch eine Einverständniserklärung der Erziehungsberechtigten vorliegen. Auch wenn nicht explizit verlangt, ist vom Unterrichtenden zu fordern, dass er einen entsprechenden Nachweis über seine Rettungsfähigkeit und über eine spezielle tauchsportliche Ausbildung erbracht hat. Eine besondere Ausbildung ist besonders dann zu fordern, wenn die Ausbildung oder das Training das DTG einbeziehen soll. Durch Fort- und Weiterbildungsmaßnahmen in regelmäßigen Intervallen sind diese Qualifikationen zu wiederholen bzw. aufzufrischen, um nach aktuellen Kriterien auszubilden und in Notfällen entsprechend richtig und sicher handeln zu können.

Immer wieder Anlass zur Diskussion ist die Notwendigkeit einer tauchsportärztlichen Untersuchung, wie sie von der Gesellschaft für Tauch- und Überdruckmedizin e. V. (GTÜM) empfohlen wird. Unstrittig ist, dass diese für Ausbilder dringend zu empfehlen ist, auch wenn die Bedingungen im Schwimmbad nicht mit den Risiken im Freigewässer vergleichbar sind. Was allerdings die Untersuchung bei Schülern angeht, so ist es sicher vertretbar, dass für das erste »Schnuppern« nur in kritischen Fällen, z. B. bei bekannten Herz-Kreislauf-Problemen, eine Untersuchung gefordert wird. Unumgänglich ist aber die Aufklärung über die besonderen Risiken beim Tauchen mit Atemgerät. Sofern aber eine Ausbildung mit dem Ziel der Freigewässeraktivitäten begonnen wird, sollte mindestens zu Beginn eine tauchärztliche Untersuchung durchgeführt werden, um auszuschließen, dass besondere gesundheitliche Risiken bestehen.

2.2 Gruppengröße

Die Lerngruppengrößen für die Ausbildung mit ABC- und DTG-Ausrüstung können nicht einheitlich und pauschal geregelt werden. Bis zu 20 Teilnehmer könnten in einer Gruppe fortgeschrittener Schüler sein, wenn nur ein Ausbilder die Gruppe leitet. Für die Anfängerausbildung mit ABC-Ausrüstung ist ein Zahlenverhältnis Ausbilder zu Schüler von 1:10

ideal. Die ersten Tauchversuche im Tiefwasser mit DTG können durchaus ein Verhältnis von 1:2 erfordern. Hier sind die äußeren Bedingungen, insbesondere die Beckentiefe, und das methodische Konzept und damit der Leistungsstand der Teilnehmer, unbedingt zu berücksichtigen.

2.3 Motorische Lernvoraussetzungen

Als *motorische Lernvoraussetzungen* der Lernenden für den Beginn der Tauchausbildung sollten folgende Phasen abgeschlossen sein (vgl. Abb. 2):

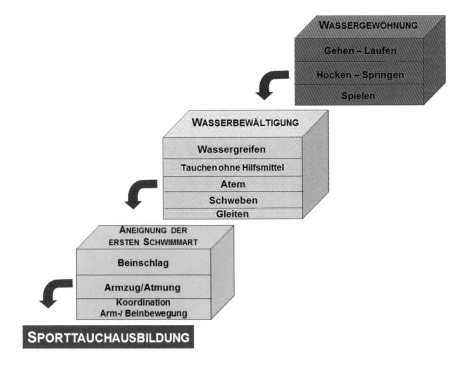

Abb. 2: Lernvoraussetzungen zur Aufnahme der Tauchausbildung (modifiziert nach Wilke 1988).

- Wassergewöhnung

- Wasserbewältigung

- erste Schwimmart

Viele Schwierigkeiten der Tauchausbildung von Erwachsenen sind das Resultat einer ungenügenden Wassergewöhnung und -bewältigung. Typische Beispiele sind Probleme beim Atmen ohne Tauchbrille oder beim Ausblasen der Tauchbrille (vgl. Kap. 5.3 / 5.4). Hier sollte der Tauchausbilder sich nicht scheuen, einfache Übungen in der Schwimmausbildung zur Kompensation derartiger Defizite und vor allem zum Abbau von Ängsten durchführen zu lassen.

Das Beherrschen einer Schwimmart ist unabdingbare Lernvoraussetzung, wenn der Unterricht im Tiefwasserbereich durchgeführt wird. Die Beherrschung des Kraulbeinschlages erleichtert außerdem den ersten Lernerfolg in der Tauchausbildung. Damit regelt sich i. A. auch das Einstiegsalter für die ABC-Tauchausbildung. Ideal dürfte, bei entsprechender schwimmerischer Vorbildung, ein Einstiegsalter zwischen sechs und zehn Jahren sein. Kinder, die jünger als acht Jahre sind, können durchaus mit einer Tauchausbildung beginnen, wenn die o. a. Voraussetzungen erfüllt sind. Allerdings sind nach oben hin kaum Grenzen gesetzt. So kann durchaus nach entsprechender ärztlicher Beratung und Untersuchung in fortgeschrittenem Alter mit einer Ausbildung begonnen werden.

2.4 Kognitive Voraussetzungen

Je nach Alter der Teilnehmer ist es angemessen, die praktischen Übungen mit solchen theoretischen Inhalten zu verbinden, die im Tauchsport ihre Anwendung finden. So ist z. B. das Farbsehen unter Wasser durch farbige Gegenstände sehr gut zu demonstrieren oder der Zusammenhang zwischen Druck und Volumen (Gesetz von Boyle-Mariotte) an geeigneten Objekten zu veranschaulichen. Diese Verbindung von Theorie und Praxis fördert das Verständnis der komplizierten physikalischen und physiologischen Vorgänge. Eine entsprechende Lernvoraussetzung für das Verständnis derartiger Vorgänge ist aber nicht zwingend für den Beginn der Tauchausbildung.

2.5 Materialbeschreibung

Für sämtliche Ausrüstungsgegenstände gelten DIN- bzw. CEN-Vorschriften. Diese sollten in jedem Falle erfüllt sein.

2.5.1 ABC-Ausrüstung

Die in der Ausbildung verwendete ABC-Ausrüstung sollte den nachfolgenden Hinweisen entsprechen. Sie tragen den besonderen Anforderungen der Anfängerausbildung Rechnung.

Anforderungen an die Tauchbrille

- Die Tauchbrille muss einen Nasenerker besitzen, der gut mit den Fingern zu erreichen

Abb. 3: *Bestandteile einer geeigneten ABC-Ausrüstung.*

ist. Ungünstig sind Eingriffe von unten. Für das ABC-Tauchen ungeeignet und gesundheitsgefährdend sind Schwimmbrillen, die nur die Augen bedecken (Abb. 3)!

- Das Glas sollte aus Sicherheitsglas (tempered glass) bestehen.

- Der Dichtrand sollte doppelt ausgearbeitet sein.

- Das Material des Brillenkörpers sollte anschmiegsam sein (Silikon).

- Die Befestigung für das Kopfband sollte einfach verstellbar sein, aber trotzdem sicher halten.

- Das Kopfband sollte am Hinterkopf geteilt sein.

- Die Tauchbrille sollte sich der individuellen Kopfform anpassen und zuverlässig dichten. Durch einfaches Andrücken der Tauchbrille an das Gesicht und Einatmen durch die Nase kann schnell und einfach der individuelle Sitz geprüft werden.

- Das Sichtfeld sollte durch die Tauchbrille nicht unnötig eingeschränkt sein. Das Brillenvolumen sollte möglichst klein sein.

Anmerkung: Entsprechend den DIN-Richtlinien wird von Tauchbrillen gesprochen. Der Begriff (Tauch-)Maske bezeichnet umgangssprachlich i. A. die Tauchbrille, führt jedoch u. U. zu Verwechslungen mit sogenannten Vollgesichtsmasken, die insbesondere beim Berufstauchen verwendet werden. Es sollte aber unbedingt der Unterschied zwischen Tauch- und Schwimmbrillen beachtet werden!

Anforderungen an den Schnorchel

- Der Abstand vom höchsten zum tiefsten Punkt sollte maximal 35 cm betragen. Für Kinder sind bereits 30 cm völlig ausreichend und können sogar noch weiter gekürzt werden.

- Der Durchmesser des Rohres sollte ca. 2,5 cm betragen. Für Kinder und Jugendliche sollte der Durchmesser je nach Alter nur bis zu 1,5 cm betragen.

- Das Rohr sollte der Kopfform entsprechend J-förmig gebogen sein und keine Ecken oder Falten aufweisen.

- Das Mundstück sollte der individuellen Mundgröße angepasst sein. Es sollte außerdem
  ‣ Beißnoppen aufweisen;
  ‣ aus einem weichen Kautschuk- oder Silikonmaterial bestehen.

- Der Schnorchel, insbesondere das obere Ende, sollte eine Signalfarbe aufweisen.

- Es sollte eine Möglichkeit zur Befestigung am Kopfband der Tauchbrille vorhanden sein.

- Zusätzliche Ventile, die z. B. das Ausblasen erleichtern, sind in der Regel nicht nötig, wenn das Schnorcheln richtig gelernt wird.

Anforderungen an die Flossen (Abb. 3)

- Die Flosse sollte einen geschlossenen Fußteil haben. Flossen mit offenem Fußteil und Fersenband sind nur zu empfehlen, wenn Neoprenfüßlinge, z. B. für Freigewässertauchgänge, getragen werden.

- Das Material des Fußteils sollte anschmiegsam, aber nicht zu weich sein.

- Das Flossenblatt sollte leicht angewinkelt sein.

- Flossenhärte und Flossengröße sollten dem Leistungsstand entsprechend gewählt werden.

- Die Flosse sollte zur besseren Erkennbarkeit eine auffällige Farbe haben.

- Die Flosse sollte auftreiben.

- Zwischen linker und rechter Flosse sollte kein Unterschied bestehen.

Aus Sicherheitsgründen muss auf folgende Hilfsmittel hingewiesen werden, die für das Tauchen gefährlich und daher ungeeignet sind:

- Schwimmbrillen, da hier kein Druckausgleich in die Brille erfolgen kann und daher die Gefahr einer Verletzung des Auges besteht.

- Ohrstöpsel und alle anderen Gegenstände, die in den äußeren Gehörgang eingeschoben werden, da diese beim Abtauchen in den Gehörgang hineingedrückt werden können oder durch einen Unterdruck sogar eine Verletzung des Trommelfelles erfolgen kann (siehe auch 4.1.3).

- Nasenklammer, da hierdurch der Druckausgleich in die Tauchbrille verhindert wird (siehe 4.1.3).

- Tauchbrillen und Schnorchel, die nicht wie oben beschrieben beschaffen sind, da hierdurch verschiedene Formen von Verletzungen durch Über- oder Unterdruck erfolgen können.

- Schnorchel mit speziellen Verschlussmechanismen, die das Eindringen von Wasser in den Schnorchel verhindern sollen oder in die Tauchbrille integriert sind, da diese Schnorchel nicht ausgeblasen werden können.

Abb. 4: *Drucklufttauchgerät (DTG) bestehend aus den einzelnen Komponenten Druckluftflasche, Ventil, Atemregler und Jacket.*

2.5.2 DTG-Ausrüstung

Zu einer DTG-Ausrüstung (auch als Leichttauchgerät oder SCUBA = Self-Contained Underwater Breathing Apparatus bezeichnet) gehört eine Reihe von Gegenständen und Instrumenten. Die dargestellten Übungen mit DTG-Ausrüstung beschränken sich, wie in 3.5 erläutert wird, auf die Benutzung des DTGs, bestehend aus der Druckluftflasche mit Ventil, dem Atemregler und dem Jacket (siehe Abb. 4). Die Verwendung eines Kälteschutzanzugs und verschiedener Instrumente kann sinnvoll sein, ist aber für die Übungsgestaltung nicht von Bedeutung.

Ein wesentlich wichtigeres Kriterium bei der Geräteauswahl ist die Größe, die jeweils der Körpergröße der Übenden angepasst sein muss. Das gilt für die ABC-Ausrüstung wie für das DTG. Die Vielfalt der Angebote im Handel bietet hier eine große Auswahl, sodass jede Größe bedient werden kann.

2.5.3 Geräte im Wettkampfsport

Im Wettkampfsport werden die bisher vorgestellten Geräte in modifizierter Form eingesetzt. Die Modifikationen orientieren sich an einer Leistungsoptimierung, z. B. der Reduktion der Wasserwiderstände oder Erhöhung der Wendigkeit. Typische Modifikationen sind:

- Optimierte Tauchbrille bzw. Verwendung von Schwimmbrillen im Flossenschwimmen und Orientierungstauchen.

- Mittelschnorchel im Flossenschwimmen.

- Verkürzter Schnorchel im UW-Rugby/-Hockey.

- Monoflosse mit Glasfiberblatt im Flossenschwimmen und Orientierungstauchen.

- Druckgasflasche/Atemregler im Flossenschwimmen/Streckentauchen.

2.6 Bedarf an Wasserfläche und -tiefe

Für die verschiedenen Übungen wurde ein entsprechender Flächenbedarf bzw. eine Wassertiefe vorgegeben. Die angegebenen Werte sind als Mindestanforderungen zu verstehen und entsprechen den üblichen baulichen Standards. Bei den Übungshinweisen werden häufig Lehrbecken (mindestens 10 m × 12 m, Wassertiefe zwischen 0,8 und 1,4 m) oder eine Schwimmbahn (mindestens 12 m × 2 m) als Orientierung für den Raumbedarf genannt. Selbstverständlich ist es denkbar, verschiedene Übungsvorschläge auf die gegebenen Bedingungen anzupassen. Es sollte aber immer geprüft werden, ob die jeweiligen Rahmenbedingungen nicht zu Verschärfungen der Anforderungen führen können und daher auch unter Sicherheitsaspekten kritisch zu beurteilen sind. Im ersten Teil der ABC-Tauchausbildung, aber auch zu Beginn der DTG-Ausbildung ist sogar eine Begrenzung der Wassertiefe wünschenswert oder notwendig.

Besonders während der DTG-Ausbildung muss darauf geachtet werden, dass den unter Wasser Übenden der Weg zur Wasseroberfläche nicht durch Schwimmer versperrt ist. Obwohl dies vielleicht unter dem Gesichtspunkt der optimalen räumlichen Nutzung möglich wäre, kann keine Kombination von Schwimm- und Tauchübungen im selben Bereich des Beckens stattfinden, da immer mit einem schnellen Auftauchen eines übenden Tauchers gerechnet werden muss.

3. Allgemeine Hinweise zur Übungsauswahl und -gestaltung

(M. Dalecki, T. Dräger, U. Hoffmann)

3.1 Das tauchsport- spezifische Übungsraster

3.1.1 Übungen mit ABC-Ausrüstung

In Abb. 5 ist das Raster dargestellt, nach dem die Übungen für das Tauchen mit ABC-Ausrüstung strukturiert wurden. Es wurden die Einführungs- und die Vermittlungsebene von der Anwendungsebene getrennt. Die erste Ebene ist die einfachste Einführung in den Umgang mit der ABC-Ausrüstung. Das Erlernen des korrekten Umganges mit der Ausrüstung, der Bewegungstechniken und der Verhaltensregeln, deren Beherrschung unabdingbare Voraussetzung für das Erreichen der nächsten Ebene ist, stehen hierbei im Mittelpunkt. Die drei aufgeführten Lernteilziele »Schwimmen mit ABC-Ausrüstung«, »Schnorchel ausblasen« und »Abtauchen mit Druckausgleich« stellen die minimalen Anforderungen an das Lernziel ABC-Tauchen dar. Erst wenn diese Fertigkeiten beherrscht und Verhaltensregeln beachtet werden, sollte mit Übungen aus der zweiten Ebene begonnen werden.

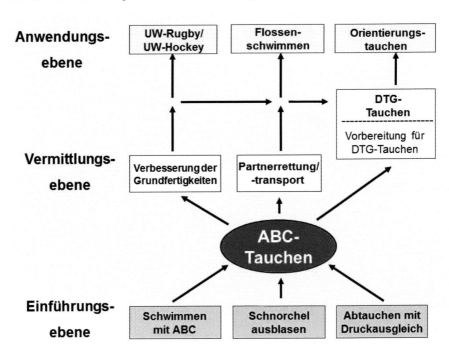

Abb. 5: *Gliederung der Tauchausbildung in Einführungs-, Vermittlungs- und Anwendungsebene.*

Bereits in dieser ersten Ebene und erst recht in den folgenden ist es möglich, die Übungs- bzw. Unterrichtsstunde so zu gestalten, dass der Schüler erste für diesen Sport typische Erfahrungen sammelt und dabei zu den besonderen Erlebnissen geführt wird, die die Bewegung mit ABC-Ausrüstung bieten kann. Die Möglichkeit der schnellen Fortbewegung im Wasser mithilfe der Flossen, das erste Gefühl des Schwebens im Wasser, die Möglichkeiten der freien Bewegungen in drei anstatt zwei Dimensionen können immer wieder faszinieren. Aber auch die wettkampfsportlichen Elemente und das kreative Spiel können durch geeignete Auswahl der Übungen angesprochen werden. Die tauchsportliche Ausbildung bietet schon in den Anfängen vielfältige Möglichkeiten, Spaß und Erfolg zu erleben.

Die zweite Ebene (Vermittlungsebene) ist dem Üben und der Automatisierung der erlernten Fertigkeiten und Verhaltensregeln unter typischen tauchspezifischen Bedingungen gewidmet. Hier ist häufig eine Auswahl und Differenzierung hinsichtlich des angestrebten Anwendungsfeldes aus der dritten Ebene

angebracht. Das Anwendungsfeld kann in Form einer Fortsetzung der Ausbildung mit DTG bestehen und so den fließenden Übergang zu einer weiterführenden Ausbildung ermöglichen. Ein Übergang in den Wettkampfsport, der wiederum in UW-Rugby, UW-Hockey, Flossenschwimmen und Orientierungstauchen untergliedert werden kann, ist ebenso möglich.

Für die methodische Einordnung der Übungen sind die Grenzen der hier vorgestellten Systematik an einigen Stellen sicherlich unscharf. Schon geringfügige Variationen lassen eine andere Einordnung gerechtfertigt erscheinen. Fließende Übergänge sind sowohl zwischen den einzelnen wie auch innerhalb der Anwendungsebenen denkbar.

3.1.2 Tauchen mit DTG

Die Ausbildung im Tauchen mit DTG lässt sich in eine Vielzahl von Lernteilzielen untergliedern (Abb. 6) und ist damit sehr viel komplexer als die Ausbildung im ABC-Tauchen. Neben kognitiven Lernteilzielen kann eine Reihe von Lernteilzielen durch Übungen mit

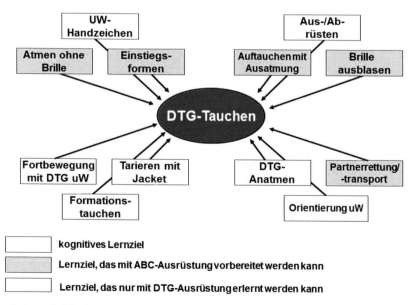

Abb. 6: *Lernteilziele der DTG-Ausbildung.*

ABC-Ausrüstung vorbereitet werden. So ist ein fließender Übergang von der ABC- zur DTG-Ausrüstung möglich. Ein wesentlicher Teil der Ausbildung kann im Hallenbad stattfinden und auf die erste Exkursion im Freigewässer vorbereiten. Die Vertrautheit im Umgang mit dem DTG, die richtige Handhabung der Ausrüstungsgegenstände und nicht zuletzt auch das Vertrauen in die Technik sollen in der ersten Phase dieser Ausbildung erarbeitet werden. Die Automatisation der Handlungen und das korrekte Verhalten auch bei erheblichen Störungen stellen den zweiten Teil der Ausbildung dar, der teilweise auch mit Übungen gestaltet wird, die einen nicht unmittelbaren Realitätsbezug haben.

Die Lernteilziele, die im Bad erarbeitet werden können, stellen die Voraussetzungen für die ersten Exkursionen ins Freigewässer dar. Einige Lernziele (siehe unterer Teil in Abb. 6) können erst dort vollständig oder grundsätzlich erarbeitet werden, weil hier größere Wassertiefen erforderlich sind. Eine Gliederung der Lernteilziele und weitere methodische Hinweise werden in Kap. 5 dargestellt.

Das DTG-Tauchen wird beim Orientierungstauchen oder Flossenschwimmen unter wettkampfsportlichen Bedingungen eingesetzt. Damit werden die hier zugeordneten Übungen mit einer Betonung auf die sportartspezifische Leistungsfähigkeit ausgewählt und durchgeführt, was weit über das normale Ziel einer DTG-Ausbildung und eines DTG-Trainings hinaus geht.

Vor einer Freigewässerexkursion müssen auf jeden Fall die folgenden Lernteilziele beherrscht werden:

- Unterwasserzeichen (UW-Zeichen),
- Auf- und Abrüsten,
- Fortbewegung mit DTG unter Wasser,
- Auftauchen mit Ausatmung.

Je nach den gegebenen Umgebungsbedingungen ist eine Erweiterung dieses Spektrums notwendig.

3.1.3 Anwendung der Übungsraster

Dem Ausbilder sollen die Raster helfen, seine Lernschwerpunkte und -inhalte und dazu passende Übungen auszuwählen, damit er seine Übungsstunde methodisch-didaktisch besser planen kann. Die Übungen in dem Katalog sollen praktikable Denkanstöße darstellen, die allerdings häufig erst nach entsprechender Anpassung oder Variation anwendbar sind. Dabei sind besonders diese Aspekte zu beachten:

- räumliche Voraussetzungen,
- Alter der Gruppenmitglieder,
- Leistungsvermögen,
- Interessen der Gruppe.

Der Ausbilder muss immer beachten, dass das Prinzip »Vom Leichten zum Schweren« beim Tauchen eine unangemessene Aufgabenstellung auch vom Sicheren zum Gefährlichen bedeuten kann. Die Steigerung des Schwierigkeitsgrades setzt immer voraus, dass der Übende die Aufgabenstellung ungefährdet und angstfrei bewältigen kann. Der Schwierigkeitsgrad der Übungen kann z. B. durch folgende Maßnahmen verschärft werden:

Erhöhung der Wassertiefe
Die Wassertiefe sollte zum Anfang der Ausbildung stark begrenzt bleiben. Die maximale Tiefe ist erst im Verlauf der Ausbildung zu erweitern, wenn notwendige Lernziele wie der Druckausgleich von allen Teilnehmern sicher beherrscht werden.

Einbeziehung weiterer Ausrüstungsgegenstände
Die Einbeziehung bisher nicht benutzter Ausrüstungsgegenstände kann eine Steigerung des Schwierigkeitsgrades bedeuten. Dies gilt bereits bei der schrittweisen Einführung der ABC-Ausrüstung und kann bei der Einführung der DTG-Ausrüstung fortgesetzt werden.

Partnerhilfe und Störung durch den Partner
Der Partner kann bei verschiedenen Übungen

Hilfestellung leisten. In anderen Übungen stellt die Anpassung an den Partner bzw. die Partnerhilfe eine Erschwernis der Übungsaufgabe dar.

Zusätzliche Störungen / Anforderungen
Zusätzliche Störungen z. B. durch zusätzliche Hindernisse unter Wasser oder Einschränkungen der Orientierungsfähigkeit (z. B. durch Verdecken der Brille) führen den Tauchschüler zu einer automatisierteren Ausführung des beherrschten Bewegungsablaufes.

Durch geeignete Auswahl der Übungen ist es auch möglich, theoretische Lerninhalte anschaulich zu vermitteln. So kann z. B. das Gesetz von Boyle-Mariotte oder das Farbsehen unter Wasser demonstriert oder auch das Verständnis für die verschiedenen Verhaltensregeln wie etwa beim Druckausgleich erleichtert werden. Die hierfür besonders geeigneten Übungen sind entsprechend gekennzeichnet.

Als Grundlage für die theoretischen Inhalte können die Hinweise zu den entsprechenden Abschnitten gelten. Allerdings sind dies zunächst Hinweise für den Ausbilder und sind auf keinen Fall als Beschreibung der theoretischen Lerninhalte zu verstehen. Ob und in welchem Umfang eine theoretische Ausbildung durchgeführt wird, richtet sich nach der Lerngruppe. Hierzu muss ggf. weiterführende Literatur hinzugezogen werden (siehe Liste im Anhang).

3.2 Allgemeine Anmerkungen zum Übungskatalog

Vor den Übungen zu jedem Lernziel wird ein kurzer Abriss über die theoretischen Grundlagen gegeben. Zum einen soll damit das Lernziel präzise beschrieben, und zum anderen sollen insbesondere die spezifischen Rahmenbedingungen, die für einen sicheren Unterricht vorausgesetzt werden müssen, dargestellt werden.

3.2.1 Organisationsformen

Vor dem Hintergrund beschränkter Wasserflächen und vieler aktiver Tauchern kommt der Wahl der Organisationsformen eine wichtige Rolle bei der Trainingsgestaltung zu.

In vielen Fällen lassen sich die gleichen Organisationsformen für die verschiedenen Übungen anwenden, wie sie auch beim Schwimmsport üblich sind. Geeignete Beispiele sind vor allem Organisationsformen wie »Wellen«, »Laufendes Band« auf der Schwimmbahn oder »Kreisverkehr« im Lehrbecken. Nicht geeignet sind solche Organisationsformen, die Wege an Land erfordern, weil für die Wege an Land aus Sicherheitsgründen jeweils die Flossen ausgezogen werden müssten. Allerdings bieten sich auch Organisationsformen an, die den Raum unter Wasser mit einbeziehen, besonders dann, wenn bereits mit Fortgeschrittenen gearbeitet wird. Da bei einigen Übungen auch Richtungsänderungen gefordert werden, sollte sorgfältig über günstige Verlaufs- und Übungswege nachgedacht werden. In einigen Fällen ist die Organisationsform durch den Übungscharakter oder die Eigenart der Übung selbst vorgegeben. In den meisten Fällen wird empfohlen, eine möglichst freie Organisationsform zu wählen, um die Schüler zu gegenseitiger Aufmerksamkeit zu leiten.

Eine Art Stationenbetrieb kann eingerichtet werden, wenn eine ausreichende Wasserfläche zur Verfügung steht. Die Übungen müssen dann entsprechend ausgewählt werden, sodass die räumlichen Gegebenheiten ausgenutzt werden. Es ist so möglich, in kleinen Gruppen intensiv zu arbeiten. Allerdings muss eine gewisse Selbstständigkeit und verantwortliches Handeln bei den Übenden vorausgesetzt werden können. Besonders nach Erreichen des Lernzieles ABC-Tauchen ist der Einsatz dieser Organisationsform lohnenswert. Ein Beispiel für eine Anwendung dieser Organisationsform

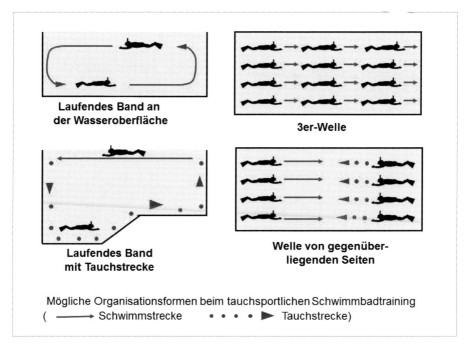

Mögliche Organisationsformen beim tauchsportlichen Schwimmbadtraining
(⟶ Schwimmstrecke • • • • ▶ Tauchstrecke)

Abb. 7: *Mögliche Organisationsformen beim tauchsportlichen Training.*

stellt die abschließende Lernzielüberprüfung des ABC-Tauchens dar (Kapitel 4.1), bei der die drei Übungen getrennt geübt werden können.

Die erwähnten Organisationsformen haben Vor- und Nachteile hinsichtlich der Aufsichtsführung. So ist sicherlich beim Stationenbetrieb eine Station hervorragend beaufsichtigt, während die anderen Stationen in diesem Sinne zu kurz kommen.

Beim Tauchen gibt es aber noch eine weitere Schwierigkeit: Viele Korrekturen erfordern eine Unterwasserbeobachtung, die in der Regel nur erfolgen kann, wenn sich der Lehrer im Wasser befindet. In besonderem Maße gilt dies, wenn neue Bewegungsformen und Manöver beim Tauchen mit DTG-Ausrüstung geübt werden. Man kann sogar anführen, dass eine zuverlässige Aufsicht die Unterwasserbeobachtung voraussetzt. Diese Meinung kann aber wohl recht einfach widerlegt werden. Zumindest die Aufsicht im Sinne des Verhinderns eines Ertrinkungsunfalles ist sicherlich auch vom Beckenrand möglich. Allerdings sind unbestritten die Beobachtungsmöglichkeiten stark eingeschränkt, wenn der Lehrer ausschließlich außerhalb des Wassers am Beckenrand bleibt. Wenn der Lehrer mit ins Wasser geht, muss in besonderem Maße sichergestellt sein, dass die Partnerbeobachtung durchgeführt wird. Wie im Schwimmunterricht im Allgemeinen sollte aber wohl überlegt sein, ob die Vorteile des Mittauchens so schwer wiegen, dass die für Rettungsmaßnahmen günstigere Position am Beckenrand verlassen wird.

3.2.2 Verwendete Bezeichnung für Übungscharakteristika

Bei der Beschreibung der Übungen wird immer eine Übungscharakteristik angegeben, für die folgende neun Unterscheidungen gewählt wurden:

1. *Individual-Übung (IÜ):* Übungen, die der Schüler / Übende allein ausführt und bei denen nur eine spezifische Aufgabe zu erfüllen ist.

2. *Individuelle Spielform (IS):* Der Schüler / Übende führt ohne einen Partner oder Helfer eine Übung aus, die Spielcharakter hat.

3. *Individuelle Wettkampfform (IW):* Der Schüler / Übende muss eine Übung unter Wettkampf- bzw. wettkampfähnlichen Bedingungen ausführen.

4. *Partnerübung (PÜ):* Der Schüler / Übende muss eine Übung mit einem Partner ausführen, bei der nur eine spezifische Aufgabe zu erfüllen ist.

5. *Partner-Spielform (PS):* Zwei Partner führen eine Übung aus, die Spielcharakter besitzt.

6. *Partner-Wettkampfform (PW):* Zwei Partner führen gemeinsam eine Übung aus, die Wettkampf- bzw. wettkampfähnlichen Charakter hat.

7. Entsprechend 4.–6., jedoch mit mindestens drei Gruppenmitgliedern: *Gruppenübung (GÜ)*

8. Entsprechend 4.–6., jedoch mit mindestens drei Gruppenmitgliedern: *Gruppenspielform (GS)*

9. Entsprechend 4.–6., jedoch mit mindestens drei Gruppenmitgliedern: *Gruppenwettkampfform (GW)*

Bei der Auswahl von Übungen in Wettkampf- und Spielform ist immer zu berücksichtigen, dass dadurch zusätzliche Motivationen und Aufmerksamkeitsmomente geschaffen werden, die nicht immer im Sinne einer sicheren Tauchausbildung stehen. So kann etwa das mehrfache Abtauchen auf eine größere Tiefe in möglichst kurzer Zeit den Schüler verleiten, auf einen Druckausgleich zu verzichten. Die zusätzliche Motivation zur Überbietung könnte den Übenden auch dazu animieren, seine Apnoezeit so weit zu verlängern, dass er Gefahr läuft, durch einen Black-out bewusstlos

zu werden. Hier kann durch eine dem Leistungsstand angemessene Aufgabenstellung, Begrenzungen der Tauchtiefe und -zeit solchen Gefahren vorgebeugt werden.

Innerhalb jeder Zuordnung wird weiterhin zwischen Individual-, Partner- oder Gruppenübung unterschieden. Auch hier sind an einigen Stellen gemäß den gewählten Variationen durchaus andere Zuordnungen denkbar. Es ist zu beachten, dass in der zweiten Ebene anspruchsvolle Apnoeübungen dargestellt werden, die aus Sicherheitsgründen in der Regel mindestens als Partnerübungen durchgeführt werden müssen. Damit soll ausgeschlossen werden, dass ein Black-out bei einem der Übenden erst mit zeitlicher Verzögerung bemerkt wird.

Bei Übungen mit der DTG-Ausrüstung sollte besonders in der ersten Ausbildungsphase jegliche Wettkampfform vermieden werden, damit die Schüler sich auf die wichtigen Sicherheitsregeln konzentrieren können. Auch der Einsatz von Spielen ist sorgfältig zu planen, damit der Schüler nicht von den eigentlichen Zielen der Ausbildung abgelenkt wird.

3.2.3 Übungsgeräte

Bei einer Reihe von Übungen werden Übungsgeräte verwendet. Neben den im Schwimmbad üblichen Geräten (5-kg-Tauchringe, Trennleinen, kleine Tauchringe etc.) werden auch Geräte vorgeschlagen, die sonst nicht üblich sind. Es wird davon ausgegangen, dass alle Gegenstände (z. B. Leinen, Wäscheklammern) leicht beschafft werden können. Bei allen verwendeten Gegenständen muss selbstverständlich darauf geachtet werden, dass sie nicht eine besondere Gefährdung darstellen (z. B. Glas), ansonsten ist aber der Fantasie kaum eine Grenze gesetzt.

Häufig ist es notwendig, ein akustisches Signal zu geben. Hierfür kann z. B. ein Metallrohr verwendet werden, an welches die Lehrperson mit einem Metallstab klopft. Damit hat der Ausbilder von außen die Möglichkeit, sich unter Wasser bemerkbar zu machen.

Abb. 8: Beispiele von verschiedenen Übungsgeräten, die im Sporttauchtraining eingesetzt werden können. Ausführliche Beschreibungen finden Sie bei den entsprechenden Kapiteln.

4. Lernziel Tauchen mit ABC-Ausrüstung

(M. Dalecki, U. Hoffmann)

4.1 Lernteilziel ABC-Tauchen

4.1.1 Lernschritt Schwimmen mit ABC-Ausrüstung

Übungen zu diesem Lernteilziel verlangen ausschließlich die Bewegung an der Wasseroberfläche mit der kompletten oder mit Teilen der ABC-Ausrüstung. Ziel dieser Ausbildungsphase ist, dass der Schüler längere Zeit ruhig mit einfachen Richtungs- und Tempoänderungen an der Wasseroberfläche schwimmen und die ganze Zeit das Geschehen unter Wasser beobachten kann. Jegliches Abtauchen oder Störungen, die zu einem Eindringen von Wasser in den Schnorchel führen, sind in dieser Phase zu vermeiden. Die konditionelle Belastung, also die Beanspruchung von Kraft, Schnelligkeit, Ausdauer und die Verlängerung der Atemanhaltezeit (siehe Kap. 9.), spielt nur eine untergeordnete Rolle, während die richtige Nutzung der Ausrüstung im Vordergrund steht. Je nach Adressatengruppe kann bereits der richtige Umgang mit der ABC-Ausrüstung, nämlich Anziehen der Flossen, Aufsetzen der Maske, Befestigen des Schnorchels, ein nennenswertes Lernziel darstellen.

Das Beherrschen von Übungen dieser Kategorie ist Lernvoraussetzung für das Lernteilziel Schnorchel ausblasen, was unmittelbar danach erarbeitet werden sollte. Zwar wäre es denkbar, dass z. B. gezielt die spezifische Ausdauer geschult wird, wenn der Schüler mit der ABC-Ausrüstung an der Wasseroberfläche unter sicheren Bedingungen schwimmen kann. Die Fertigkeiten Schnorchel ausblasen und das

Abtauchen mit Druckausgleich sollten aber aus Gründen der Sicherheit und um den reibungslosen Übungsbetrieb zu garantieren zuvor erarbeitet und damit vor jegliche Verbesserung der Grundfertigkeiten (siehe Kapitel 9) gestellt werden.

Folgende Lernschritte erleichtern die Vermittlung:

- Schwimmen mit Flossen,
- Schwimmen mit Flossen und Maske,
- Schwimmen mit Flossen, Maske und Schnorchel.

Schwimmen mit ABC-Ausrüstung beschränkt sich i. A. auf die Beinschlagaktivitäten. Die Arme können mitgenutzt werden (bevorzugt mit Kraularmzugtechnik), dies stellt aber eine zusätzliche Schwierigkeit dar. Vorzugsweise sollten die Arme gestreckt vor dem Körper gehalten werden. Eine weitere Möglichkeit ist, die Arme neben dem Körper liegen zu lassen. Allerdings bieten die vorgestreckten Arme bessere Möglichkeiten, die Schwimmrichtung zu bestimmen. Aufgrund der geringen Bedeutung hinsichtlich übergeordneter Lernziele wird daher die Armbewegung in den vorgestellten Übungen des Lernziels ABC-Tauchen nicht mit einbezogen. Kann die Beherrschung der Armbewegung vorausgesetzt werden, dann ist dies durchaus eine empfehlenswerte Variante zur Gestaltung des Trainings mit Fortgeschrittenen.

Die ökonomischste Beinschlagtechnik ist identisch mit der des Kraulbeinschlags: Der Beinschlag wird aus der Hüfte angesetzt, wobei das Kniegelenk in der ersten Phase passiv leicht

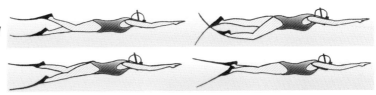

gebeugt und zum Ende des Schlages wieder gestreckt wird. Das Ende der Ausholphase wird durch ein gestrecktes Kniegelenk charakterisiert. Im direkten Vergleich mit dem Kraulbeinschlag ohne Flossenbenutzung lässt sich eine etwas stärkere Beugung im Kniegelenk während der Schlagphase mit Flossen feststellen. Außerdem ist die Fußstreckung nicht so wichtig wie beim Kraulbeinschlag, da dies durch die angewinkelte Flossenfläche ausgeglichen wird. Die Einführung dieser Beinschlagtechnik stellt sich i. A. als problemlos dar, wenn die Beherrschung des Kraulbeinschlages vorausgesetzt wird. Aber selbst wenn diese Lernvoraussetzung nicht gegeben ist, wird der korrekte Bewegungsablauf relativ schnell erlernt, da der Schüler selbst seinen Erfolg am erhöhten Vortrieb erkennen kann.

Die erste Variationsform ist der Beinschlag in Rückenlage. Der Bewegungsablauf ist weitgehend mit dem Kraulbeinschlag identisch, allerdings kann die Bewegung mit einer größeren Amplitude ausgeführt werden. In Rückenlage ist allerdings der Schnorchel nicht benutzbar, ohne erhebliche Nachteile in der Körperlage in Kauf zu nehmen. Daher sollte in Rückenlage generell auf eine Schnorchelatmung verzichtet werden. Die Arme sollten gestreckt vor dem Körper gehalten werden.

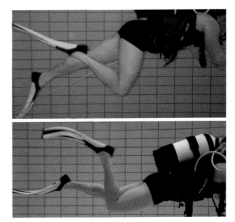

Abb. 10: *Häufige Fehler bei der Ausführung des Kraulbeinschlages.*

Dadurch wird die Körperlage verbessert, zusätzlich bieten die vorgestreckten Arme einen Schutz gegen Kollisionen mit anderen Übenden oder dem Beckenrand.

Zu Beginn der Ausbildung muss darauf geachtet werden, dass das Flossenschwimmen für den Anfänger eine ungewohnte Belastungsform darstellt. Auch wenn die Flossengröße und -härte dem Leistungsvermögen entsprechend gewählt wurde, wird die Beinmuskulatur und der Bandapparat der Füße stark beansprucht. Eine Auflockerung der Übungsstunde durch Aktivitäten ohne Flossenbenutzung,

Fehler	Fehlerbild	Korrekturübung
Tretbewegung (»Radfahren«)	Zu starke Beugung in den Knien und in der Hüfte	Hinweis: »Bein gestreckt halten«, Schwimmen in Rückenlage
Starke Kniebeugung	Zu starke Beugung in den Knien	s. o.
Überzogene Ausholbewegung	Die Flossen werden weit über die Wasseroberfläche geführt	Aufgabe, »leise zu schnorcheln«

z. B. durch Brustschwimmen und Spiele, ist daher ratsam.

Der zweite Lernschritt, die Einführung der Tauchmaske, bedeutet für viele Anfänger eine deutliche Erschwernis: Die Atmung über die Nase ist gänzlich unterbunden. Besonders für Kinder kann dies bereits eine herausragende Schwierigkeit darstellen, da sie stärker die Nasenatmung bevorzugen als Erwachsene. Aber auch für Erwachsene stellt die Einschränkung auf die Mundatmung eine zusätzliche Erhöhung des Atemwiderstandes dar. In den meisten Fällen reichen zwei bis drei Übungsformen aus, um diesen Lernschritt zu bewältigen.

Für einen reibungslosen Ablauf der Übungsstunde sollten zur Einführung der Maske einige Verhaltensregeln mit den Schülern besprochen und vereinbart werden:

■ Die Maske sollte vor Beginn der Übungsstunde mit eigenem Speichel ausgerieben werden, um ein späteres Beschlagen zu verhindern. Erfolgt dies erst im Verlauf der Übungsstunde, so ist die Wirkung des Speichels aufgrund dessen starker Verdünnung mit dem Beckenwasser erheblich herabgesetzt.

■ Die Maske sollte sorgfältig aufgesetzt werden. Haare, die zu einem Eindringen von Wasser führen könnten, sollten zur Seite oder nach hinten geschoben werden. Das Kopfband darf nicht verdreht sein.

■ Nachdem die Maske einmal aufgesetzt ist, sollte sie nicht wieder abgesetzt werden. Wenn jedoch Wasser eingedrungen ist, so genügt am Beckenrand ein kurzes Abkippen des unteren Teils der Maske, um das Wasser aus der Maske herausfließen zu lassen. Besonders während der Übungsankündigung sollte darauf geachtet werden, dass die Schüler die Maske nicht absetzen.

Der erhöhte Atemwiderstand spielt auch bei der Einführung des Schnorchels in dieser Phase eine zentrale Rolle. Schon der Rohrwiderstand des relativ kurzen Schnorchels kann sich in Ruhe störend für den Schüler bemerkbar machen und bei erhöhter Ventilation, etwa durch körperliche Arbeit, zum Übungsabbruch führen. Aber auch die durch den Schnorchel entstehende Druckdifferenz (siehe unten) wird von ungeübten Anfängern wahrgenommen und als störend empfunden.

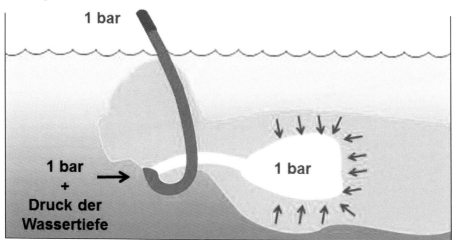

Abb. 11: *Durch Benutzung des Schnorchels entsteht eine Druckdifferenz zwischen dem luftgefüllten Teil der Lunge und dem umgebenden Gewebe. Dies kann bei einem überlangen Schnorchel lebensbedrohend sein.*

Alternative Beinschlagtechniken

Als alternative Bewegungsform bietet sich die Delfinbeinschlagtechnik an. Richtig ausgeführt, lassen sich mit dieser Technik die höchsten Geschwindigkeiten im und unter Wasser erreichen, weshalb sie im Wettkampfsport Flossenschwimmen und Orientierungstauchen als bevorzugte Technik angewendet wird. Sie ist aber vom Bewegungsablauf wesentlich anspruchsvoller und sollte daher bei Anfängern vermieden werden. Andererseits bietet sie aber eine hervorragende Möglichkeit der Übungsvariation für Fortgeschrittene.

Der Brustbeinschlag, auch Frog-Kick genannt, soll hier nur kurz angesprochen werden, da er für das Tauchen nur am Rande relevant ist und nur beim Tauchen mit Atemgerät mit geringer Geschwindigkeit eine Rolle spielt. Die Bewegung ähnelt dem Beinschlag des Brustschwimmens. Das Heranziehen der Beine zum Körper hat einen Bremseffekt hinsichtlich des Vortriebes und ist deshalb im Vergleich zu Kraul- und Delfinbeinschlag uneffektiv. Außerdem ist die Belastung des Kniegelenkes höher und deshalb gesundheitlich über längere Distanzen nicht zu empfehlen. Des Weiteren sind mit dieser Technik keine großen Geschwindigkeiten erzielbar. Trotzdem kann der Brustbeinschlag hilfreich sein, wenn es beispielsweise darum geht, über feinem Sediment die Verwirbelungsrichtung zu ändern. Technisch orientierten Tauchern, die mit viel Equipment unterwegs sind, hilft dieser Beinschlag bei der Stabilisierung der Körperposition.

Neben der Bauch- und Rückenlage kann auch die Seitlage später beim Tauchen mit DTG-Ausrüstung in manchen Situationen hilfreich sein. Der Vorteil ist, dass man kontrollieren kann, wohin man schwimmt, und nicht wie in Bauchlage vom DTG heruntergedrückt wird. Wie auch aus der Rückenlage ist es nicht günstig, aus dieser Lage eine Abtauchbewegung einzuleiten. Die Seitlage dient nur zur Fortbewegung an der Wasseroberfläche. Der Beinschlag ist dem des Rücken- bzw. Kraulbeinschlags mit Flossen vergleichbar (siehe oben). In der Lendenwirbelsäule findet eine leichte Verwringung statt, damit der Blick unter Wasser nach vorn gerichtet werden kann. Dies wird zusätzlich unterstützt, indem der untere Arm nach vorn gestreckt wird, wohingegen der obere Arm neben dem Körper liegen bleibt. Eine besondere Bedeutung kommt der Seitlage zu, wenn der Partner transportiert werden muss.

Abb. 13:
Schnorcheln
in Seitlage.

Bei der Einführung des Schnorchels sollte unbedingt der Hinweis darauf erfolgen, dass die Schnorchellänge nicht 35 cm überschreiten darf. Eine größere Länge des Schnorchels kann zu einer großen Druckdifferenz zwischen dem luftgefüllten Teil der Lunge und dem Lungengewebe (siehe Abb. 11) führen. Während im luftgefüllten Teil der Lunge durch die Verbindung zur Wasseroberfläche der Luftdruck vorherrscht, nimmt das Lungengewebe den Druck der Umgebung an. Dieser ist aber um die jeweilige Tauchtiefe größer als an der Wasseroberfläche. Durch die Druckdifferenz werden Gewebsflüssigkeit und Blut in den Bereich der Lunge gesogen. Die Folge kann ein Barotrauma – eine Verletzung durch Druckeinwirkung – der Lunge und / oder eine Überdehnung des Herzens sein. Außerdem wird der Abtransport von Blut aus dem Brustkorb so stark erschwert, dass es zu einem Kreislaufkollaps und damit zur Bewusstlosigkeit kommen kann. Auf die Gefahren durch einen überlangen Schnorchel sollten die Schüler dem Alter angemessen hingewiesen werden.

Der Ausbilder muss auch kurz erläutern, wie der Schnorchel an der Tauchmaske richtig befestigt wird. In Bauchlage sollte der Schnorchel senkrecht stehen, wenn der Kopf im Wasser liegt. Die günstigste Position für den Schnorchel ist neben der Schläfe. Wenn die üblichen Befestigungsringe benutzt werden, ist manchmal zu beobachten, dass die Befestigung weiter nach hinten rutscht und dann der Schnorchel zwangsläufig in eine horizontale Position gerät. Die Folge ist, dass der Schüler Wasser aspiriert.

Viele Übungen zur Einführung des Flossenbeinschlages eignen sich auch zur Einführung der Masken- und Schnorchelbenutzung. Bei diesem Ausbildungsstand dürfen alle Übungen nur an der WO durchgeführt werden, da die korrekte Ausführung des Druckausgleichs noch nicht eingeführt wurde. Deshalb spielt die Wassertiefe keine Rolle.

Zum Aufbau einer methodischen Reihe wird hierzu folgende Vorgehensweise empfohlen:

Übungsnr.	Name	Kommentar
A1	Flossenscooter	Schwimmen mit Flossen
A2	Slalom	Schwimmen mit Flossen und Maske
A3	Stopp und los	Schwimmen mit ABC-Ausrüstung
A4	Partnerverfolgung	Schwimmen mit ABC-Ausrüstung und Kooperation mit Partner

Übungsvorschläge

A 1 *Name:* **Flossenscooter**   *Charakteristik:* GS

Gerätebedarf: Schwimmbretter   *Flächenbedarf:* Lehrbecken

Beschreibung: Schüler dürfen in freier Form an der WO schwimmen; Zusammenstöße sollen durch schnelles Ausweichen vermieden werden; auf Masken- und Schnorchelbenutzung kann verzichtet werden. Die Bretter sind an den Vorderkanten zu fassen, sodass der Unterarm vollständig aufliegt und der Übende den Kopf aus dem Wasser halten kann.

Variation: Ausführung der Übung ohne Brett, wobei der Kopf stets im Wasser gehalten wird.

Besondere Hinweise: Auf ein akustisches Signal kann die Übung für eine kurze Pause unterbrochen werden; die Belastungszeit sollte bei Anfängern 20 bis 30 s betragen. In der Pause dürfen sich die Übenden hinstellen.

A   2   *Name:* **Slalom**   *Charakteristik:* IÜ

Gerätebedarf: Tauchringe (5 kg), Seile,   *Flächenbedarf:* Schwimmbahn
Pull-buoys, Schwimmbretter o. Ä.

Beschreibung: Die Pull-buoys oder Schwimmbretter werden im Becken verteilt oder, mithilfe der Tauchringe verankert, als Slalomparcours ausgelegt. Die Schüler sollen versuchen, die Strecke möglichst ohne Berührung der Gegenstände zu durchschwimmen.

Variation: Slalom als Staffel

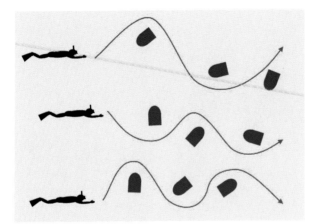

Abb. A2: *Schwimmbretter werden frei auf der Wasseroberfläche des Beckens oder der Schwimmbahn verteilt. Die Übung kann, wie hier dargestellt, als Staffel, aber auch als Individualübung durchgeführt werden.*

A   3   *Name:* **Stopp und los**   *Charakteristik:* IÜ

Gerätebedarf: verschiedene schwimmende   *Flächenbedarf:* Lehrbecken
Gegenstände (Schwimmbretter, Pull-buoys o. Ä.)

Beschreibung: Aus dem zügigen freien Schwimmen heraus sollen die Schüler durch Ausbreiten der Arme und Anziehen der Oberschenkel unter den Körper vor einem Gegenstand plötzlich abstoppen.

Besondere Hinweise: Auf ein akustisches Signal kann die Übung für eine kurze Pause unterbrochen werden. Die Belastungszeit sollte bei Anfängern 20 bis 30 s betragen. In der Pause dürfen sich die Übenden hinstellen.

A   4   *Name:* **Partnerverfolgung an der WO**   *Charakteristik:* PÜ

Gerätebedarf: *Flächenbedarf:* Lehrbecken

Beschreibung: Erster Partner schwimmt in beliebiger Richtung an der WO; zweiter Partner muss folgen. Der führende Partner muss das Tempo so wählen, dass der Partner folgen kann. Außerdem hat der Führende die Aufgabe, eine Kollision mit anderen Paaren zu verhindern. Das Abtauchen ist nicht erlaubt.

Variation: Ketten mit mehr als zwei Übenden.

Besondere Hinweise: Nach etwa 60 s sollte eine kurze Pause gemacht und danach die Rollen getauscht werden.

A 5 *Name:* **Löffelstaffel** *Charakteristik:* PW

Gerätebedarf: Gerätebedarf pro Staffel: *Flächenbedarf:* Schwimmbahn
1 Esslöffel, 1 Tischtennisball

Beschreibung: Der Tischtennisball soll eine Bahn über Wasser in Rückenlage transportiert und am Ende der Bahn übergeben werden; keine Schnorchelbenutzung.

Besondere Hinweise: Andere Transportaufgaben sind der Kreativität des Ausbilders überlassen (z. B. Kerzen in der Adventszeit, Ostereier …)

Abb. A5: Zur ersten Gewöhnung an Maske und Schnorchel sind Aufgaben geeignet, die über der Wasseroberfläche durchgeführt werden sollen, wie z. B. der Transport eines kleinen Balles mit einem Löffel.

A 6 *Name:* **Gegenstände zählen** *Charakteristik:* GÜ

Gerätebedarf: verschiedenfarbige, sinkende, *Flächenbedarf:* Lehrbecken
kleine Gegenstände

Beschreibung: Jeder Schüler soll ohne abzutauchen die Gegenstände einer Farbe zählen, die auf dem Beckenboden verteilt liegen.

Theorieverbindung: Farbsehen uW, dazu Aufbau verschiedenfarbiger, gleichförmiger Gegenstände (mindestens ein roter!) in einer Entfernung von mindestens 10 m, deren Farbe erraten und dann nach dem Erreichen überprüft werden muss.

A 7 *Name:* **Stab schieben** *Charakteristik:* GÜ

Gerätebedarf: Gymnastikstäbe (Kunststoff, *Flächenbedarf:* Lehrbecken
lackiertes Holz)

Beschreibung: Je 2–4 Schüler halten einen Stab an vorgestreckten Armen und schnorcheln freien Kurs an der WO. Die Kollision mit anderen Gruppen ist durch frühzeitiges Ausweichen zu vermeiden.

Variation: Durchschwimmen eines Slaloms.

A   8   *Name:* **Wer hat Angst vor dem Weißen Hai?**   *Charakteristik:* GS

Gerätebedarf: *Flächenbedarf:* Lehrbecken

Beschreibung: Ein Schüler als Fänger gegenüber der Restgruppe muss versuchen, andere Schüler auf ihrem Weg zur anderen Seite zu fangen; gefangene Schüler werden zu Fängern. Der zuletzt gefangene Schüler ist Sieger des Durchgangs und Fänger im nächsten Durchgang.

Das Spiel kann, je nach Alter der Übenden, mit folgendem Dialog beginnen: Frage des Fängers »Wer hat Angst vor dem Weißen Hai?« Antwort der Gruppe »Niemand!« Frage des Fängers »... und wenn er kommt?« Antwort der Gruppe: »Dann schwimmen wir!« Das Spiel ist damit eröffnet.

Besondere Hinweise: Die Bodenberührung auf dem Weg zur anderen Beckenseite sollte verboten sein.

A   9   *Name:* **Kettenfangen**   *Charakteristik:* GS

Gerätebedarf: *Flächenbedarf:* Lehrbecken, besser: Tiefbecken

Beschreibung: Ein Fänger wird am Anfang bestimmt und muss versuchen, einen anderen zu fangen. Gefangene müssen eine Kette durch Handhalten bilden, die nach jedem vierten Gefangenen geteilt wird. Der zuletzt gefangene Schüler ist Sieger des Durchgangs und Fänger im nächsten Durchgang.

Besondere Hinweise: Da diese Übung zum Lauf im Lehrbecken verleitet, ist eine größere Wassertiefe wünschenswert.

A   10   *Name:* **Pull-buoy-treiben**   *Charakteristik:* GW

Gerätebedarf: 1 Pull-buoy pro Staffel, alternativ: Ball oder Schwimmbrett   *Flächenbedarf:* halbe Schwimmbahn pro Staffel

Beschreibung: Der Pull-buoy darf nur mit der Stirn getrieben werden, wobei die Arme neben dem Körper angelegt bleiben. Ziel ist es, den Pull-buoy auf die gegenüberliegende Seite zu transportieren.

A   11   *Name:* **Lebende Bojen**   *Charakteristik:* IÜ

Gerätebedarf: *Flächenbedarf:* Tiefbecken

Beschreibung: Die Hälfte der Schüler steht oder schwimmt im Tiefwasser mit Kraulbeinbewegung in senkrechter Position im Wasser (Bojen); die restlichen Schüler dürfen in freier Form an der WO schwimmen und sollen möglichst nah an den lebenden Bojen vorbeischwimmen, ohne sie jedoch zu berühren; Berührung oder ein Zeitlimit bedeutet Rollenwechsel.

Variation: Spielfeldverkleinerung, Erhöhung der Bojenzahl.

Besondere Hinweise: Die Schüler, die als Bojen eingesetzt werden, kühlen stark aus, wenn sie sich nur treiben lassen. Daher sollte auf einen häufigen Wechsel dieser Positionen geachtet werden oder sichergestellt sein, dass die Schüler sich auch in dieser Position ausreichend bewegen.

A 12 *Name:* **Partnersuche** *Charakteristik:* PÜ

Gerätebedarf: *Flächenbedarf:* Lehrbecken

Beschreibung: Partner A schwimmt frei an der WO; Partner B steht oder liegt an der WO; bleibt Partner A stehen, so schwimmt Partner B zu A.

Variation: Beim Wechsel wird eine neue Fortbewegungsart oder ein Lagewechsel (Delfinbeinbewegung; Bauchlage …) durchgeführt.

A 13 *Name:* **Schwarz-Weiß** *Charakteristik:* GS

Gerätebedarf: Ein Gegenstand mit zwei unter- *Flächenbedarf:* Lehrbecken
schiedlich farbigen Oberflächen

Beschreibung: Zwei Gruppen liegen sich in ausreichendem Abstand in Bauchlage frontal gegenüber; die eine Gruppe ist die schwarze, die andere die weiße Gruppe; durch einen zweifarbigen (schwarz-weißen) Gegenstand, der auf den Beckenboden sinkt, entscheidet sich, welche Gruppe gefangen wird; liegt die schwarze Seite oben, so fängt die schwarze Mannschaft die weiße (und umgekehrt); abgeschlagene Schüler wechseln in die Fängermannschaft.

Variation: Durch Klopfen an den Beckenrand wird das Spiel in Gang gesetzt (1 x bzw. 2 x klopfen).

A 14 *Name:* **Bretter sammeln** *Charakteristik:* GS

Gerätebedarf: verschiedenfarbige Bretter *Flächenbedarf:* Lehrbecken

Beschreibung: Kleingruppen sollen je nach selbst gewählter Brettfarbe diese bei Zuruf einzeln einsammeln und an ihren Sammelpunkt bringen.

Variation: Bretttransport erfolgt nur mit einer Flosse oder mit gefassten Händen auf dem Rücken.

A 15 *Name:* **Materialsammlung** *Charakteristik:* GS

Gerätebedarf: verschiedene Gegenstände *Flächenbedarf:* Lehrbecken
(Schwimmbretter, Pull-bouys)

Beschreibung: 2–3 Baumeister fangen an der WO ihr Baumaterial (Schüler), welches sie dann zu einem Ort an der WO (ihre Baustelle) bringen; wenn kein Material mehr vorhanden ist, entwirft jeder Baumeister mit seinem Material ein Haus, eine geometrische Form, ein Kunstwerk oder Ähnliches.

A 16 *Name:* **Bretter-Salat** *Charakteristik:* GS

Gerätebedarf: verschiedenfarbige *Flächenbedarf:* Lehrbecken
Schwimmbretter

Beschreibung: Jeder Schüler erhält ein Schwimmbrett; auf Zuruf sollen sich die jeweiligen farbigen Bretter zu Gruppen zusammenfinden; in diesen Gruppen können nun verschiedene Übungen erarbeitet oder Partnerübungen (Slalomschwimmen …) durchgeführt werden.

Gerätebedarf: Schwimmbretter   *Flächenbedarf:* Lehrbecken

Beschreibung: Die Schwimmbretter liegen frei an der WO; die Schüler sollen versuchen, um die Schwimmbretter zu schwimmen, ohne sie zu berühren.

Variation: Wettspiel zum anderen Beckenrand; bei Berührung des Schwimmbretts wird der Schüler zur lebenden Boje (siehe Spiel 11), Gruppenstaffel zum anderen Beckenrand; bei Berührung muss der Schüler nochmals von vorne schwimmen.

4.1.2 Lernschritt Schnorchel ausblasen

Nach dem Abtauchen läuft der Schnorchel voll Wasser, das vor der nächsten Einatmung ausgeblasen werden muss. Um dies möglichst ohne Anstrengung durchführen zu können, muss das Ausblasen bereits unter Wasser, kurz vor Erreichen der Wasseroberfläche eingeleitet werden. Das bedeutet aber auch, dass der Taucher nach der letzten Einatmung die Luft angehalten hat. Zwei Aspekte, die dem Anfänger durchaus Probleme machen können, denn er muss entgegen der »normalen« Atmung den Atem nach der Einatmung anhalten und dann die Ausatmung mit dem Auftauchen synchronisieren. Wird die Ausatmung zu früh begonnen, sodass am Ende der Ausatmung der Schnorchel nicht an der Oberfläche ist, läuft wieder Wasser in den Schnorchel, und das Verschlucken ist unvermeidbar.

Durch den Beginn der Ausatmung bereits unter Wasser drückt die aufsteigende Luft das Wasser aus dem Schnorchel. Daher ist kein Überdruck in der Lunge nötig, der das Herz-Kreislauf-System belastet. Dies ist später nach längeren Apnoephasen ein Sicherheitsaspekt und kann einen Black-out vermeiden helfen (siehe Kap. 10.4.2).

Bei Kindern ist häufig auch ein zu großer Schnorcheldurchmesser die Ursache für ein unvollständiges Ausblasen (siehe auch Kap. 2). Durch die Auswahl von Schnorcheln mit kleinem Durchmesser kann das Volumen des Schnorchels dem relativ kleinen, kindlichen Atemzugvolumen angepasst werden.

Der Handel bietet Schnorchel mit einem zusätzlichen Überdruckventil am tiefsten Punkt des Schnorchels an, was das Problem ebenfalls verringern kann. Andererseits führen diese Konstruktionen besonders dann zu Problemen, wenn sich Sand darin festsetzt, was z. B. am Strand sehr leicht passieren kann. Bei besonderen Schwierigkeiten des Anfängers können derartige Konstruktionen allerdings durchaus hilfreich sein.

Zum schrittweisen Erlernen empfiehlt es sich, zunächst die Atemrhythmik ohne Schnorchelbenutzung zu schulen. Ideal ist eine schnelle Folge von Ausatmung und Inspiration und eine Atempause nach der Einatmung. Die meisten genannten Übungen können dahingehend abgewandelt werden.

Im zweiten Lernschritt sollte der Schnorchel am Beckenrand nach kurzem Abtauchen ausgeblasen werden. Der Schnorchel wird gerade eben unter Wasser gebracht, sodass etwas Wasser hineinläuft, und mit der folgenden Ausatmung wird wieder die Wasseroberfläche erreicht. Dabei kann auch die nötige Rhythmisierung geübt werden, ohne dass der Schüler dies bewusst kontrollieren muss.

Die Tauchtiefe von 50 cm sollte bei allen Übungen in dieser Lernphase nach Möglichkeit noch nicht überschritten werden, da die Beherrschung und regelmäßige Anwendung des Druckausgleichs noch nicht vorausgesetzt wird. Besonders geeignet ist daher das Üben in einem Lehrbecken, um größere Tiefen (mehr als 1,5 m) und damit das Risiko für Barotraumen gar nicht erst zu ermöglichen.

Zum Aufbau einer methodischen Reihe sind hierfür folgende Übungen zu empfehlen:

Übungsnr.	Name	Kommentar
B1	Schnorchel volllaufen	Spielerischer Umgang mit dem Schnorchel
B2	Eimer auftreiben	Rhythmisierung Einatmen-Abtauchen-Ausblasen
B3	Leinen untertauchen	Rhythmisierung Einatmen-Abtauchen-Auftauchen-Ausblasen-Einatmen
B4	Atemloch suchen	Schnorchel ausblasen nach längeren Tauchstrecken

Zusammenfassung der Sicherheitshinweise

- Die Schnorchellänge darf 35 cm nicht überschreiten!
- Tiefes und langes Abtauchen ist für Anfänger zu vermeiden!

Übungsvorschläge

B 1 *Name:* **Schnorchel volllaufen**   *Charakteristik:* IS

Gerätebedarf: *Flächenbedarf:* Schwimmbecken

Beschreibung: Der Tauchschüler befindet sich am Beckenrand. Der sich an der Maske befindende Schnorchel soll so weit unter Wasser gehalten werden, dass ein wenig Wasser hineinläuft. Der Tauchschüler versucht, den Schnorchel auszublasen.

Besondere Hinweise: Zunächst soll der Schnorchel nur teilweise gefüllt werden.

B 2 *Name:* **Eimer auftreiben**   *Charakteristik:* GW

Gerätebedarf: Pro Staffel: Wassereimer mit Henkel, Tauchring, Schnur   *Flächenbedarf:* Schwimmbahn

Beschreibung: Die Eimer befinden sich auf der Gegenseite und sollen mit der Öffnung nach unten durch die Tauchringe in geringer Tiefe verankert werden. Durch Ausatmen in den Eimer soll dieser zum Auftreiben gebracht werden. Die Staffel, die dies als erste schafft, hat gewonnen. Nach dem Auftauchen soll ohne Schnorchelbenutzung wieder eingeatmet werden.

Besondere Hinweise: Die Tauchtiefe darf höchstens 1 m betragen, da sonst ein Druckausgleich notwendig wäre, der in dieser Ausbildungsphase nicht vorausgesetzt werden kann.

Abb. B2: *Der Eimer am Boden soll mit der Ausatemluft gefüllt werden, bis er auftreibt. Es wird empfohlen, an jedem Eimer einen Schnorchel abzulegen, durch den dann ausgeatmet werden soll.*

4.1 Lernteilziel ABC-Tauchen

B 3 *Name:* **Leinen untertauchen**   *Charakteristik:* IÜ

Gerätebedarf: Trennleinen oder ähnliche   *Flächenbedarf:* Schwimmbahn
Hindernisse

Beschreibung: Die Trennleinen, die im Abstand von 2 bis 3 m quer zur Schwimmrichtung ausgelegt sind, sollen untertaucht werden.

Besondere Hinweise: Das kurze Abtauchen soll die Apnoephase kurz halten und eine Konzentration auf das anschließende Auftauchen erlauben. Außerdem wird bei den kurzen Abtauchvorgängen der Schnorchel nicht vollständig mit Wasser gefüllt.

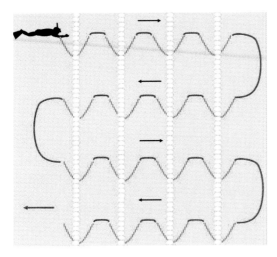

Abb. B3: *Eine mögliche Organisationsform beim »Leinen untertauchen« ist ein Zickzackkurs im Lehrbecken. Am Ende einer Bahn wird gewendet und mit einem leichten Versatz, der z. B. durch Markierungsringe am Beckenboden vorgegeben ist, eine weitere Bahn begonnen.*

B 4 *Name:* **Atemloch suchen**   *Charakteristik:* GS

Gerätebedarf: Schwimmende Gymnastikreifen   *Flächenbedarf:* Lehrbecken

Beschreibung: Die Gymnastikreifen werden im Becken verteilt. Die Teilnehmer haben die Aufgabe, sich im Becken zu bewegen, allerdings darf nur innerhalb eines Gymnastikreifens aufgetaucht werden, um Luft zu holen.

Besondere Hinweise: Die Teilnehmer sollten darauf hingewiesen werden, die Tauchtiefe von ca. 0,5 m nicht zu überschreiten, da der Druckausgleich noch nicht vorausgesetzt werden kann.

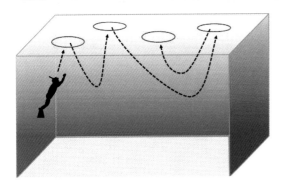

Abb. B4: *An der Wasseroberfläche schwimmende Gymnastikreifen symbolisieren Atemlöcher, die nacheinander angetaucht werden.*

B 5 *Name:* **Schrauben an der WO**   *Charakteristik:* IÜ

Gerätebedarf: *Flächenbedarf:* Schwimmbahn

Beschreibung: Aus dem Schnorcheln an der WO soll eine Drehung um die Körperlängsachse ausgeführt werden.

B 6 *Name:* **Luftballon aufblasen**   *Charakteristik:* IÜ

Gerätebedarf: Luftballons   *Flächenbedarf:* Schwimmbahn

Beschreibung: Der Ballon wird auf das obere Ende des Schnorchels gezogen. Nach tiefer Einatmung soll mit dem Luftballon in der Hand kurz abgetaucht und nach dem Auftauchen in den Schnorchel ausgeatmet werden, um so den Ballon aufzublasen.

Besondere Hinweise: Es besteht die Gefahr der Pendelatmung (Einatmung der Ausatemluft). Dies sollte strikt untersagt werden!

B 7 *Name:* **Schnorchel beringen**   *Charakteristik:* GS

Gerätebedarf: 1–5 kleine Tauchringe pro Schüler   *Flächenbedarf:* Lehrbecken

Beschreibung: Die Gruppe schnorchelt frei an der WO. Jeder Schüler versucht, seine Ringe über den Schnorchel eines Mitschülers zu legen. Kurzes Abtauchen, um das Überwerfen der Ringe auf den Schnorchel zu verhindern, ist erlaubt. Die Ringe, die am Schnorchel eines Teilnehmers platziert wurden, dürfen bis zum Ende des Durchganges nicht mehr entfernt werden. Der Durchgang ist beendet, wenn alle Ringe verteilt wurden. Der/die Teilnehmer mit den wenigsten Ringen am Schnorchel ist/sind Sieger.

B 8 *Name:* **Brett untertauchen**   *Charakteristik:* IÜ

Gerätebedarf: Schwimmbretter   *Flächenbedarf:* Lehrbecken

Beschreibung: Der Schüler soll sein Schwimmbrett vor sich herschieben. Nach tiefer Einatmung soll er das Brett loslassen und unter diesem durchtauchen. Anschließend soll er in entgegengesetzter Richtung wieder das Brett schieben.

B 9 *Name:* **UW-Rugby-Ball passen**   *Charakteristik:* GS

Gerätebedarf: UW-Rugby-Ball   *Flächenbedarf:* Lehrbecken

Beschreibung: Gruppe bildet einen Kreis. Der Ball soll im Kreis unter Wasser gespielt und gefangen werden. Dazu tauchen der ballführende Schüler und der Fänger gemeinsam ab.

Variante: Zwei Bälle sollen im Kreis gepasst werden, wobei der Pass zum übernächsten Schüler im Kreis gepasst werden soll. Bei gerader Schülerzahl kann dann ein Wettlauf der Bälle entwickelt werden.

Abb. B9: *Unterwasser-Rugby-Bälle eignen sich hervorragend zur Spielanregung in jeder Altersstufe. Pässe von Partner zu Partner oder auch innerhalb einer Kreisformation sind möglich. Passgeber und Fänger sollen gemeinsam abtauchen und können einen oder auch mehrere Pässe durchführen.*

B	10	*Name:* **Zielspritzen**	*Charakteristik:* GS

Gerätebedarf: Gegenstand, der ca. 1–3 m über der WO befestigt werden kann   *Flächenbedarf:* Lehrbecken

Beschreibung: Nach dem Abtauchen soll unter einem Gegenstand aufgetaucht werden, der beim Ausblasen des Schnorchels angespritzt werden soll. Als Ziel eignet sich z. B. der Ring einer Rettungsstange oder ein aufgehängter Luftballon.

4.1.3 Lernschritt Abtauchen mit Druckausgleich – Auftauchen

Das genannte Lernteilziel lässt sich in vier Abschnitte unterteilen:

1. die Erklärung und altersgerechte Begründung des Druckausgleichs,

2. die praktische Ausführung des Druckausgleichs im Mittelohr,

3. die senkrechte kopfwärtige Abtauchbewegung,

4. das Verhalten beim Auftauchen.

Ziele sind das senkrechte, kopfwärtige Abtauchen, in dessen Verlauf der Druckausgleich korrekt durchgeführt werden muss, und das sichere Auftauchen.

Die theoretische Behandlung des Druckausgleiches sollte mit einem Hinweis auf ein Tauchverbot mit Schwimmbrillen verbunden werden. Da bei diesen Brillen keine Verbindung zur Nase besteht, kann der Unterdruck im Brilleninnenraum beim Abtauchen nicht ausgeglichen werden. Die Saugglockenwirkung der Brille ist unvermeidlich, die sich zudem auf den Augapfel konzentriert. Erhebliche Schäden und eine Einschränkung des Sehvermögens auf Lebenszeit können die Folge sein.

Der korrekten und rechtzeitigen Ausführung des Druckausgleichs muss besondere Aufmerksamkeit gewidmet werden, da hier eine große Verletzungsgefahr für alle Tauchsportler liegt. Der theoretische Hintergrund muss unbedingt verdeutlicht werden. Für die Unterrichtspraxis muss festgehalten werden, dass dies wohl einen der wichtigsten Ausbildungsabschnitte darstellt.

Theorieeinschub Druckausgleich

Unter dem Begriff Druckausgleich wird beim Tauchen i. A. der Druckausgleich im Mittelohr verstanden. Die Notwendigkeit des Druckausgleiches beim Abtauchen ergibt sich aus der entstehenden Druckdifferenz zwischen luftgefüllten Teilen des Körpers und den umschließenden Geweben, die stets den Umgebungsdruck annehmen. Nach dem Gesetz von Boyle-Mariotte, dessen Kenntnis nur qualitativ vorausgesetzt werden muss, verringern sich alle gasgefüllten Volumina entsprechend der Druckerhöhung (quantitative / mathematische Kurzform: Druck x Volumen = konstant). Während andere Hohlräume des Körpers (z. B. Lunge) sich entsprechend anpassen können, kann das Mittelohr aber dieser Volumenreduktion nur in geringem Maße folgen. Ein weiterer luftgefüllter Raum könnte ebenso Schwierigkeiten bereiten: Der Maskeninnenraum kann einen Saugglockeneffekt ausüben, wenn keine Atemluft über die Nase nachströmen kann. In der Regel wird dies unbewusst erfolgen und daher keine Probleme bereiten. Da in der Anfängerausbildung außerdem keine extremen Tiefen aufgesucht werden und zudem das Material der Tauchbrillen heutzutage relativ elastisch ist, sollte nur auf diesen Druckausgleich hingewiesen werden, wenn deutliche Anzeichen für einen fehlenden Druckausgleich in den Maskeninnenraum, wie etwa starke Hautrötung oder subjektive Beschwerden, erkennbar sind. Ein entsprechender Hinweis auf leichte Ausatmung durch die Nase wird dann das Problem schnell lösen.

Da das Mittelohr (siehe Abb. 14) zum größten Teil von Knochen umgeben ist, die u. a. mit einer Schleimhaut ausgekleidet sind, bestehen im Vergleich zu anderen Hohlräumen im Körper nur geringe Möglichkeiten zur

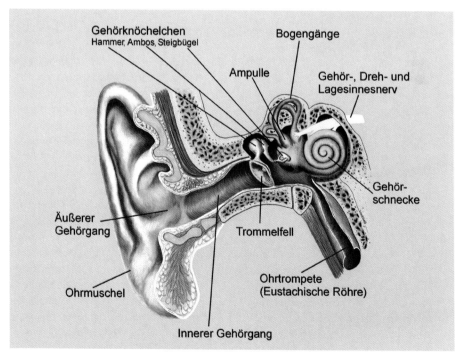

Gehörknöchelchen
Hammer, Ambos, Steigbügel

Bogengänge

Ampulle

Gehör-, Dreh- und Lagesinnesnerv

Gehörschnecke

Äußerer Gehörgang

Trommelfell

Ohrmuschel

Ohrtrompete (Eustachische Röhre)

Innerer Gehörgang

Abb. 14: Schematische Darstellung des Mittel- und Innenohres.

Volumenanpassung. Einzig das Trommelfell stellt eine bewegliche Membran dar, wodurch in geringem Umfang durch Ein- oder Auswölben eine Volumenanpassung erfolgen kann. Die Möglichkeit zur Volumenkompensation ist aber stark begrenzt. Bei zu starker Druckdifferenz kann das Trommelfell anschwellen oder sogar einreißen. Kaltes Wasser wird dann ins Mittelohr gedrückt und sorgt für die entsprechende Volumenanpassung. Neben der akuten Verletzung des Trommelfells besteht durch das eindringende Wasser auch die Gefahr, dass der Taucher unter Wasser die Orientierung verliert. Das eindringende kalte Wasser löst eine Bewegung der Flüssigkeit in den Gleichgewichtsorganen (Endolymphe) aus, wodurch der Gleichgewichtssinn (Bogengänge des Innenohrs) gereizt wird.

Der Trommelfellriss stellt aber nur die spektakulärste Form eines Barotraumas des Mittelohres dar. Viel häufiger sind die Vorstadien zu beobachten, die aber durchaus schon kritisch sind bzw. zu erheblichen Komplikationen führen können. Schmerzempfindungen im Ohr sind bereits Anzeichen eines zu spät durchgeführten Druckausgleichs. Auch bei geringen Druckdifferenzen zwischen Umgebung und Mittelohr bleibt stets ein Unterdruck im Mittelohr bestehen, da die Trommelfellwölbung nur teilweise das Volumen reduziert. Der permanente Unterdruck führt zu einer Ansammlung von Blut und Zellflüssigkeit im Mittelohrbereich (Ödem). Diese Ödembildung hat zunächst keine schädigenden Folgen für die umgebenden Gewebe. Sie kann aber bereits dazu führen, dass die Verbindung zwischen Nasen-Rachen-Raum und Mittelohr, die Eustachische Röhre, ebenfalls anschwillt. Als Folge davon wird bei den nächsten Abtauchvorgängen der Druckausgleich erschwert oder sogar gänzlich verhindert. Eine Ödembildung im Bereich des Trommelfells kann zu einer Blasenbildung führen, die sich durch eine vorübergehende Schwerhörigkeit (»Wasser im Ohr«) bemerkbar macht. Über das Ausmaß dieser Barotraumen entscheiden die Größe und Dauer der einwirkenden Druckdifferenz.

Bei der Druckdifferenz handelt es sich im Grunde um einen Volumenmangel, der durch Nachströmen von Luftvolumen aus dem Bereich des Nasenrachenraumes ausgeglichen werden kann. Dazu ist aber die Öffnung der Eustachischen Röhre, der Verbindung zwischen Nasen-Rachen-Raum und Mittelohr, nötig. Durch Gähnen, Schlucken oder Vorschieben des Unterkiefers kann es gelingen, die Eustachischen Röhren kurzfristig zu öffnen. Stärkere Schädigungen erfordern u. U. mehrwöchige Tauchpausen. Auf jeden Fall ist das Trommelfell stark gereizt und wesentlich anfälliger für Infektionen. Daher ist nach Komplikationen beim Druckausgleich im Mittelohr immer der Rat eines Arztes einzuholen.

In den meisten Fällen wird man sich aber des Valsalva-Manövers bedienen: Bei zugehaltener Nase versucht man auszuatmen. Dadurch entsteht ein Überdruck gegenüber dem Umgebungsdruck, dem Druck in den angrenzenden Geweben, wozu auch die Zone um die Mündung der Eustachischen Röhre im Nasen-Rachen-Raum zählt; die Eustachischen Röhren werden aufgepresst, und Atemluft kann in das Mittelohr nachfließen (vgl. auch nachfolgende Tabelle). Dieses Manöver hat auch Auswirkungen auf das Herz-Kreislauf-System.

Eine physiologisch weniger bedenkliche Möglichkeit bietet der Druckausgleich nach Frenzel (siehe Ehm et al. 2012), bei dem der Kehlkopf geschlossen wird und durch Pressen der Zunge an den hinteren Gaumen ein Überdruck in den oberen Atemwegen erzeugt wird. Allerdings hat diese Form des Druckausgleichs keinen Einfluss auf das Herz-Kreislauf-System (s. o.). Dieses Verfahren ist jedoch wesentlich schwieriger zu erklären und bei vor allem jungen Anfängern nicht einfach einzuführen.

Eine große Gefahr stellt der erzwungene Druckausgleich dar. Dabei wird versucht, mit einem zu großen Überdruck die Eustachischen Röhren zu öffnen und so den Druckausgleich zu erzwingen. Ursache hierfür kann eine zu große Tiefendifferenz oder aber eine Verlegung der Eustachischen Röhre z. B. durch Schleim infolge einer Erkältung durch das oben erwähnte Anschwellen sein. Es besteht in dieser Situation die Gefahr, dass die erzeugte Druckwelle nach Öffnen der Eustachische Röhre zu einer Schädigung des Innenohrs führt. Für weitere theoretische Details sollte die entsprechende tauchmedizinische Literatur herangezogen werden (Ehm 2008, Bühlmann 1993).

Aktionsphase	Paukenhöhle		Umschließendes Gewebe		Nasen-Rachen-Raum		Umgebung
Vor dem Abtauchen	1 bar	⇔	1 bar	⇔	1 bar	⇔	1 bar
Nach dem Abtauchen auf 1 m Tiefe – vor dem Druckausgleich	~ 1 bar	⇩	1,1 bar	⇔	1,1 bar	⇔	1,1 bar
Beim Pressen, vor dem Öffnen der Eustachischen Röhre	~ 1 bar	⇩	1,1 bar	⇔	>1,15 bar	⇧	1,1 bar
Nach dem Öffnen der Eustachischen Röhre	1,1 bar	⇔	1,1 bar	⇔	1,1 bar	⇔	1,1 bar
Fortgesetztes starkes Pressen zum Öffnen der Eustachischen Röhre (erzwungener Druckausgleich)	~ 1 bar	⇩	1,2 bar und mehr	⬆	1,2 bar und mehr	⬆	1,1 bar

Tab. 1: *Druckverhältnisse während des Druckausgleichs in den angrenzenden Gebieten des Mittelohres. ⇔ kein Druckunterschied zur Umgebung, ⇩ geringerer Druck als in der Umgebung (Unterdruck), ⬆ wesentlich höherer Druck als in der Umgebung (starker Überdruck), ⇧ höherer Druck als in der Umgebung (Überdruck).*

Neben der praktischen Durchführung eines Druckausgleichs sollte der Schüler auch erkennen können, wann es für ihn unmöglich ist, weiter abzutauchen. Schon bei den ersten praktischen Übungen dieser Ausbildungsphase muss der Schüler aufgefordert werden, im Falle eines nicht zustande kommenden Druckausgleichs die Übungen abzubrechen. Übertriebenes Anspornen ist in dieser Phase der Ausbildung völlig fehl am Platze! Je nach intellektuellem Reifegrad muss versucht werden, dem Schüler die theoretischen Grundlagen zu vermitteln.

Eine ausreichende Sensibilisierung der Schüler zu diesem Themenkreis muss in der ersten Unterrichtsstunde erreicht werden. Erst wenn der Ausbilder sicher sein kann, dass die Schüler beim Abtauchen einen Druckausgleich korrekt und in regelmäßigen Abständen durchführen, kann die praktische Ausbildung in größeren Tiefen (> 1,5 m) erfolgen.

Vor den praktischen Übungen im Wasser sollte die Demonstration des Druckausgleichs und die praktische Durchführung an Land erfolgen. Jeder Schüler sollte das Ausatmen gegen die verschlossene Nase an Land zuerst ohne,

dann mit der Tauchbrille ausführen. Dabei sollte der Druck langsam aufgebaut werden. Der Schüler soll erfahren, dass dies an Land zu Knackgeräuschen in den Ohren führt, die die Öffnung der Eustachischen Röhre anzeigen. Die ersten Versuche im Wasser sollten noch in geringen Tiefen stattfinden, was durch entsprechende Beckentiefen sichergestellt werden kann. Kindern sollten konkrete Markierungen gegeben werden, wo der Druckausgleich zu erfolgen hat. Besonders geeignet ist das Abtauchen entlang einem vom Beckenboden schräg zur Wasseroberfläche gespannten Seil, an dem Markierungen anzeigen, wo der Druckausgleich durchgeführt werden muss. So können dann langsam größere Tiefen durch schräges Abtauchen erreicht werden. Eine andere Möglichkeit bietet die Leiter am Beckenrand, an der sich z.B. der Schüler Sprosse für Sprosse herunterhangeln kann und an jeder zweiten Stufe einen Druckausgleich durchführt.

Den dritten Abschnitt stellt die senkrechte Abtauchbewegung dar. Der Schnorcheltaucher schwimmt mit angelegten Armen an der Wasseroberfläche. Durch Abknicken in der Hüfte wird der Oberkörper in eine senkrechte Position

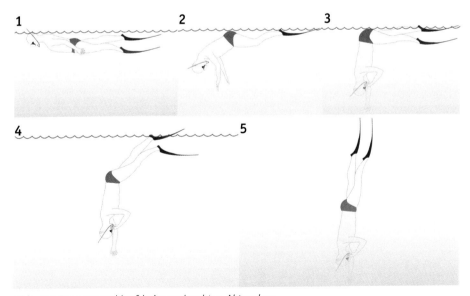

Abb. 15: *Bewegungsablauf beim senkrechten Abtauchen.*

gebracht. Diese Bewegung wird unterstützt durch frühzeitiges Herunternehmen des Kopfes und Drücken der gestreckten Arme nach unten bis in die Senkrechte. Eine weitere Betonung dieser Bewegung kann durch einen kurzen Delfinbeinschlag erfolgen. Eine Hand wird dann für den Druckausgleich zur Nase geführt. Wenn Oberkörper und Arme die Senkrechte erreicht haben, werden die Beine angehockt und anschließend ebenfalls in der Senkrechten nach oben gestreckt. Ziel sollte es sein, einen möglichst großen Teil der Beine aus dem Wasser zu strecken, um die Abtauchbewegung zu beschleunigen. Erst wenn die Flossen eingetaucht sind, setzt der Beinschlag wieder ein.

Die Anforderungen bei der Auftauchbewegung sind weitaus geringer. Der Druckausgleich vollzieht sich selbstständig, da die Eustachische Röhre – sofern keine Behinderung z. B. durch Erkältung vorliegt – als Überdruckventil fungiert und so die entspannte Luft in den Nasen-Rachen-Raum abströmt. Der Taucher kann sich daher darauf konzentrieren, die Wasseroberfläche zu kontrollieren. Im Schwimmbad bekommt diese Aufgabe bereits ihre Bedeutung, um den Schwimmer an der Wasseroberfläche nicht zu gefährden. Bei der späteren Anwendung im offenen Gewässer sollte der Schnorcheltaucher dies für seine eigene Sicherheit tun: Die Auftauchbewegung sollte stets mit dem Blick zur Wasseroberfläche und einer kontinuierlichen Drehung um die Körperlängsachse erfolgen.

Nach der dem Alter und intellektuellen Reifegrad der Gruppe angepassten Darstellung des Druckausgleichs (DA) an Land stellen die Übungen Nr. C1 bis C6 eine geeignete methodische Reihe dar. Es sollte außerdem kurz auf die Unterwasser-Zeichen »Alles ok / Ist alles ok?«, »Auftauchen« und »Abtauchen« eingegangen werden, die eine einfache Verständigung unter Wasser ermöglichen (siehe auch 5.1).

Übungsnr.	Name	Kommentar
C1	Fußwärtiges Abtauchen	Langsames Absinken mit DA
C2	Schräges Abtauchen	Abtauchen mit Stationen zum DA
C3	Rolle vorwärts	Schulung der Kopfsteuerung und des Armeinsatzes
C4	Senkrechtes Abtauchen durch Reifen	Reifen zur Orientierung
C5	Senkrechtes Abtauchen am Bojenseil	Erstes freies senkrechtes Abtauchen mit Orientierungshilfe
C6	Auftauchen im Bretterwald	korrektes Ab- und Auftauchen

Zusammenfassung der Sicherheitshinweise

- Es darf nur mit Tauchmasken getaucht werden!
- Die Schüler müssen die Gefahren eines nicht oder unvollständig ausgeführten Druckausgleichs kennen!
- Der Druckausgleich sollte einmal vor den Übungen an der Wasseroberfläche ausgeführt werden!
- Erst wenn sichergestellt ist, dass die Schüler den Druckausgleich regelmäßig durchführen, dürfen Aufgaben in größeren Tauchtiefen durchgeführt werden!
- Die Schüler sind zu ermutigen, eine Übung abzubrechen, wenn der Druckausgleich nicht durchgeführt werden kann!

Übungsvorschläge

C 1 *Name:* **Fußwärtiges Abtauchen**   *Charakteristik:* IÜ

Gerätebedarf: Markierung in verschiedenen   *Flächenbedarf:* Schwimmbahn
Tiefen (z. B. Leine mit Wäscheklammern)   *Tiefe:* 3 m
oder Sprossenleiter

Beschreibung: Ohne Flossen soll fußwärts passiv abgetaucht werden; zum besseren Absinken
vorher möglichst hoch aus dem Wasser drücken, aber keinen Fußsprung durchführen.
Die Arme unterstützen den Abdruck nach oben aus dem Wasser und werden danach über dem
Kopf gestreckt. Markierungen in regelmäßigen Abständen geben an, wo ein Druckausgleich
durchgeführt werden muss.

C 2 *Name:* **Schräges Abtauchen**   *Charakteristik:* IÜ

Gerätebedarf: Leine mit Bodenverankerung   *Flächenbedarf:* Schwimmbahn
(Saugnapf, Tauchring), Markierungen (z. B.
Wäscheklammern)

Beschreibung: Die Leine wird von der WO schräg zum Boden gespannt. Die Schüler sollen an
der Leine entlang abtauchen. Markierungen in regelmäßigen Abständen sollen zum Druckausgleich auffordern.

Abb. C2: *Als visuelle Hilfe
zum schrägen Abtauchen
kann eine Leine gespannt
werden, an der in regelmäßigen Abständen Wäscheklam-
mern oder andere Markie-
rungen zum Druckausgleich
auffordern sollen.*

C 3 *Name:* **Rolle vorwärts**   *Charakteristik:* IÜ

Gerätebedarf: Kleine Tauchringe als   *Flächenbedarf:* Schwimmbahn
Bodenmarkierungen

Beschreibung: Aus dem zügigen Schwimmen an der Wasseroberfläche soll eine Rolle vorwärts mit betontem Armeinsatz durchgeführt werden. Vor der Ausführung der Rolle vorwärts
sollen die Arme neben dem Körper gehalten werden, um dann die Rollbewegung kräftig zu
unterstützen.

Besondere Hinweise: Ziel der Übung ist u. a. auch die Schulung der Kopfsteuerung. Daher
sollte auch darauf geachtet werden, dass die Rollbewegung mit einer Nick-Bewegung des
Kopfes eingeleitet wird.

C 4 *Name:* **Senkrechtes Abtauchen** *Charakteristik:* IÜ
   durch Reifen

Gerätebedarf: Auftreibende Gymnastikreifen, *Flächenbedarf:* Schwimmbahn
Tauchringe, Leinen *Tiefe:* 1,5 m

Beschreibung: Mindestens zwei Reifen werden übereinander waagerecht verankert. Die Reifen müssen senkrecht durchtaucht werden.

Besondere Hinweise: Die Gymnastikreifen sollen einerseits den senkrechten Weg markieren, andererseits an den DA erinnern.

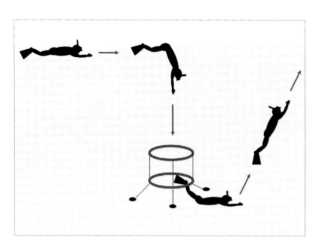

Abb. C4: *Zwei übereinander verbundene Gymnastikreifen, die mit einem Abstand von ca. 1 m über dem Boden verankert werden, geben den senkrechten Weg beim Abtauchen vor.*

C 5 *Name:* **Senkrechtes Abtauchen am** *Charakteristik:* IÜ
   Bojenseil

Gerätebedarf: Pull-buoy als Boje, Leine, 5-kg- *Flächenbedarf:* Schwimmbahn
Tauchring, Wäscheklammern als Markierungen *Tiefe:* 2 m

Beschreibung: Aus dem zügigen Schwimmen an der Wasseroberfläche soll neben der Boje möglichst senkrecht abgetaucht werden. Die Markierungen an der Bojenleine geben die jeweiligen Tiefen für einen Druckausgleich an.

C 6 *Name:* **Auftauchen im Bretterwald** *Charakteristik:* IÜ
Gerätebedarf: Schwimmbretter *Flächenbedarf:* Schwimmbahn
Tiefe: 2 m

Beschreibung: Nach dem Abtauchen soll senkrecht mit Kontrolle der Wasseroberfläche aufgetaucht werden. Es darf keines der Schwimmbretter, die an der Wasseroberfläche schwimmen, beim Auftauchen berührt werden.

C   7   *Name:* **8er-Kurs schnorcheln**   *Charakteristik:* GÜ

Gerätebedarf: 1 Tauchstein zur Markierung   *Flächenbedarf:* Lehrbecken
der Beckenmitte

Beschreibung: Die Schüler sollen einen 8er-Kurs schnorcheln und dabei jeweils auf der zweiten Diagonale die Kreuzung untertauchen.

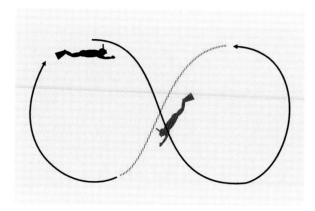

Abb. C7: *Skizze: Beim 8er-Kurs-Schnorcheln soll der Kreuzungsbereich in einer Richtung durchtaucht werden.*

Während die Übungsteilnehmer an der Wasseroberfläche die tauchenden Partner beobachten, um u. U. auch ausweichen zu können, stellt die Tauchstrecke unter den Partnern hindurch einen besonderen Reiz dar.

C   8   *Name:* **Taucherentchen**   *Charakteristik:* IÜ

Gerätebedarf: Kleine Tauchringe als   *Flächenbedarf:* Schwimmbahn
Bodenmarkierungen   *Tiefe:* 2 m

Beschreibung: In kurzen Abständen soll ein Abtauchvorgang eingeleitet werden und unmittelbar ein DA durchgeführt werden; nach Bodenberührung auftauchen mit einfacher Drehung um die Körperlängsachse.

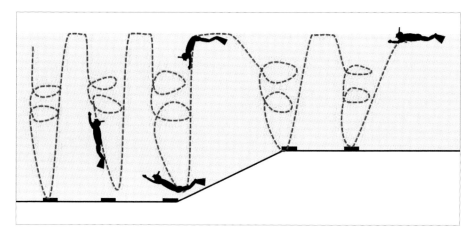

Abb. C8: *Markierungen am Beckenboden geben die Stellen für einen Abtauchvorgang an. Beim Auftauchen soll um die Körperlängsachse rotiert werden, um die Wasseroberfläche beobachten zu können.*

C 9 *Name:* **Abtauchen**
      mit Ohrmodell

Charakteristik: PÜ

Gerätebedarf: Ohrmodell (starrer Hohlraum mit Membran als Abschluss auf einer Seite, z. B. Plastikbecher, mit Haushaltsfolie abgedichtet)

Flächenbedarf: Schwimmbahn
Tiefe: 2 m

Beschreibung: Mit einem Modell für das Ohr soll entlang einer Schrägen mit Markierungen für den Druckausgleich abgetaucht werden und die Veränderungen am Trommelfell beobachtet werden.

Theorieverbindung: Mit dem Modell kann die Druck-Volumen-Beziehung dargestellt werden. Je nach Alter kann auch die quantitative Beziehung erarbeitet werden, wenn Gefäße mit Skalierungen benutzt werden.

C 10 *Name:* **Tauchen mit wechselnden**
       Tiefen

Charakteristik: PÜ

Gerätebedarf: Pull-buoys, Leinen, 5-kg-Tauchringe

Flächenbedarf: Schwimmbahn

Beschreibung: Mit den verankerten Pull-bouys sollen verschiedene Tiefen markiert werden, die erreicht werden sollen. Dabei ist bei jeder Vergrößerung der Tauchtiefe ein Druckausgleich durchzuführen.

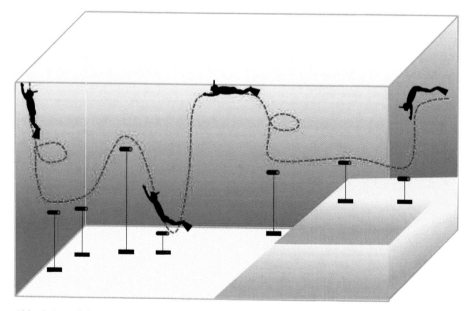

Abb. C10: *Pull-buoys, die in verschiedenen Höhen verankert sind, sollen angetaucht werden. Dem Schüler soll bewusst gemacht werden, dass auch Abtauchvorgänge innerhalb der Tauchstrecke einen Druckausgleich erfordern.*

Lernerfolgskontrolle ABC-Tauchen

Nach Erreichen der vorausgegangenen Lernteilziele sollte das gesamte Lernziel ABC-Tauchen überprüft werden. Dazu eignen sich Übungen zum Lernteilziel Abtauchen mit Druckausgleich. Folgende Kombinationsübung dürfte aber besonders umfassend den Lernerfolg überprüfen, ohne dabei zu starke Anforderungen an Ausdauer und Atemanhaltezeit zu stellen:

D 1 *Name:* **Einfacher ABC-Parcours**

Charakteristik: IÜ

Gerätebedarf: Tauchringe als Bodenmarkierungen, Pull-buoys mit Bodenverankerung als Wende- und Slalommarkierungen

Flächenbedarf: 10 x 2 m²

Tiefe (im Bereich 2): 2 m

Beschreibung: In Form eines Laufenden Bandes sollen folgende Aufgaben erfüllt werden:

Bereich 1: Dreifaches kurzes Abtauchen in geringe Tiefe (< 50 cm) zur Überprüfung des korrekten Ausblasens des Schnorchels.

Bereich 2: Senkrechtes Zielabtauchen über Markierungen auf mindestens 2 m mit korrektem Druckausgleich und Auftauchen.

Bereich 3: Slalom an der WO.

Besondere Hinweise: Der Parcours soll in mäßigem Tempo 5 min lang durchschwommen werden. Dabei darf der Kopf nicht aus dem Wasser gehoben werden, sodass permanente Schnorchelatmung notwendig ist.

4.2 Lernziel Partnerrettung und -transport mit ABC-Ausrüstung

Ein wichtiges Element der tauchsportlichen Ausbildung ist die Vermittlung von Transporttechniken für einen verunfallten Partner. Nur der Tauchpartner kann im Ernstfall für schnelle Hilfe sorgen. Damit aber überhaupt die Erste Hilfe einsetzen kann, muss der Verunfallte an die Wasseroberfläche und dort zum Beckenrand, Ufer, Boot etc. gebracht werden. Neben den Freigewässeraktivitäten erfordern alle Übungsformen mit längeren Apnoephasen die Absicherung durch einen Partner. Die Absicherung besteht in einer Partnerbeobachtung, die sicherstellen soll, dass dem Übenden im Falle einer plötzlichen Bewusstlosigkeit (Schwimmbad-Black-out) oder anderen Schwierigkeiten sofort geholfen werden kann.

In diesem Kapitel wird ausschließlich auf die Transporttechniken eingegangen. Es wird vorausgesetzt, dass eine entsprechende Einweisung in Reanimationstechniken und Erst-Hilfe-Maßnahmen an anderer Stelle erfolgt.

Der Transport zur und besonders an der Wasseroberfläche hängt von den Geräten ab, die dem Retter zur Verfügung stehen. Es muss also unterschieden werden, ob Retter und/oder der Verunglückte mit ABC- oder DTG-Ausrüstung ausgestattet sind. Grundsätzlich gilt es, den Bewusstlosen so schnell wie möglich an die Wasseroberfläche zu bringen. Der wesentlichste Unterschied ergibt sich aus der Gefahr eines Lungenüberdruckunfalls, wenn der Bewusstlose aus einem DTG geatmet hat (siehe Kapitel 5.10.3). Dieses Kapitel soll ausschließlich den Fall behandeln, wenn der Retter und der Verunfallte mit ABC-Ausrüstung ausgestattet sind.

Für den Transport vom Grund zur Wasseroberfläche empfiehlt sich in der Regel der Achselschleppgriff (Abb. 25). Der Transport an der Wasseroberfläche erfolgt mit den üblichen Schlepptechniken (Abb. 16 und 17, siehe auch Wilkens/Löhr), allerdings mit einem Kraulbeinschlag und nicht mit Brustschwimmbeinbewegungen, wie es beim Schleppen ohne Hilfsmittel üblich ist. Hier sind selbstverständlich alle verfügbaren Auftriebshilfen einzusetzen.

Die Varianten der Notfallsituationen sind sicherlich vielfältig und erfordern gerade beim Tauchen ein differenziertes und überlegtes Handeln. Dies sollte durch ein entsprechendes Training im Hallenbad vorbereitet werden. Die hier vorgestellten Übungen sollen zeigen, wie im Hallenbad die gebräuchlichsten Techniken eingeführt werden können. Vorbereitende Übungsformen müssen nicht zwangsläufig mit einem Partner durchgeführt werden, der den Verunfallten darstellt. Neben den Rettungspuppen können auch Gewichte, Tauchringe etc. eingesetzt werden. Allerdings sollte in diesem Bereich die Übungsvielfalt klein gehalten werden, da es darauf ankommt, den eigentlichen Bergungsvorgang zu automatisieren. Dies kann erst dann als

Wettkampfform stattfinden, wenn der korrekte Ablauf sichergestellt ist. Nur die regelmäßige Wiederholung der Manöver gewährleistet die jederzeitige Einsatzbereitschaft.

Die vorgeschlagenen Übungen beschränken sich auf den Transport im Wasser. Eine Schulung der Maßnahmen, die an Land einsetzen müssen (Herz-Lungen-Wiederbelebung), wird an dieser Stelle nicht besprochen. Die angegebene Reihenfolge der Übungen kann im Sinne einer methodischen Reihe verstanden werden.

Besondere Hinweise

- Das Lernziel Partnerrettung und Partnertransport stellt die Voraussetzung für eine selbstständige Partnersicherung dar.
- In Ergänzung zu diesem Lernziel ist es sinnvoll, Übungen zur Herz-Lungen-Wiederbelebung durchzuführen.

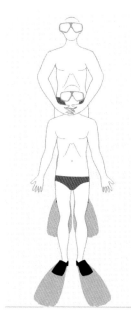

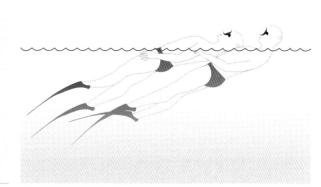

Abb. 16: Kopfschleppgriff zum Transport eines Bewusstlosen an der Wasseroberfläche mit ABC-Ausrüstung (von oben).

Abb. 17: Achselschleppgriff zum Transport eines Bewusstlosen an der Wasseroberfläche mit ABC-Ausrüstung (von der Seite).

Übungsvorschläge

E   1   *Name:* **Wassereimer hochziehen**   *Charakteristik:* PÜ

Gerätebedarf: 1 Wassereimer pro Paar   *Flächenbedarf:* Schwimmbahn; *Tiefe:* 3 m

Beschreibung: Der erste Partner bringt den Wassereimer zum Beckenboden. Der zweite startet, sobald der erste wieder die WO erreicht hat, um den Eimer am Henkel mit einer Hand zur WO zu bringen.

E   2   *Name:* **Luftmatratze transportieren**   *Charakteristik:* PÜ

Gerätebedarf: Luftmatratze   *Flächenbedarf:* 25 x 2 m²

Beschreibung: Der Retter soll neben der Luftmatratze schwimmend diese über eine Bahn transportieren und dann dem Partner übergeben. Besonderes Augenmerk muss hierbei der richtigen Armhaltung gelten.

E   3   *Name:* **Röhren schleppen**   *Charakteristik:* IÜ

Gerätebedarf: Große Kunststoffröhren   *Flächenbedarf:* 25 x 2 m²

Beschreibung: Der Taucher soll eine Röhre an der WO über eine Bahn transportieren. Der Teilnehmer soll lernen, auch mit großen Gegenständen im Wasser fertig zu werden.

Abb. E3: *Große Kunststoffröhren, die geschleppt werden sollen, bereiten auf die besondere Situation und Anstrengung beim Partnerschleppen vor.*

E 4 *Name:* **Ring in Rückenlage transportieren** *Charakteristik:* IÜ

Gerätebedarf: 5-kg-Tauchringe *Flächenbedarf:* Schwimmbahn

Beschreibung: Jeweils ein Schüler soll den Tauchring beidhändig fassen und über mehrere Bahnen transportieren. Die Übung kann erweitert werden, indem der Ring nicht nur an der WO transportiert wird, sondern zunächst vom Beckenboden heraufgeholt werden soll.

E 5 *Name:* **Wassereimer transportieren** *Charakteristik:* GW

Gerätebedarf: 1 Wassereimer pro Staffel *Flächenbedarf:* Schwimmbahn

Beschreibung: Der Eimer soll im Rahmen einer Staffel transportiert werden.

E 6 *Name:* **Verunfallten an Land bringen** *Charakteristik:* PÜ

Gerätebedarf: *Flächenbedarf:* Schwimmbahn

Beschreibung: Ein Teilnehmer, der den Verunfallten spielt, soll abtauchen und unmittelbar nach Erreichen des Beckenbodens von einem zweiten heraufgebracht und an Land geschleppt werden.

E 7 *Name:* **Rettungsspiel** *Charakteristik:* GS

Gerätebedarf: 5 wasserfeste Karten *Flächenbedarf:* 10 x 3 m²; *Tiefe:* 2 m

Beschreibung: Eine Gruppe von bis zu fünf Teilnehmern zieht Karten, die einen Teilnehmer zum Unfallopfer bestimmen. Die Gruppe soll dann an der WO schnorcheln, und das Opfer hat die Aufgabe, sich möglichst unbemerkt zum Boden sinken zu lassen. Die anderen Teilnehmer müssen versuchen, dies möglichst früh zu erkennen, es schnellstens wieder zur WO und dann an Land zurückzubringen.

5. Lernziel Tauchen mit DTG-Ausrüstung

(M. Dalecki, U. Hoffmann)

Wenn die grundlegenden Techniken des ABC-Tauchens erarbeitet wurden, kann, parallel mit der Verbesserung der Grundfertigkeiten, auch mit der Ausbildung im Umgang mit dem DTG begonnen werden. Es empfiehlt sich besonders aus Sicherheitsgründen (siehe Seiten 56/57), die vorbereitenden Übungen mit der ABC-Ausrüstung durchzuführen. Aber auch die Tatsache, dass der Geräteaufwand erheblich geringer ist, der Schüler nicht durch das Tragen der schweren Ausrüstung und den Umgang mit dem Gerät abgelenkt wird, sind wesentliche Gründe, um einige Lernteilziele zunächst mit Übungen zu erarbeiten, die nur die ABC-Ausrüstung erfordern. Außerdem stellen die vorbereitenden Übungen eine willkommene Abwechslung für fortgeschrittene ABC-Taucher dar, sodass diese Übungen auch noch als Teil der ABC-Ausbildung verstanden werden können.

Fünf Lernteilziele des Tauchens mit DTG eignen sich in besonderem Maße für die Einführung über das ABC-Tauchen (vgl. Abb. 6 und 18):

- Ausatmen beim Auftauchen,

- Atmen ohne Maske,

- Maske ausblasen,

- Einstiegsformen,

- Partnerrettung / -transport.

Das erste praktische Lernteilziel vor der Einführung des DTGs sollte unbedingt das langsame Auftauchen mit Ausatmung sein. Damit soll einem möglichen Lungenüberdruckunfall vorgebeugt werden. Die Beherrschung der vier anderen Lernteilziele ist nicht zwangsläufig als Lernvoraussetzung für das Tauchen

mit DTG anzusehen. Je nach Alter der Lerngruppe eignet sich für die erste Einführung durchaus das Lehrbecken. Vor Benutzung des DTG in Wassertiefen von mehr als 1,5 m sollte unbedingt die notwendige Ausatmung und Geschwindigkeitskontrolle mit ABC-Ausrüstung geübt werden.

Das Lernteilziel Atmen ohne Maske (siehe Kap. 5.3) bedarf deshalb besonderer Aufmerksamkeit, weil hiermit lang praktizierte und automatisierte Gewohnheiten – hier: Atmen durch Mund und Nase – geändert werden sollen. Bei einigen Tauchschülern kann das Erlernen der reinen Mundatmung einen langen Gewöhnungsprozess erfordern, sodass sich das frühzeitige Üben mit ABC-Ausrüstung auszahlt.

Die beiden Lernteilziele UW-Handzeichen und Aus-/Abrüsten, die im Wesentlichen theoretisch und außerhalb der Wassers erarbeitet werden, sollten direkt zu Beginn der DTG-Ausbildung vermittelt werden, um frühzeitig die Grundlage für die erfolgreiche Kommunikation mit dem Tauchpartner und den richtigen Umgang mit der Ausrüstung zu gewährleisten. Die Beherrschung beider Lernteilziele bildet einen direkten Bezug zur Tauchsicherheit! Das falsche Verständnis jedes einzelnen beider Lernteilziele kann fatale Fehlerketten auslösen, die zu ernsthaften Zwischenfällen führen können.

Abb. 18 zeigt eine von vielen Möglichkeiten, wie die in Kapitel 3.1.2 (vgl. Abb. 6) genannten Lernteilziele zeitlich angeordnet werden können. Vorausgesetzt wurde, dass das Tauchen mit ABC-Ausrüstung beherrscht wird. Dabei wird zwischen der Einführung mit ABC- und DTG-Ausrüstung unterschieden. Ein Minimum von 20 Unterrichtseinheiten sollte zur

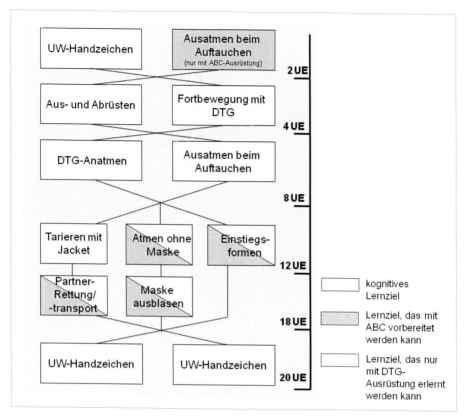

Abb. 18: *Vorschlag einer zeitlichen Anordnung der Lernteilziele zum DTG-Tauchen in einem 20 Unterrichtseinheiten umfassenden Lehrgang.*

Verfügung stehen, wenn alle Lernteilziele im Schwimmbad erarbeitet werden.

Die nachfolgende Reihenfolge der Lernteilziele stellt keine zeitliche Anordnung dar, da mit Ausnahme der Übungen zum Lernteilziel Partnerrettung / -transport zunächst die Lernteilziele behandelt wurden, die in größerem Umfang bereits mit ABC-Ausrüstung erarbeitet werden können.

Das Tauchen mit dem DTG ist sehr einfach, solange keine Zwischenfälle auftreten. So kann z. B. das Eindringen von Wasser in die Tauchmaske den nicht vorbereiteten Anfänger in Panik versetzen und ihn zu unüberlegten, gefährlichen Reaktionen veranlassen. Durch eine qualifizierte, gut strukturierte Ausbildung kann erreicht werden, dass kleine, im Grunde unwesentliche Zwischenfälle nicht eskalieren. Der absolute Tauchanfänger kann nicht einschätzen, welchen Gefahren er ausgesetzt sein wird. Die Ausbildung soll daher auf mögliche kritische Situationen vorbereiten und das dann richtige Verhalten in solchen Fällen, wie z. B. beim Ausfall des eigenen Atemgerätes, vermitteln. Beides fällt in die Sorgfaltspflicht der Ausbilder und ist daher ein zentrales Ziel der Ausbildung. Nur wenn der Taucher auf solche Ereignisse vorbereitet ist, kann er angemessen reagieren und ist nicht gezwungen, erst in Notsituationen nach möglichen richtigen Verhaltensweisen zu suchen.

Physiologische Besonderheiten beim Tauchen mit DTG

Alle Vorgänge, die beim Tauchen mit ABC-Ausrüstung besprochen wurden, wirken auch beim Tauchen mit dem DTG. Hinzu kommt aber, dass beim Tauchen mit DTG Luft geatmet wird, die unter dem Druck der Umgebung steht. Nach dem Gesetz von Boyle-Mariotte (siehe 4.1.3) dehnt sich diese Luft beim Auftauchen infolge des abnehmenden Umgebungsdrucks (Dekompression) aus. Wenn die Atemwege blockiert sind, kann es zu einer Überdehnung des Lungengewebes oder sogar einem Lungenriss kommen (Abb. 19). Dies ist nicht nur dann der Fall,

wenn das maximale Lungenvolumen während der Dekompression überschritten wird, sondern auch, wenn zu schnell aufgetaucht wird und Teile der Lunge nicht schnell genug die Luft abgeben können. In einem solchen Fall spricht man von »Air-Trapping« (siehe Abb. 20).

Die Gefahr eines Lungenbarotraumas beginnt sehr früh. Sicherlich ist es schwierig festzulegen, ab welcher Tiefe bzw. welchem Überdruck das Lungengewebe geschädigt werden kann. Hier spielen sicher auch Vorschäden eine Rolle. Holzapfel (1993) nennt eine Tiefe von 1 m, aus der es beim Auftauchen bereits zu einer Überdehnung kommen kann.

Als praktische Konsequenz muss dem Tauchschüler vor dem ersten Einstieg ins Wasser verdeutlicht werden:

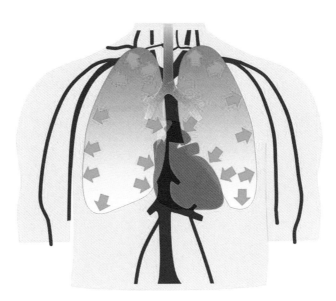

Abb. 19: *Entwicklung eines Lungenüberdruckes beim Aufstieg. Der luftgefüllte Teil der Lunge expandiert in alle Richtungen. Neben den Schädigungen des Lungengewebes (siehe auch Abb. 20) kann es zu einer erheblichen Beeinträchtigung der Herz-Kreislauf-Funktionen kommen.*

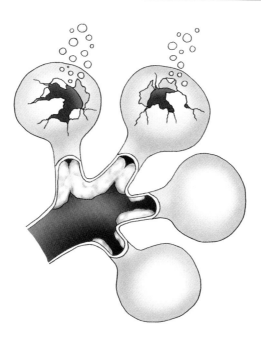

Abb. 20: *Air-Trapping als lokale Verlegung von Lungenbläschen beim Aufstieg. Schematisch dargestellt ist, wie stark geweitete Alveolen das Abströmen von Luft behindern und zur Verletzung des Lungengewebes führen. Ähnliche Abläufe entstehen, wenn die Alveolen z. B. durch Schleim verlegt sind.*

- Auf keinen Fall darf während des Auftauchens der Atem angehalten werden.

- Die Auftauchgeschwindigkeit darf nicht zu schnell sein. Als grobes Maß kann die Aufstiegsgeschwindigkeit kleiner Luftblasen genannt werden.

Das geschwindigkeitskontrollierte Auftauchen wird auch als Austauchen bezeichnet. Neben dem Risiko eines Lungenüberdruckunfalls spielt beim Sporttauchen im Freigewässer in größeren Tiefen (> 8 m) in Abhängigkeit mit der Aufenthaltsdauer auch die sogenannte Dekompressionskrankheit (früher Caissonkrankheit) eine wichtige Rolle in der Ausbildung. Auch die Dekompressionskrankheit lässt sich durch ein kontrolliertes Austauchen und das allgemeine richtige Verhalten vor und nach dem Tauchen (Flüssigkeitshaushalt) vermeiden. Für die erste Ausbildung im Bad spielt diese Problematik keine Rolle und soll daher hier nicht behandelt werden (siehe dazu: Ehm et al. 2012).

5.1 Lernziel UW-Handzeichen

Die Kommunikation zwischen den Tauchpartnern bzw. -gruppen wird unter Wasser größtenteils durch den Einsatz von Handzeichen gewährleistet. Hierbei handelt es sich zunächst um ein kognitives Lernziel, das theoretisch vorbereitet werden muss. (Siehe Kap. 3.12, Abb. 6 und Kap. 4.1.3). Diese Form der Einführung stellt eine Möglichkeit dar, die UW-Handzeichen in einer praktischen Übung zu verpacken. Beim Tauchen mit DTG ist der Taucher aber stärker auf diese Form der Kommunikation angewiesen, und der Tauchschüler sollte auch zeigen, dass er diese Zeichen entsprechend interpretieren kann (siehe Abb. 21). Die drei Zeichen »Alles ok / Ist alles ok?«, »Auftauchen« und »Abtauchen« sollten bereits häufiger auch beim ABC-Tauchen eingesetzt worden

Als Frage: »Ist alles in Ordnung?«
Oder auch Antwort:
»Alles in Ordnung!« /
»Verstanden«

»Auftauchen!«

»Abtauchen!«

»50 bar Restdruck!«

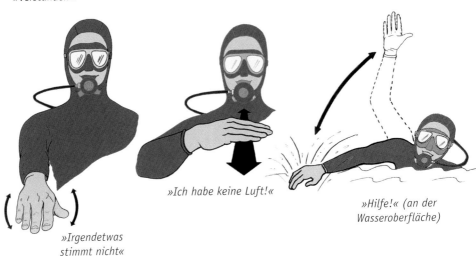

»Ich habe keine Luft!«

»Irgendetwas stimmt nicht«

»Hilfe!« (an der Wasseroberfläche)

Abb. 21: *Auswahl wichtiger üblicher Unterwasser-Handzeichen.*

sein. Vielleicht wurde auch schon das Zeichen »Irgendetwas stimmt nicht!« verwendet. Die verbleibenden vier Zeichen sind aber direkt mit dem DTG-Tauchen verbunden, sodass jetzt die richtige Verwendung erarbeitet werden kann:

- Das Zeichen »50 bar Restdruck« ist als Information für den Tauchpartner wichtig. Bei einem realen Tauchgang wird man je nach Tiefe daraufhin die Aktivitäten einstellen und spätestens jetzt mit dem Auftauchvorgang beginnen. Im Schwimmbad hat dieses Zeichen außer zu Trainingszwecken keine Relevanz.

- »Luftnot« ist ein Alarmzeichen für jeden Taucher. Der Tauchpartner muss direkt mit Luft versorgt werden. Dies bedeutet Atmung aus dem Zweitautomat oder Wechselatmung und ggf. ein kontrollierter Aufstieg zur WO (siehe 5.10).

- Auch das Zeichen »Hilfe!« (an der Wasseroberfläche), das eigentlich kein echtes UW-Handzeichen ist, sollte im Rahmen der Partnerrettung geübt werden.

Bei allen Notzeichen muss darauf geachtet werden, dass der Übungscharakter allen im Schwimmbad Anwesenden klar ist und das Zeichen nicht als realer Notfall interpretiert wird. Insbesondere muss auch vereinbart werden, wie ein reales Problem angezeigt wird. Gerade wenn Hilfe gerufen werden soll, könnten Ersatzhandlungen erfolgen. Zum Beispiel statt dem »Hilfe!«-Ruf der Ruf »Pizza, Pizza!«. Ähnliches könnte auch für Handzeichen unter Wasser gelten.

Die Zeichen sollten bei Beginn der Ausbildung mit DTG besprochen werden.

5.2 Lernteilziel langsames Auftauchen mit Ausatmung (Notaufstieg)

Im Kapitel 5 wurde bereits eindringlich auf die starke Gefährdung durch eine unzureichende Ausatmung beim Auftauchen hingewiesen. Daher ist frühzeitig mit Übungen zum Aufstieg zu beginnen, damit das richtige Auftauchverhalten eingeprägt wird. Während der Anfängerausbildung wird es immer wieder zu kleinen Zwischenfällen kommen, bei denen der Übende keine Luft mehr aus dem Gerät einatmen kann und zur Wasseroberfläche aufsteigt. Dieser Notaufstieg ist zwar nicht immer die beste Verhaltensweise, aber wohl die natürlichste, sieht der Taucher sich doch in akuter (Luft-)Not. Auch bei Fortgeschrittenen hat dieser Notaufstieg seine Bedeutung. Sinn dieses Lernteilzieles ist es, den Übenden dazu anzuhalten, den Aufstieg so langsam wie möglich zu gestalten und dabei auf eine langsame, kontinuierliche Ausatmung zu achten. Eine zu frühe maximale Ausatmung würde durch den einsetzenden Atemantrieb zu einem beschleunigten Aufstieg zwingen.

Dieses Manöver hat auch im Freigewässer eine Bedeutung: Wenn der Tauchpartner nicht schnell genug eingreifen und die Wechselatmung oder einen Zweitautomaten (Oktopus) bieten kann oder wenn in Tiefen weniger als 5 m getaucht wird, dann wird dieser kontrollierte Notaufstieg ausgeführt. Auch wenn der Taucher abgelenkt ist, z.B. weil unter Wasser eine Aufgabe zu erfüllen ist, sollte er beim Aufstieg in der Lage sein, die Geschwindigkeit zu drosseln und langsam auszuatmen. Nur so sind mögliche Schädigungen zu vermeiden.

Um diese Situation gefahrlos zu üben, sollten zunächst einige Übungen mit ABC-Ausrüstung durchgeführt werden. Beim Aufstieg wird dabei das Mundstück des Schnorchels aus dem Mund genommen. Diese Übungen sind auch im Lehrbecken möglich, wobei der Aufstieg aus der Tiefe durch eine Tauchstrecke ersetzt wird. Diese Vorgehensweise ermöglicht auch den Übergang zum Üben mit DTG im Lehrbecken. In Tauchtiefen bis 1,5 m kann es bei Übungen zu diesem Lernteilziel nur bei höchst ungünstigen Konstellationen wirklich zu Problemen im Sinne der Lungenüberdehnung kommen. Um nach Atmung aus dem DTG erste einführende Übungen ausführen zu können, brauchen keine anderen Lernteilziele erreicht zu sein. So ist es z. B. im Lehrbecken möglich, aus einem vom Partner gehaltenen DTG zu atmen, abzutauchen und dann das mit ABC-Ausrüstung geübte Auftauchen mit langsamer Ausatmung zu üben. Es wird empfohlen, das Anatmen des DTGs in einfachen Situationen zu üben und mit den Übungen zum korrekten Auftauchen zu kombinieren.

Dies kann zunächst wiederum mit einem vom Partner gehaltenen Gerät erfolgen. Soll der Übende selbst das Gerät tragen, so sind zuvor das Ausrüsten sowie einfache Formen der Fortbewegung mit DTG unter Wasser zu üben. Der Ausbilder kann sich also unter sicheren Bedingungen vom Beachten dieser Verhaltensweise überzeugen und so sicherstellen, dass der Tauchschüler dieses Verhalten schon automatisiert. Erst wenn der Ausbilder überzeugt ist, dass seine Schüler auch in unvorhergesehenen Situationen das kontrollierte Auftauchen beachten, darf in größeren Tiefen mit DTG getaucht werden, in denen die Gefährdung bei einem Fehlverhalten erheblich größer ist. Folgende Übungen werden für eine methodische Übungsreihe empfohlen:

Übungsvorschläge mit ABC-Ausrüstung

F 1 **Schräges Auftauchen**

Gerätebedarf: Verankerbare Leine (z. B. mit Saugnapf)

Charakteristik: PÜ

Flächenbedarf: Schwimmbahn

Beschreibung: Beide Partner sollen nach einer dem Leistungsstand angemessenen Tauchstrecke eine auf dem Boden befestigte Leine antauchen, die schräg zur WO gespannt ist. Entlang dieser bis zu 5 m langen Leine sollen beide Partner gemeinsam langsam auftauchen und dabei kontinuierlich ausatmen.

F 2 **Luftsammeln**

Gerätebedarf: Verankerbare Leine (z. B. mit Saugnapf), kleine Wassereimer

Charakteristik: PS

Flächenbedarf: Schwimmbahn

Beschreibung: Ein Partner soll eine auf dem Boden befestigte Leine antauchen, die schräg zur WO gespannt ist. Entlang dieser Leine soll er langsam auftauchen und dabei kontinuierlich ausatmen. Der zweite Partner soll an der WO versuchen, die ausgeatmete Luft mit dem Eimer einzufangen.

F 3 **Partnertreff**

Gerätebedarf: Boje

Charakteristik: PÜ

Flächenbedarf: Schwimmbahn

Beschreibung: Die Partner befinden sich an den gegenüberliegenden Seiten eines Schwimmbeckens. Etwa in der Mitte soll eine Boje den Punkt an der WO markieren, zu dem hin die Partner nach dem Abtauchen auf den Grund des Beckens auftauchen sollen. Dabei sollen die Partner gegenseitig beobachten, ob der andere Partner beim Aufstieg kontinuierlich ausatmet.

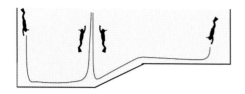

Abb. F3: *Gemeinsames Abtauchen an gegenüberliegenden Seiten, Treffen unter Wasser und gemeinsames Auftauchen mit Ausatmung sind die drei Phasen dieser Aufstiegsübung.*

F 4 **Aufstieg mit Auftriebsgegenstand**

Charakteristik: PÜ

Gerätebedarf: kleiner, langsam auftreibender Gegenstand (z. B. kleiner Ball)

Flächenbedarf: Schwimmbahn
Tiefe: 3 m

Beschreibung: Beide Partner tauchen gemeinsam ab; Partner A nimmt den Gegenstand mit hinunter. Wenn der zweite Partner B das OK-Zeichen gibt, lässt A den Gegenstand aufsteigen. B soll versuchen, immer mit dem Gegenstand auf gleicher Höhe zu bleiben, und während kontinuierlicher Ausatmung auftauchen.

Besondere Hinweise: Der Gegenstand darf nicht zu schnell aufsteigen.

F 5 **Verschlepptes Auftauchen**

Charakteristik: PÜ

Gerätebedarf:

Flächenbedarf: Schwimmbahn

Beschreibung: Beide Partner tauchen gemeinsam ab; auf das gemeinsame OK-Zeichen beginnen beide ihren möglichst langsamen Aufstieg mit kontinuierlicher Ausatmung.

Weitere Übungsvorschläge: C6, C7 und C8 in entsprechend modifizierter Form

Zusammenfassung der Sicherheitshinweise

- Die Lernteilziele UW-Zeichen, Anlegen der DTG-Ausrüstung und Fortbewegung mit DTG unter Wasser müssen beherrscht werden!

- Erst in größeren Tiefen üben, wenn das Ausatmen beim Auftauchen mit ABC-Ausrüstung und mit DTG-Ausrüstung in geringen Tiefen geübt wurde!

Übungsvorschläge mit DTG-Ausrüstung

Voraussetzung für das Üben mit DTG ist die Behandlung der Lernteilziele UW-Zeichen, Anlegen der DTG-Ausrüstung und Fortbewegung mit DTG unter Wasser. Alle vorgenannten Übungen mit ABC-Ausrüstung zu diesem Lernteilziel können entsprechend mit DTG durchgeführt werden.

F 6 **Auftauchen nach Antauchen eines DTGs**

Charakteristik: PÜ

Gerätebedarf:

Flächenbedarf: Schwimmbahn

Beschreibung: Ein Partner soll ein auf dem Boden liegendes DTG antauchen und anatmen. Danach soll er verzögert schräg oder senkrecht zur WO auftauchen. Der zweite Partner sichert schnorchelnd an der WO.

Besondere Hinweise: Das Lernteilziel Anatmen muss beherrscht werden. Für Kinder empfiehlt sich die Einführung dieser Übung im Lehrbecken, wobei nach Verlassen des DTGs eine Strecke mit Ausatmung getaucht werden muss.

Charakteristik: PÜ

Gerätebedarf:

Flächenbedarf: Schwimmbahn

Beschreibung: Zwei Taucher sollen sich frei im Becken bewegen. Ein vor Beginn des Tauchgangs bestimmter Partner soll zu einem beliebigen Zeitpunkt das Zeichen zum Auftauchen geben. Sobald das Zeichen gegeben wird, sollen die Taucher das Mundstück aus dem Mund nehmen und kontrolliert zur WO aufsteigen.

Besondere Hinweise: Das Lernteilziel Anatmen muss beherrscht werden.

Besondere Hinweise
■ Das Lernteilziel Anatmen des DTGs muss beherrscht werden! ■ Für Kinder empfiehlt sich die Einführung dieser Übung im Lehrbecken, wobei nach Verlassen des DTGs eine Strecke mit Ausatmung getaucht werden muss!

5.3 Lernteilziel Atmen unter Wasser ohne Maske

In Notsituationen kann es erforderlich sein, dass der Taucher ohne Maske aus dem DTG atmet. Dies erfordert eine ausschließliche Mundatmung, sodass nicht über die Nase Wasser aspiriert wird. Die Folge einer Wasseraspiration wäre eine reflektorische Abwehrreaktion (»Wasser-Nase-Reflex«) bis hin zum Hustenreiz, der zu einem schnellen Aufstieg zwingt. Dabei ist aber gerade die Gefahr eines Lungenüberdruckunfalls extrem hoch.

Besonders Anfänger atmen noch unbewusst beim Schnorcheln durch die Nase, was allerdings durch die Maske verhindert wird. Eine weitere erhebliche Störung besteht im Öffnen der Augen uW, was nach der Verwendung der Maske häufig besonders unangenehm erscheint.

Prinzipiell eignen sich fast alle genannten Übungen, um dieses Lernteilziel zu erarbeiten, indem lediglich auf die Verwendung der Maske verzichtet wird. Die vorgestellten Übungen sollten auch eingesetzt werden, um den Wechsel zwischen Atmen mit und ohne Maske zu üben. Um den Schnorchel in einer stabilen Position zu halten, empfiehlt es sich, die Maske nur auf die Stirn oder auf den Hinterkopf zu setzen. Derartige Übungen sollten frühzeitig eingeführt werden, um die gewohnte Nasenatmung frühzeitig zu verhindern.

Wenn grundsätzlich das Schnorcheln ohne Maske beherrscht wird, dann sollten die Bedingungen weiter verschärft werden. Dies kann durch zusätzliche Aufgaben, aber auch für fortgeschrittene Anfänger durch die Kombination mit der Wechselatmung erfolgen (siehe Kapitel 5.10.2).

Die hierfür vorgeschlagenen Übungen mit ABC-Ausrüstung stellen daher auch nur Varianten der bereits vorgestellten Übungen dar. Die folgenden Übungen in nebenstehender Tabelle erscheinen besonders geeignet zum Erarbeiten und zum fortgeschrittenen Üben dieses Lernteilzieles.

Wenn das Lernteilziel mit ABC-Ausrüstung erarbeitet wurde, das Anlegen der DTG-Ausrüstung, einfache Formen der Fortbewegung mit DTG unter Wasser, das Anatmen des DTGs unter Wasser und das Ausatmen beim Auftauchen beherrscht werden, können alle für das DTG-Tauchen vorgeschlagenen Übungen ohne Tauchmaske durchgeführt werden.

Zusammenfassung der Sicherheitshinweise

■ Atmen durch den Schnorchel ohne Maske sollte sorgfältig geübt werden, bevor mit DTG geübt wird!

■ Erst in größeren Tiefen mit DTG üben, wenn das Ausatmen beim Auftauchen beherrscht wird!

5.4 Lernteilziel Maske ausblasen

Das Entfernen von Wasser aus dem Maskeninnenraum unter Wasser ist beim Tauchen mit DTG von entscheidender Bedeutung für die Sicherheit uW. Unabdingbare Voraussetzung ist dies wohl für alle Tauchgänge mit mehr als 5 m Tauchtiefe, da hier die Rückkehr zur Wasseroberfläche über 30 s dauern sollte. Wasser im Maskeninnenraum bedeutet in jedem Fall eine mehr oder weniger starke Einschränkung der Orientierungsfähigkeit. Das Ausblasen der Maske sollte zunächst unter einfachen Bedingungen z. B. im Lehrbecken gelernt werden und dann unter verschärften Bedingungen angewendet werden. Manchmal lässt sich beobachten, dass Kindern bewusst gemacht werden muss, dass sie durch die Nase ausatmen müssen.

Abb. 22: *Während der Blick schräg zur Wasseroberfläche gerichtet ist, wird durch die Nase ausgeatmet und der obere Rand der Maske auf die Stirn gedrückt. Dadurch wird das Wasser aus der Maske nach unten herausgedrückt.*

Beim Ausblasen der Maske sollte der Blick schräg nach oben zur WO gerichtet sein, sodass der Maskenrand auf der Oberlippe am tiefsten Punkt ist. Durch leichten Andruck der Maske auf die Stirn und gleichzeitiges geringfügiges Abheben des unteren Maskenrandes wird das Wasser durch die eingeblasene Luft nach unten aus der Maske gedrückt (siehe Abb. 22). Häufigste Fehler sind eine falsche Kopfhaltung, sodass der Maskenrand auf der Oberlippe nicht den tiefsten Punkt darstellt, und ein zu starkes Abheben der Maske.

Das Ausblasen der Maske mit DTG-Benutzung setzt voraus, dass der Taucher auch ohne Maske unter Wasser atmen kann. Wenn dieses Lernziel beherrscht wird, stellt diese Situation eine Erleichterung gegenüber der Anwendung beim Apnoetauchen dar, da beim Apnoetauchen der Luftvorrat begrenzt ist.

Die Reihenfolge der vorgeschlagenen Übungen G1 bis G3 entspricht einer methodischen Reihe zu dem angestrebten Lernteilziel. Die vorletzte Übung (G6) zeigt eine Kombination mit dem Atmen unter Wasser ohne Maske und bereitet in idealer Weise auf die Situation beim DTG-Tauchen vor. Die meisten Übungen sind in entsprechender Form beim Üben mit DTG einzusetzen

Übungsvorschläge mit ABC-Ausrüstung

G 1 *Name:* **Maske im Langsitz entwässern**   *Charakteristik:* PÜ

Gerätebedarf: *Flächenbedarf:* Lehrbecken

Beschreibung: Der Übende taucht ab und wird im Langsitz vom Partner unter Wasser gehalten. Der Übende kann so unter einfachsten Bedingungen die Maske ausblasen. Die Partner sollten ein Notzeichen vereinbaren, bei dem der Übende sofort wieder zur WO kann.

G 2 *Name:* **Maske entwässern nach dem Abtauchen**   *Charakteristik:* PÜ

Gerätebedarf: *Flächenbedarf:* 10 x 2 m²; *Tiefe:* 2 m

Beschreibung: Nach dem Abtauchen soll die Maske teilweise oder komplett gewässert oder sogar komplett ab- und wieder aufgesetzt und dann ausgeblasen werden. Der Partner beobachtet und sichert von der WO.

G 3 *Name:* **ABC-Ausrüstung anlegen**   *Charakteristik:* PÜ

Gerätebedarf: 5-kg-Tauchring   *Flächenbedarf:* 10 x 2 m²; *Tiefe:* 2 m

Beschreibung: Die ABC-Ausrüstung wird auf dem Boden abgelegt und mit einem Tauchring beschwert. Der Übende soll nun versuchen, nach dem Abtauchen von der WO die Ausrüstung uW anzulegen. Mit dem Erreichen der WO soll nach Möglichkeit auch noch der Schnorchel ausgeblasen werden.

G 4 *Name:* **Maskentausch** *Charakteristik:* PÜ

Gerätebedarf: *Flächenbedarf:* 10 x 2 m²; *Tiefe:* 2 m

Beschreibung: Beide Partner tauchen gemeinsam ab und tauschen unter Wasser ihre Masken.

Variation: Eine Gruppe von Übenden taucht gemeinsam ab, formiert sich unter Wasser zu einem Kreis. Alle Übungsteilnehmer nehmen auf ein Zeichen die Maske ab und reichen sie ihrem linken Partner. Erst wenn alle Teilnehmer die Maske aufgesetzt haben, darf die Gruppe wieder auftauchen.

G 5 *Name:* **Maske suchen** *Charakteristik:* PS

Gerätebedarf: 3 Wassereimer pro Paar *Flächenbedarf:* 10 x 2 m²; *Tiefe:* 2 m

Beschreibung: Der erste Partner versteckt die Maske seines Partners unter einem von drei Eimern, die am Ende einer Tauchstrecke am Boden platziert sind. Der Übende muss die Strecke durchtauchen, seine Maske suchen, aufsetzen und ausblasen.

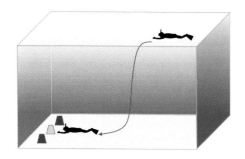

Abb. G5: *Nachdem der Partner die Maske unter einem der drei Eimer versteckt hat, muss der Taucher seine Maske suchen, aufsetzen und ausblasen.*

G 6 *Name:* **Maske mit Schnorchelatmung aufsetzen** *Charakteristik:* PÜ

Gerätebedarf: *Flächenbedarf:* 10 x 2 m²

Beschreibung: Wie in Übung G1 soll der Übende im Langsitz vom Partner gehalten werden. Allerdings soll der Übende noch die Möglichkeit haben, durch den Schnorchel zu atmen. Der helfende Partner muss also recht genau die Tauchtiefe einhalten, damit das Schnorchelende nicht unter Wasser gerät. In dieser Situation soll der Übende seine Maske wässern, zunächst einige Male ruhig atmen und dann damit beginnen, die Maske zu entwässern.

Besondere Hinweise: Das Lernziel Atmen uW ohne Maske muss beherrscht werden.

G 7 *Name:* **Mehrfachausblasen** *Charakteristik:* PÜ

Gerätebedarf: *Flächenbedarf:* 10 x 2 m²; *Tiefe:* 2 m

Beschreibung: Nach einem Streckentauchen soll der Übende versuchen, seine Maske mehrfach hintereinander auszublasen. Der Partner sichert an der WO.

Übungsvorschläge mit DTG-Ausrüstung

Die Übungen G2, G4 und G5 eignen sich in modifizierter Form auch für zum Üben mit DTG.

Zusammenfassung der Sicherheitshinweise

■ Die Lernteilziele UW-Handzeichen, Anlegen der DTG-Ausrüstung, Fortbewegung mit DTG unter Wasser, Anatmen des DTGs unter Wasser, Ausatmen beim Auftauchen und Atmen ohne Maske müssen beherrscht werden!

■ Erst in größeren Tiefen üben, wenn das Ausatmen beim Auftauchen mit ABC-Ausrüstung und mit DTG-Ausrüstung in geringen Tiefen geübt wurde!

5.5 Übungsvorschläge zum Lernteilziel Einstiegsformen

Der sichere Einstieg mit dem DTG im Freigewässer muss geübt werden, damit es nach dem Einstieg nicht zu einer kritischen Situation kommt. Allerdings muss bei der Übungsgestaltung bedacht werden, dass das schwere Gerät außerhalb des Wassers eine starke Belastung für den Bewegungsapparat, insbesondere die Wirbelsäule, darstellt. Auch für das Freigewässer gilt z. B. bei Kindern: Vermeidung längerer Wege außerhalb des Wassers, Anlegen der Ausrüstung direkt am Gewässerrand, Vermeidung von Absprüngen aus größerer Höhe.

Solange der Einstieg über eine Leiter oder ein erst langsam tiefer werdendes Ufer erfolgt, dürfte keine besondere Gefahr beim Einstieg bestehen. Häufig ist es aber notwendig bzw. einfacher z. B. von einem Boot aus ins Wasser zu springen. Aber bereits das Einrollen vom Schlauchboot aus ins Wasser will gelernt sein. Äußere Störungen wie etwa starke Strömung oder schlechte Sicht unter Wasser können den Einstieg durchaus zu einer riskanten Phase des Tauchganges werden lassen.

Neben den einfachen Fußsprüngen (rückwärts und vorwärts) sind Abroller vorwärts und rückwärts übliche Einstiegsformen. Sie finden sowohl beim DTG- als auch beim ABC-Tauchen ihre Anwendung. Beim Einstieg muss die Ausrüstung vor dem Verrutschen gesichert werden. Das Mundstück des Schnorchels bzw. des Atemreglers wird durch einen festen Biss gehalten. Mit einer Hand wird die Maske gesichert, während die zweite Hand beim Einstieg mit DTG den Sitz der Flasche sichert.

Bei Absprüngen aus größeren Höhen ist zu bedenken, dass beim Auftreffen der Flossen auf die WO große Kräfte auf die Fußgelenke wirken. Diese können zu Verrenkungen oder Überdehnungen führen. Der Ausbilder sollte stets prüfen, ob die Absprunghöhen kritisch sind.

Nach dem erfolgreichen Einstieg ins Freigewässer treffen sich die Partner in der Nähe der Einstiegsstelle, ohne dabei den Partner beim Einstieg zu behindern. Auch dies kann bereits bei der Badausbildung geübt werden.

Alle vorgeschlagenen Übungen können mit ABC- oder DTG-Ausrüstung durchgeführt werden. Es ist dabei stets sicherzustellen, dass sich im Sprungbereich kein anderer Taucher oder Schwimmer aufhält und dass die Wassertiefe ausreichend ist. Besonders bei Übungen mit DTG-Ausrüstung sollte die Wassertiefe mindestens 2 m betragen. Die im Folgenden angegebenen Wassertiefen beziehen sich auf Übungen mit ABC-Ausrüstung.

Übungsvorschläge

H 1 *Name:* **Kettenfall**   *Charakteristik:* GS

Gerätebedarf: *Flächenbedarf:* 10 x 2 m²; *Tiefe:* 1,5 m

Beschreibung: Die Gruppe bildet eine Kette möglichst dicht am Beckenrand, indem die Arme untergehakt werden. Der Ausbilder startet den Kettenfall durch Anstoßen eines Teilnehmers. Nach Abkippen des ersten Kettengliedes, entweder in Vorwärts- oder in Rückwärtsrichtung, folgen nacheinander alle anderen Kettenglieder mit ins Wasser. Der Oberkörper soll schon bei der Aufstellung tief abgebeugt werden, die Beine bleiben gestreckt. Diese Haltung soll erst im Wasser aufgegeben werden.

Variante: Aus dem Langsitz am flachen Beckenrand mit dem Rücken zum Wasser; das Gesäß soll möglichst weit über den Beckenrand ragen.

H 2 *Name:* **Einrollen von der**   *Charakteristik:* GÜ
       schwimmenden Plattform

Gerätebedarf: Luftmatratze oder große   *Flächenbedarf:* Lehrbecken
Styroporplatte

Beschreibung: Die schwimmende Plattform wird von zwei Helfern auf der WO gehalten. Der Übende soll von der Plattform aus rückwärts ins Wasser abrollen.

H 3 *Name:* **Abfaller rückwärts mit**   *Charakteristik:* IÜ
       anschließendem Streckentauchen

Gerätebedarf: *Flächenbedarf:* 10 x 2 m²

Beschreibung: Vom Beckenrand aus soll der Übende nach einem Abfaller rückwärts direkt ein entferntes Ziel unter Wasser antauchen. Zur Steigerung der Aufgabe kann die Absprunghöhe bis 1 m Höhe über der WO erhöht werden.

H 4 *Name:* **Fußsprung mit**   *Charakteristik:* PÜ
       anschließender Aufgabe

Gerätebedarf: 5-kg-Tauchring   *Flächenbedarf:* 10 x 2 m²; *Tiefe:* 2 m

Beschreibung: Ein Paar springt gemeinsam mit einem Fußsprung ab und hat die Aufgabe, einen Ring, der sich unter der Eintauchstelle befindet, über eine vorgegebene Strecke zu transportieren.

Abb. H4: Fußsprung vorwärts. Mit einer Hand fixiert der Übende Maske und Atemregler, mit der anderen den Bleigurt.

5.6 Anlegen der DTG-Ausrüstung und Abrüsten nach dem Tauchgang

Es können keine wirklichkeitsgetreuen Übungen für dieses Lernteilziel gegeben werden, da auch dieses Lernteilziel im Wesentlichen theoretisch erarbeitet werden muss. Der Ausbilder sollte einige Punkte ansprechen, die bei der Ausführung beachtet werden müssen.

Je nach Alter kann die Ausrüstung bereits von Erwachsenen vorbereitet werden, grundsätzlich sollte aber jeder Tauchschüler lernen, was auch bei der Vorbereitung zu beachten ist. Folgende Checkliste ist dabei abzuarbeiten:

■ **Montage des Jackets:**
  ▸ das Jacket an der Flasche montieren; auf richtige Höhe, Richtung des Ventils achten;
  ▸ festen Sitz der Druckflasche im Gurt überprüfen, um ein späteres Herausrutschen zu verhindern;
  ▸ Bänderung der Schulterschnallen weitstellen, Bauch- und Brustschnallen öffnen.

■ **Montage des Atemreglers:**
  ▸ Schlauch mit dem Mundstück muss zur rechten Seite zeigen;
  ▸ Handrad nicht zu fest anziehen, am besten nur mit dem Einsatz von zwei Fingern montieren;
  ▸ Inflatorschlauch des Atemreglers an Inflator des Jackets ankuppeln;
  ▸ versuchen, ob durch das Mundstück eingeatmet werden kann. Das sollte nicht möglich sein. Wenn es dennoch möglich ist, ist das System undicht und nicht einsatzbereit!
  ▸ UW-Manometer mit dem Glas Richtung Boden drehen und mit Fuß fixieren;
  ▸ Ventil öffnen;
  ▸ Ein- *und* Ausatmen durch das Mundstück von Hauptatemregler und Oktopus zur Überprüfung der einwandfreien Funktion;
  ▸ Überprüfung der Inflatorfunktion (Luftein- und -auslass) und der Schnellablässe.

Das DTG ist jetzt fertig zum Anlegen.
  ▸ Anlegen des DTGs
  ▸ Festziehen aller Bebänderungen und richtigen Sitz überprüfen
Falls ein Bleigürtel genutzt wird, empfiehlt es sich, diesen vor dem DTG anzulegen.

Als Nächstes sollten Tauchmaske und Flossen angezogen werden. Im Schwimmbad kann das DTG direkt sitzend am Beckenrand angelegt werden. Wenn mit Kindern oder Jugendlichen geübt wird, sollte das der übliche Weg sein, um das Tragen der schweren Ausrüstung außerhalb des Wassers zu vermeiden. Wenn nachfolgend allerdings Einstiegsformen geübt werden sollen, muss das Anlegen des DTG zwangsläufig außerhalb des Wassers erfolgen. Der Weg zum Wasser sollte aber stets so gering wie möglich gehalten werden, da die Fortbewegung mit Flossen an Land sehr unfallträchtig ist.

Zum richtigen Ausrüsten gehört auch ein Partnercheck, der in einem Rollenspiel geübt werden kann. Dabei sollen zwei Ziele erreicht werden: Es werden die richtige Funktion und der richtige Sitz der Ausrüstung am Partner geprüft. Außerdem macht sich der prüfende Partner mit der Funktionsweise der fremden Ausrüstung vertraut. In der Regel stellt der eine Tauchpartner dem anderen seine Ausrüstung vor. Als Erstes wird die Funktion des oder der Atemregler geprüft, indem aus den Automaten zwei bis drei Atemzüge genommen werden. Gleichzeitig wird das UW-Manometer beobachtet, ob sich die Anzeigennadel bewegt. Falls diese das während des Atmens macht, ist das Flaschenventil nicht richtig aufgedreht. Gleichzeitig wird so die richtige Befüllung der Flasche kontrolliert, damit für den Tauchgang genug Luft zur Verfügung steht und es während des Tauchgangs keine böse Überraschung gibt. Die Funktion des Inflators (Luftein- und -auslass), Sitz und Funktion der Schnellablässe, falls noch vorhanden, Sitz der Reserveschaltung, und die Lage des verwendeten Zweitautomaten (Oktopus) gehören zum vollständigen Check dazu. Abschließend kontrolliert jeder Tauchpartner noch einmal den festen Sitz der Druckluftflasche in der Jacketbegurtung des anderen Tauchpartners.

Im Bad wird dieses Rollenspiel zwischen Tauchpartnern stattfinden, die den gleichen Leistungsstand haben, während bei den ersten Freigewässertauchgängen stets der Tauchlehrer der Erfahrenste in der Gruppe ist. Aber auch der Tauchlehrer muss seine Ausrüstung prüfen und prüfen lassen. Es ist also frühzeitig zu betonen, dass es sich um einen gegenseitigen Check handelt.

In der Praxis verschiedener Tauchschulen oder bei privaten Ausfahrten kommt es auch manchmal vor, dass ein mit Jacket ausgestattetes Gerät erst im Wasser angezogen wird. Dazu wird das Jacket aufgeblasen, zu Wasser gebracht und an der Wasseroberfläche angelegt. Dies kann z. B. dann zweckmäßig sein, wenn von einem relativen engen Schlauchboot aus getaucht wird. Zur Vorbereitung auf solche Situationen kann es sinnvoll sein, diese Form des Einstiegs zu üben. Der Partnercheck wird dann teilweise im Wasser durchgeführt.

Nach jedem Tauchgang ist das Gerät auch sachkundig abzurüsten. Dieses muss folgende Arbeiten beinhalten:

- ■ Nach dem Ablegen des DTGs:
  - ▸ Verschließen des DTGs, dabei darf das Handrad nur leicht angezogen werden, um die Dichtung des Ventils nicht zu beschädigen;
  - ▸ Entlüften des Atemreglers durch Betätigen der Luftdusche;
  - ▸ Abschrauben des Atemreglers von der Druckluftflasche und Verstauen in einen dafür vorgesehenen Schutzbehälter;
  - ▸ Druckluftflasche aus der Halterung lösen;
  - ▸ Jacket entwässern;
  - ▸ Jacket nahezu vollständig aufblasen;
  - ▸ Druckluftflasche bis zum Abtransport zur Füllstation so zwischenlagern, dass ein Umfallen ausgeschlossen ist. Gegebenenfalls hinlegen, dann aber so, dass die Flaschen nicht wegrollen können;

- ▸ Bänderungen der Trageeinrichtung und der Tarierhilfe eng verzurren, sodass beim Transport die Bänderungen nicht stören.

Wie beim Anlegen des Gerätes kann die Situation es auch erfordern, dass das Gerät im Wasser an der Wasseroberfläche ausgezogen werden muss. Dadurch kann der Einstieg ins Boot in vielen Situationen erleichtert werden. Allerdings muss darauf geachtet werden, dass der Bleigurt zuerst abgelegt und in das Boot gereicht wird und erst danach das DTG, welches unbedingt so stark aufgeblasen werden muss, dass es an der Wasseroberfläche bleibt. Die Flossen sollen auch erst im Boot abgelegt werden, damit der Taucher weiterhin den Vorteil der Flossen im Wasser nutzen kann, vor allem im Falle einer Strömung. Ein- und Ausstieg in bzw. aus dem Boot sollte ebenfalls im Bad geübt werden. Falls kein entsprechendes Schlauchboot für Übungszwecke vorhanden ist, empfehlen sich Hilfsmittel wie Matten etc.

5.7 Fortbewegung mit DTG

Ein Tauchschüler, der zum ersten Mal mit einem DTG ins Wasser geht, wird zunächst die Faszination erleben, unter Wasser atmen zu können. Die individuellen Reaktionen reichen von der Skepsis gegenüber der jetzt für das Überleben entscheidenden Technik bis zum reinen Genuss des Unterwasseraufenthaltes. Für die nächsten Schritte unter Wasser muss der Tauchschüler lernen, wie er sich mit dem DTG auf dem Rücken unter Wasser bewegen kann. Dabei wird sich sein Vertrauen zur Ausrüstung entwickeln, denn nicht selten verursacht allein das Gefühl, von einem technischen System unmittelbar abhängig zu sein, Angst. Neben der Fortbewegung unter Wasser wird auch das ökonomische Schwimmen an der Wasseroberfläche zu vermitteln sein.

Vorausgesetzt werden muss auf jeden Fall, dass zumindest mit Schnorchelübungen das richtige Auftauchverhalten geübt wurde und der Anfänger über die Risiken beim Auftauchen (siehe Kap. 5) informiert ist. Nach dem Anlegen der Ausrüstung ist es bei den ersten Schritten durchaus hilfreich, wenn die ersten Atemzüge bewusst außerhalb des Wassers aus dem Gerät geatmet werden. Erst wenn so das Vertrauen zur Ausrüstung hergestellt wurde, sollte unter der Wasseroberfläche weitergeübt werden. Der Ausbilder hat immer das Problem, ob er auf die Atmung hinweisen sollte. Eigentlich soll ein Anfänger zunächst »normal« atmen. Eine bewusste Atemkontrolle, um Pressluft zu sparen, ist nicht sinnvoll, wird aber häufig gerade von Anfängern versucht.

Andererseits kann eine extreme Kurzatmigkeit, bedingt durch psychische Belastung, zum sogenannten Essoufflement führen. Dabei wird zu wenig Luft eingeatmet, als dass ein ausreichender Gasaustausch in der Lunge stattfinden könnte. Im Hallenbad sind solche Vorkommnisse wohl selten zu beobachten, während im Freigewässer besonders bei anspruchsvollen und tiefen Tauchgängen das Essoufflement ein ernst zu nehmendes Risiko birgt. Durchaus sinnvoll ist der Hinweis auf den Einfluss der Lungenfüllung auf die Tarierung und den

Auftrieb des Tauchers, sodass sich die Tauchschüler frühzeitig mit dieser Thematik auseinandersetzen können.

Es sollte wohl im Verlaufe der Ausbildung auf die Atmung aus dem Gerät eingegangen werden, aber erst das Untertauchen beansprucht den Anfänger so sehr, dass hier ein solcher Hinweis in den meisten Fällen fehl am Platze ist. Nur wenn der Ausbilder ein Fehlverhalten feststellt, sollte ein Hinweis auf dieses Problem erfolgen.

Für die ökonomische Fortbewegung unter Wasser ist es wichtig, dass der Taucher möglichst den Frontalwiderstand minimiert (vgl. Abb. 23). Häufig ist zu beobachten, dass durch die unnötige Mitnahme von zusätzlichem Gewicht (Bleigürtel) eine optimale Schwimmlage unter Wasser nicht eingenommen werden kann. An der Wasseroberfläche empfiehlt sich besonders das Schnorcheln in der Seitlage (vgl. Kap. 4.1.1). In dieser Lage ragen keine Geräteteile aus dem Wasser, wie dies in der Bauchlage zwangsläufig passiert, und der Taucher kann in die Schwimmrichtung blicken, was wiederum in der Rückenlage nicht möglich ist.

Zusammenfassung der Sicherheitshinweise

■ Die Lernteilziele UW-Zeichen, Anlegen der DTG-Ausrüstung und Ausatmen beim Auftauchen mit ABC-Ausrüstung müssen beherrscht werden!

■ Auf die Notwendigkeit des regelmäßigen Druckausgleichs ist noch einmal hinzuweisen!

■ Je nach räumlichen Bedingungen und Leistungsstand der Gruppe kann es erforderlich sein, dass der Ausbilder die ersten Übungen im Wasser begleitet.

■ Das zahlenmäßige Verhältnis Schüler-Ausbilder ist besonders bei Einführung in dieses Lernteilziel zu prüfen!

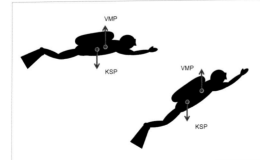

Abb. 23: Richtige Lage bei der Fortbewegung unter Wasser mit DTG (links). Durch zu schwere Zusatzgewichte kann die Schwimmlage beeinträchtigt werden, sodass ein zu großer Frontalwiderstand entsteht (rechts). Die Pfeile zeigen Angriffspunkt und Wirkrichtung der Auftriebskraft (VMP: Volumenmittelpunkt) und der Gewichtskraft (KSP: Körperschwerpunkt).

Da diese Übungen immer die ersten Übungen sein werden, die bei Einführung der DTG-Ausrüstung ausgeführt werden, sollten besonders die ersten Übungen sehr einfach gestaltet werden. Die Übungen I1 bis I3 entsprechen einer methodischen Reihe.

Übungsvorschläge

I 1 *Name:* **Laufendes Band uW**　　*Charakteristik:* PÜ

Gerätebedarf:　　*Flächenbedarf:* Schwimmbahn

Beschreibung: Die übenden Partner sollen uW ein Laufendes Band organisieren und dabei einige frei gewählte Höhen- und Tiefenwechsel durchführen. Variation: Das Laufende Band kann auch in der Senkrechten organisiert werden.

I 2 *Name:* **UW-Scooter**　　*Charakteristik:* PÜ

Gerätebedarf:　　*Flächenbedarf:* Schwimmbahn

Beschreibung: Die Gruppe darf sich im Übungsbereich frei bewegen. Allerdings müssen die Tauchpartner stets nebeneinander tauchen. Die Positionen, also wer rechts bzw. links taucht, sollen vorher festgelegt werden. Kollisionen mit anderen Partnern sollen durch Ausweichen nach rechts vermieden werden.

Besondere Hinweise: Die Übenden sollen vor der Übung darauf aufmerksam gemacht werden, dass scharfe Kurven bzw. Wenden zu vermeiden sind, damit die Formation erhalten bleibt.

I 3 *Name:* **Positionswechsel**　　*Charakteristik:* Partnerübung

Gerätebedarf:　　*Flächenbedarf:* Schwimmbahn

Beschreibung: Die Partner sollen sich wie in Übung I2 frei im Tauchbereich bewegen. Dabei soll während der Fortbewegung ständig ein Positionswechsel erfolgen, indem der rechte Partner zur linken Seite taucht. Der Seitenwechsel kann über den Partner hinweg oder unter ihm hindurch erfolgen.

I 4 *Name:* **Spiegelbild tauchen**　　*Charakteristik:* PÜ

Gerätebedarf:　　*Flächenbedarf:* Schwimmbahn

Beschreibung: Ein Partner soll voraustauchen und dabei Drehungen und Rollen vorgeben, die der nachfolgende Partner nachzumachen hat.

I 5 **Tauchen um das DTG**　　*Charakteristik:* PÜ

Gerätebedarf: 1 DTG pro Paar　　*Flächenbedarf:* Lehrbecken

Beschreibung: Ein Partner steht im Lehrbecken und hält das DTG, während der zweite Partner um ihn herumtauchen soll. Nach einer vorher festgesetzten Zahl von Runden bzw. auf das UH-Handzeichen Auftauchen hin werden die Rollen gewechselt.

Besondere Hinweise: Diese Übung eignet sich besonders für die Einführung des DTG bei jungen Tauchschülern. Der Ausbilder sollte u. U. selbst das DTG halten, sodass er so jederzeit die Konrolle über den Übenden behält.

I   6   Name: **UW-Slalom**   *Charakteristik:* GÜ

Gerätebedarf: diverse verankerbare Auftriebs-   *Flächenbedarf:* Schwimmbahn
körper, einfache UW-Hürden

Beschreibung: Die Gruppenmitglieder sollen nacheinander einen unter Wasser aufgebauten
Slalomkurs durchtauchen, ohne dabei die Hindernisse zu berühren. Neben Richtungsänderungen in der Horizontalen sollen auch Hürden über- oder untertaucht werden.

I   7   *Name:* **Stationenwechsel**   *Charakteristik:* GÜ

Gerätebedarf: 5-kg-Tauchringe   *Flächenbedarf:* Schwimmbahn

Beschreibung: Die Tauchringe sollen Stationen markieren, auf welche sich die Gruppenmitglieder zunächst verteilen sollen. Wenn alle Gruppenmitglieder ihre Position eingenommen haben,
soll ein vor Beginn bestimmtes Gruppenmitglied zu einer von ihm ausgesuchten Station wechseln, von der aus das nächste Gruppenmitglied zu einer anderen Station startet usw.

I   8   *Name:* **Auftrieb erfahren**   *Charakteristik:* GÜ

Gerätebedarf: *Flächenbedarf:* Schwimmbahn

Beschreibung: Die Gruppe versammelt sich im Halbkreis um den Tauchlehrer. Jeder Tauchschüler führt nacheinander tiefe Ein- und Ausatmungen durch, nachdem der Tauchlehrer dies
demonstriert hat. Dabei soll der Schüler erfahren, dass er nach der Einatmung leichter bzw.
nach der Ausatmung schwerer ist.

*Abb. I8: Die Tauchschüler versammeln sich im Halbkreis um den
Ausbilder. Diese Organisationsform ist auch für andere Übungen
geeignet.*

I   9   *Name:* **Partner drücken**   *Charakteristik:* PÜ

Gerätebedarf: *Flächenbedarf:* ½ Schwimmbahn

Beschreibung: Die beiden Partner befinden sich einander gegenüber und fassen sich mit beiden Händen. Jeder soll nun versuchen, den anderen wegzuschieben.

*Abb. I9: Die Partner
versuchen sich gegenseitig
wegzudrücken.*

5.8 DTG unter Wasser anatmen

Dieses Lernteilziel beinhaltet im Grunde ein sehr einfaches Manöver, wenn das Ausblasen des Schnorchels beherrscht wird: Das Mundstück des Atemreglers wird unter Wasser in den Mund genommen. In senkrechter Position, wenn das Ausatemventil sich am tiefsten Punkt befindet, wird das Wasser durch eine erste Ausatmung ausgeblasen. Danach kann in der folgenden Zeit problemlos geatmet werden. Hat der Taucher keine Luft mehr zum Ausblasen, so kann das Wasser durch die Betätigung der Luftdusche herausgedrückt werden. Bei diesem Manöver wird mit der Zunge verhindert, dass Wasser in die oberen Luftwege eindringt. Der häufigste Fehler ist das fehlerhafte Halten des Mundstücks, das eben nicht so gehalten wird, dass sich das Ausatemventil am tiefsten Punkt befindet. Die Folge ist, dass Wasserreste im Mundstück bleiben und beim ersten Atemzug zum Hustenreiz führen können.

Die dargestellten Übungen sind im Grunde durch das Zeit- und Streckentauchen hinreichend vorbereitet. Obwohl unter realen Bedingungen selten längere Strecken vor dem Erreichen des DTGs zurückzulegen sind, sollten derartige Übungen mit Tauchstrecken verbunden werden. Dadurch wird erreicht, dass der Taucher Vertrauen zu seiner Ausrüstung und Routine im Umgang mit den Ausrüstungsteilen bekommt. Dieses trägt zu einer erheblichen Verbesserung der Tauchsicherheit bei.

In diesem Zusammenhang ist auch das traditionell geübte Anlegen des DTGs unter Wasser zu erwähnen. Diese Übung hat, erst recht wenn der Taucher mit einem Jacket ausgerüstet ist, heute keine praktische Bedeutung mehr. Das Anlegen des DTGs unter Wasser über den Kopf oder das Anlegen wie eine Jacke können geschult werden und helfen weiter, den Übenden mit seinem Gerät vertrauter zu machen. Auch bereiten sie auf die in Kap. 5.7 beschriebenen Situationen beim Tauchen im Freigewässer vor, in denen das DTG im Wasser angelegt werden muss. Die zentrale Bedeutung für das Tauchen, wie sie vor einigen Jahren noch dieser Übung zugemessen wurde, besteht aber wohl heute nicht mehr.

Die Übungen J1 bis J3 können in dieser Reihenfolge als methodische Reihe eingesetzt werden. Durch Variation der in Kap. 16.2.1/2 angegebenen Übungen können leicht weitere Übungen gefunden werden.

Sicherheitshinweis

■ Die Lernteilziele UW-Zeichen, Anlegen der DTG-Ausrüstung und Ausatmen beim Auftauchen müssen beherrscht werden!

Übungsvorschläge

J 1 *Name:* **Mundstück herausnehmen**   *Charakteristik:* PÜ

Gerätebedarf: *Flächenbedarf:* Schwimmbahn

Beschreibung: Beide Partner vereinbaren vor dem Abtauchen ein Zeichen, das den Beginn folgender kurzer Übung signalisiert: Beide knien sich gegenüber auf dem Beckenboden. Ein Partner nimmt für kurze Zeit das Mundstück des DTGs aus dem Mund, atmet es wieder an und gibt das OK-Zeichen. Danach führt der zweite Partner diese Übung aus und beide Partner tauchen danach wieder auf.

Variation: Das Mundstück wird über Kopf nach hinten fallengelassen und anschließend wieder gesucht.

J 2 *Name:* **Streckentauchen mit DTG** *Charakteristik:* PÜ

Gerätebedarf: 5-kg-Tauchringe *Flächenbedarf:* Schwimmbahn

Beschreibung: Mit den Tauchringen werden Strecken markiert, die mit herausgenommenem Mundstück durchtaucht werden müssen. Der Übende hält in dieser Zeit das Mundstück in der Hand, während der Partner sichernd nebenhertaucht.

Variationen: Das Mundstück darf nicht gehalten werden; das Durchtauchen soll möglichst langsam erfolgen.

Besondere Hinweise: Es muss darauf geachtet werden, dass zum Anatmen die senkrechte Körperposition eingenommen wird.

J 3 *Name:* **DTG antauchen nach** *Charakteristik:* PÜ
Ausatmung

Gerätebedarf: 5-kg-Tauchring *Flächenbedarf:* Schwimmbahn

Beschreibung: Ein DTG wird pro Paar auf dem Beckenboden platziert. Während ein Partner schnorchelnd an der WO sichert, soll der zweite Partner zu einem Tauchgang abtauchen, ausatmen und anschließend das DTG mithilfe der Luftdusche anatmen.

Variation: Durch Verlängern der Tauchstrecke nach Ausatmung kann eine erhebliche Verschärfung des Schwierigkeitsgrades erreicht werden.

Besondere Hinweise: Es muss darauf geachtet werden, dass zum Anatmen die senkrechte Körperposition eingenommen wird.

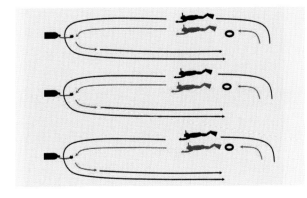

Abb. J3: *Nach dem Abtauchen zur Markierung am Boden soll der Übende (rot) ausatmen und dann das DTG antauchen. Auf diese Art kann auch eine größere Gruppe üben, wenn die Anzahl der DTGs begrenzt ist.*

J 4 *Name:* **DTG-Tankstellen** *Charakteristik:* GÜ

Gerätebedarf: *Flächenbedarf:* Lehrbecken

Beschreibung: Eine der Beckengröße und dem Leistungsstand der Gruppe angemessene Zahl von DTGs wird im Becken verteilt. Die Teilnehmer haben die Aufgabe, die DTGs der Reihe nach anzutauchen, anzuatmen und nach zweimaligem Atmen zur nächsten Station zu wechseln.

Besondere Hinweise: Diese Übung kann auch als Vorbereitung zur Wechselatmung (Kap. 5.10.2) eingesetzt werden.

J 5 *Name:* **DTG als Basisstation**   *Charakteristik:* PÜ

Gerätebedarf: Puzzle, Brettspiel o. Ä.   *Flächenbedarf:* Schwimmbahn

Beschreibung: Jeder Partner taucht mit DTG ab, das auf dem Beckenboden platziert wird. Der Abstand zwischen den Partnern soll dem Leistungsstand angemessen sein; das Spielgerät soll zwischen den Partnern platziert werden. Die Partner sollen sich nun abwechselnd von ihrem DTG lösen und einen Spielzug an dem Spiel ausführen. Zum Atmen wird das Spiel unterbrochen, der Übende muss zu seinem DTG tauchen und dieses anatmen.

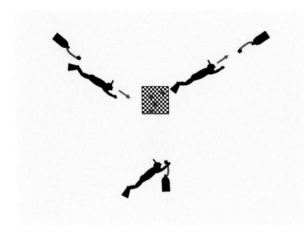

Abb. J5: *Die DTGs sind um ein Spielbrett herum angeordnet und müssen verlassen werden, wenn der Übende einen Spielzug am Spielbrett ausführt (Ansicht von oben).*

5.9 Lernteilzeil Tarieren mit Jacket (passiver Aufstieg)

Der übliche Kälteschutz besteht aus Neopren. Mit zunehmender Tiefe verliert dieses Material an Volumen. Der an der Wasseroberfläche entwickelte Auftrieb wird in der Regel durch Zusatzgewichte (Bleigürtel) ausgeglichen, sodass in der Tiefe der Abtrieb zunimmt. Die einfachste Tarierhilfe, die jeder Mensch mitnimmt, ist die Lunge. Durch tiefere oder flachere Einatmung kann der durch das Volumen der Lunge erzeugte Auftrieb verändert werden. Dies sollte jedem Taucher deutlich gemacht werden, da hier eine erste schnelle Reaktion

auf einen veränderten Auf- bzw. Abtrieb möglich ist. Es ist aber nochmals auf die Gefahr eines Lungenüberdruckunfalls hinzuweisen! (vgl. Kap. 5) Durch den Einsatz des Jackets kann der zunehmende Abtrieb in größerem Umfange kompensiert werden. Dabei wird Luft in die Kammer des Jackets geblasen und dadurch ein zusätzliches Volumen erzeugt. Beim Aufstieg muss diese Luft wieder so dosiert abgelassen werden, dass der Taucher stets nahezu im Schwebezustand ist. Kleinere Abweichungen können durch zusätzliche Flossenaktivitäten oder durch stärkeres Ein- oder Ausatmen (Veränderung der Atemmittellage) ausgeglichen werden, was allerdings schon einige Erfahrung voraussetzt.

Zur Bedeutung der Tarierung

Die Bedeutung der Tarierung ist in zwei Aspekten zusammenzufassen:

Bewegungsökonomie

Bei zu starkem Abtrieb befindet sich der Taucher meistens in einer schlechten Schwimmlage und muss umso mehr Energie für die Fortbewegung aufbringen (vgl. auch Kap. 5.7). Dadurch steigt selbstverständlich auch der Luftverbrauch. Besonders gilt dies im Falle eines zu starken Auftriebes. Selbst wenn die Schwimmlage nicht wesentlich geändert ist, so ist doch in jedem Falle mehr Energie und damit Luft dafür aufzuwenden, nicht weiter abzusinken bzw. aufzutreiben. Der Auftrieb bewirkt außerdem weitere Komplikationen, die sich aus der Kopftieflage ergeben.

Umweltschutz

Taucher mit erhöhtem Abtrieb tendieren dazu, ständig mit dem Boden in Berührung zu kommen. Dies führt dazu, dass Sedimente aufgewirbelt werden und die Fauna und Flora am Boden zerstört wird. Leider zeigen viele beliebte Tauchparadiese bereits erhebliche Schäden durch Heerscharen von Tauchern. Ein weiteres Problem besteht in den Beeinträchtigungen der Sicht durch aufgewirbelte Sedimente. Der Anfänger sollte daher frühzeitig trainiert werden, einen Abstand von 1 bis 1,5 m vom Grund zu halten. In der Badsituation ist das Üben einer solchen Situation aufgrund der beschränkten Tiefe problematisch.

Das Aufblasen des Jackets ist auf zwei Arten möglich: Über den sogenannten Inflator kann man Luft aus dem DTG einströmen lassen. Es genügt in der Regel ein einfacher Knopfdruck, um Luft einströmen zu lassen. In der Nähe dieses Knopfes befindet sich ein weiterer Knopf, mit dem ein Ventil betätigt werden kann, das ein Aufblasen des Jackets mit dem Mund ermöglicht. Über diesen Knopf kann auch dosiert Luft aus der Tarierhilfe abgegeben werden, wenn der Schlauch zur Tarierhilfe hochgehalten wird.

Beim Aufblasen mit Inflator wird so lange der Knopf betätigt, bis der Taucher das Gefühl hat, dass er sich im Schwebezustand befindet. Falls zu viel Luft eingeblasen wurde, muss dosiert Luft abgegeben werden. Ist der Auftrieb zu stark, muss u. U. über den Schnellablass eine größere Menge Luft abgegeben werden.

Jeder Taucher sollte aber für größere Exkursionen auch in der Lage sein, sein Jacket mit dem Mund aufzublasen. Hierbei wird so lange Luft über das Mundstück der Tarierhilfe eingeblasen, bis der Schwebezustand erreicht wird. Zwei wesentliche Punkte sind hierbei zu beachten:

- Nach dem Einblasen muss der Taucher sein Mundstück wieder anatmen. Dazu sollte er noch über entsprechend viel Luft in der Lunge nach dem Einblasen in das Jacket verfügen bzw. in der Anwendung der Luftdusche vertraut sein.

- Der Auftrieb setzt erst nach der erfolgten Einatmung ein. Besteht nach der Einatmung kein Auftrieb, so wird das Einblasen in das Jacket an dieser Situation nichts ändern, da das Volumen nur aus der Lunge in das Jacket verlagert wurde. Es empfiehlt sich also, nach der Einatmung kurz zu prüfen, ob der Auftrieb einsetzt.

Um einen passiven Aufstieg mit dem Jacket durchzuführen, ist das Jacket über den Schwebezustand hinaus aufzublasen. Dabei ist aber zu beachten, dass mit Beginn des Aufstiegs das Volumen des Jackets und damit auch die

Auftriebskraft zunimmt. Dies muss der Taucher durch dosiertes Ablassen der Luft aus dem Jacket verhindern.

Das Üben mit dem Jacket ist bei einer minimalen Beckentiefe von 3 m angebracht. Eine geringere Beckentiefe erscheint nicht sinnvoll, da dadurch der Schüler keine Chance hat, eine Auftriebssituation abzubrechen. Der methodische Weg zur Einführung des Jackets sollte im Schwimmbad mit einfachen Aufstiegsübungen beginnen, bei denen der Inflator benutzt werden soll. Die Übungen K1 bis K4 stellen einen methodischen Weg dar, an dessen Ende das Tarieren über das Mundstück steht. Durch den Verzicht auf Flossen kann erreicht werden, dass alle Höhenänderungen wirklich passiv erfolgen. Allerdings ist dies eine Übungsverschärfung, die einen ausreichenden Leistungsstand voraussetzt.

Zusammenfassung der Sicherheitshinweise

- Die Lernteilziele UW-Handzeichen, Anlegen der DTG-Ausrüstung und das Ausatmen beim Auftauchen und Atmen ohne Maske müssen beherrscht werden!

- Der Tauchschüler muss in die Bedienung des Jackets, besonders in die richtige, dosierte Bedienung des Inflators und die richtige Bedienung der Schnellablässe vor Beginn der Übungen eingewiesen werden!

- Der Schüler sollte zunächst vorsichtig mit kleinen Luftmengen versuchen, das Jacket aufzublasen, um einen zu schnellen Aufstieg zur Wasseroberfläche zu vermeiden!

- Auf die Notwendigkeit des Druckausgleichs bei jedem Absinken noch einmal hinweisen!

Übungsvorschläge

K 1 *Name:* **Kontrollierter passiver Aufstieg**

Charakteristik: PÜ

Gerätebedarf: Zusatzgewichte, schwimmende Gymnastikreifen

Flächenbedarf: Schwimmbahn

Beschreibung: Der übende Partner (A) ist zusätzlich mit Gewichten beschwert und lässt sich auf dem Boden nieder, während der zweite Partner beobachtend sichert. Partner A lässt nun über den Inflator in kurzen Intervallen Luft in seine Tarierhilfe strömen, bis er aufzusteigen beginnt. Durch betonte Ausatmung und Luftablassen aus dem Mundstück des Jackets soll der Übende versuchen, die Aufstiegsgeschwindigkeit zu kontrollieren. Der Übende erhält die Aufgabe, innerhalb eines an der WO schwimmenden Gymnastikreifen aufzutauchen.

K 2 *Name:* **Schweben mit Zusatzgewicht**

Charakteristik: PÜ

Gerätebedarf: 5-kg-Tauchring

Flächenbedarf: Schwimmbahn

Beschreibung: Während ein Tauchpartner sichert, soll der übende Partner versuchen, mit einem 5-kg-Tauchring beschwert durch Einströmen von Luft über den Inflator in das Jacket in den Schwebezustand zu kommen. Er soll dabei ohne Flossenschlag und ohne Berührung mit dem Beckenboden bzw. der WO im Becken schweben. Anschließend soll der Übende den Ring nach dem Schwimmen einer kurzen Strecke ablegen und möglichst schnell wieder in den Schwebezustand kommen.

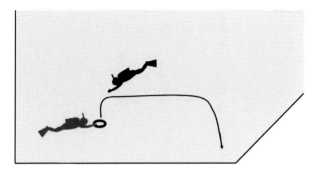

Abb. K2: *Während ein Taucher (schwarz) sichert, soll der Übende (rot) ein Gewicht (z. B. einen Tauchring) aufnehmen und sich wieder austarieren. Nach dem Ablegen muss dies erneut geschehen, und die Rollen der Partner können gewechselt werden (Ansicht von der Seite).*

K   3   *Name:* **Schweben mit dem Partner**   *Charakteristik:* PÜ

Gerätebedarf: Zusatzgewichte   *Flächenbedarf:* Schwimmbahn

Beschreibung: Beide Partner, die mit Zusatzgewichten beschwert sind, setzen sich auf dem Beckenboden einander gegenüber in den Schneidersitz. Ein vorher bestimmter Partner gibt die Tauchtiefe vor, die zur WO durch passive Tarierung erreicht werden soll.

K   4   *Name:* **Aufstieg mit Stopp**   *Charakteristik:* PÜ

Gerätebedarf: Markierung ca. 1 m unter der WO   *Flächenbedarf:* Schwimmbahn

Beschreibung: Während ein Partner sichernd nebenher taucht, soll der übende Partner vom Boden aus durch Aufblasen des Jackets über das Mundstück den Aufstieg einleiten. Wenn die Markierung sich auf Augenhöhe befindet, soll durch Ablassen von Luft aus dem Jacket der Aufstieg gestoppt werden.

Besondere Hinweise: Das Lernteilziel DTG Anatmen (Kap. 5.8) muss beherrscht werden. Es ist auch ratsam, einfache Übungen zur Wechselatmung (Kap. 5.10.2) vor dieser Übung durchzuführen.

K   5   *Name:* **Partner schieben**   *Charakteristik:* PÜ

Gerätebedarf: UW-Hürden   *Flächenbedarf:* Schwimmbahn

Beschreibung: Ein Partner (A) ist für den Antrieb (horizontale Bewegungsrichtung) verantwortlich und schiebt den anderen Partner (B) uW. Partner B soll durch Einblasen bzw. Auslassen von Luft aus dem Jacket für eine Höhenregulation des Paares sorgen.

Abb. K5: *Während ein Partner durch Einblasen/Auslassen von Luft in das Jacket die Tauchtiefe bestimmt, muss der hintere Partner für den entsprechenden Antrieb zur Fortbewegung in der horizontalen Ebene sorgen.*

K 6 *Name:* **Gewichtsübergabe** *Charakteristik:* PÜ

Gerätebedarf: 5-kg-Tauchring *Flächenbedarf:* Schwimmbahn

Beschreibung: Ein Partner (A) schwimmt mit aufgeblasenem Jacket an der WO und hält einen Tauchring. Der zweite Partner (B) schwimmt mit entleertem Jacket zu A und übernimmt den Tauchring mit der rechten Hand. B lässt sich ohne Flossenbewegung sinken und versucht durch Einströmen von Luft über den Inflator (Bedienung mit linker Hand) den Absturz zu verhindern.

5.10 Lernteilziel Partnerrettung/ -transport

Notsituationen können gerade unter Wasser eintreten. Die Regel »Tauche nie allein« soll sicherstellen, dass nicht bereits kleine Zwischenfälle schwerwiegende Folgen haben. Hilfeleistung unter Wasser kann vielfältig aussehen. Das Heraufbringen des Tauchpartners zur Wasseroberfläche stellt die zentrale Aufgabe dar. Dabei ist zu unterscheiden, ob der Taucher bei Bewusstsein oder bewusstlos ist. In den ersten beiden Teilen des Kapitels soll der Fall behandelt werden, dass der Tauchpartner bei Bewusstsein ist und Luftnot hat. Eine Möglichkeit zweckmäßiger Maßnahmen besteht dann in einem Aufstieg mit Oktopus- oder Wechselatmung. Im dritten Teil sollen Techniken behandelt werden, mit denen der hilflose Taucher zur Wasseroberfläche gebracht und dann hier weitertransportiert werden kann (Kap. 4.2).

5.10.1 Lernschritt Oktopusatmung

Im Falle einer Luftnotsituation soll der betroffene Taucher sich zuerst an seinen Tauchpartner wenden. Dieser soll ihn mit der notwendigen Atemluft versorgen, um danach gemeinsam den Weg zur Wasseroberfläche zu bestreiten. Heutzutage ist es vorgeschrieben, mit einem Zweitatemregler, dem sogenannten Oktopus, ausgestattet zu sein. Somit kann der Taucher im Falle einer Luftnotsituation seines

Tauchpartners diesen mit Luft aus dem Oktopus versorgen und selbst aus seiner zweiten Stufe weiteratmen. Diese Prozedur erspart unnötige Komplikationen wie das Suchen und Wechseln der jeweiligen Atemschläuche, wie z. B. bei einer Wechselatmung.

Wenn der eine Tauchpartner das »Luftnot«-Zeichen gibt, reicht ihm der andere den Oktopus. Je nachdem, an welcher Seite sich der Oktopus befindet, hakt sich der jetzt versorgte Taucher beim Versorger mit dem Arm ein. Je nach Situation erfolgt nun zunächst eine Fortbewegung mit Oktopusatmung oder der direkte Aufstieg mit Oktopusatmung.

Neue Richtlinien, z. B. des VDST, empfehlen, den Oktopus, also die 2. Stufe mit langem Mitteldruckschlauch, als Hauptautomat selbst zu atmen und in einer Luftnotsituation direkt abzugeben. Der Zweitatemregler des Luftspenders hängt an einem kurzen Schlauch direkt vor dem Hals, fixiert mit einem Gummiband um den Hals, und wird dann vom Luftspender nach Abgabe seines Hauptatemreglers genutzt. Diese Technik hat mehrere Vorteile: Zum einen weiß der Luftspender, wo sich der abzugebende Automat befindet, nämlich im Mund. Somit ist dieser auch leicht zu finden und schnell abzugeben. Ein weiterer Zeitverlust durch das Suchen des Oktopus irgendwo am Jacket wird dadurch vermieden. Auch der Zweitatemregler direkt am Hals ist einfach zu finden und schnell anzuatmen. Diese Technik reduziert mögliche Gefahrenmomente für den Luftspender und den zu versorgenden Taucher.

Übungsvorschläge zur Oktopus-atmung mit vollständiger DTG-Ausrüstung

Mit vollständiger DTG-Ausrüstung, also mit DTG und Jacket, sollte der Aufstieg zur Wasseroberfläche geübt werden. Da dies kaum Raum für variantenreiche Übungsformen lässt, sollen hier nur die Schritte erläutert werden, die für eine methodisch strukturierte Einführung des Aufstiegs mit Oktopusatmung bis zum Aufblasen des Jackets über das Mundstück notwendig sind. Alle Übungen sollen vom Beckenboden aus durchgeführt werden, und das »Luftnot«-Zeichen eines vorher bestimmten Partners ist das Startzeichen für das Manöver. Es empfiehlt sich, sofern die Bedingungen dies zulassen, auf den Gebrauch der Flossen zu verzichten.

1. Gemeinsames Tauchen zweier Partner. Ein Partner trägt ein DTG, das mit zwei Atemreglern ausgestattet ist, aus dem beide atmen.

2. Gemeinsames Tauchen und gemeinsamer Aufstieg zweier Partner. Ein Partner trägt ein DTG, das mit zwei Atemreglern ausgestattet ist, aus dem beide atmen.

3. Während des Aufstiegs wird die Oktopusatmung wie auf Seite 79 beschrieben durchgeführt. Beide Partner kontrollieren ihr eigenes Jacket. Durch Einblasen von Luft aus dem Inflator leiten beide Partner gemeinsam den Aufstieg ein.

4. Wie 3., jedoch trägt der Partner, der Luftnot anzeigt, noch ein Zusatzgewicht zwischen 2 und 5 kg.

5. Wie 4., jedoch darf Luft nur über das Mundstück in das Jacket geblasen werden.

6. Wie 5., jedoch soll das Paar ca. 1,5 m unter der WO den Aufstieg stoppen und für mindestens 5 Atmungszyklen die Höhe halten.

5.10.2 Lernschritt Wechselatmung

Die Wechselatmung ist neben der Oktopusatmung eine weitere Alternative, unversehrt die WO wieder zu erreichen. Auch wenn die meisten Luftnotsituationen heutzutage durch die Oktopusatmung gelöst werden können, kann es in einigen Fällen immer noch notwendig sein, wie z. B. bei technischem Defekt, eine Wechselatmung durchführen zu müssen. Daher sollte die Wechselatmung auch heute noch ein Bestandteil der Ausbildung sein. Damit sind Taucher auch auf diese Situation vorbereitet. Die Wechselatmung ist mit die schwierigste Übung in der DTG-Ausbildung, vor allem im Hinblick auf Handhabung der Ausrüstung und Atemrhythmisierung.

Die Übungen zur Wechselatmung sollen den besonderen Atemrhythmus und die Abstimmung zwischen den Tauchpartnern schulen. Dabei ist bei Aufstiegsübungen auch auf die kontrollierte Aufstiegsgeschwindigkeit zu achten.

Gegen Übungen zur Wechselatmung wird auch die Infektionsgefahr durch den Tauchpartner ins Feld geführt. Da bei der Übergabe des Atemreglers dieser nicht zwangsläufig vollständig durchspült wird, ist wohl tatsächlich eine Infektion nicht ausgeschlossen. Allerdings dürfte dies höchst unwahrscheinlich sein, da noch eine Reihe anderer Bedingungen erfüllt sein muss, damit es tatsächlich auf diesem Wege zu einer Infektion kommt. Nachgewiesene Fälle solcher Infektionen sind nicht bekannt. Es werden daher auch Übungen aufgeführt, die den Wechsel des Atemreglers zwischen den Tauchpartnern erfordern. Auch hier sollte im Zweifelsfall der Mediziner gefragt werden.

Es ist aber auch auf alternative Übungsformen hinzuweisen:

- Bei vorbereitenden Übungen mit dem Schnorchel ist die Infektionsgefahr nicht zutreffend, da der Schnorchel bei der Übergabe vollständig durchspült wird.

- Durch eine angedeutete Wechselatmung, bei der das Mundstück weggegeben wird, der Partner aber nicht durch das Mundstück atmet, ist diese Infektionsgefahr ausgeschlossen.

Der psychologische Druck ist bei der angedeuteten Wechselatmung oder Wechselatmung mit Schnorchel gegenüber einer korrekt durchgeführten Wechselatmung sehr viel geringer. Da ohnehin in Übungssituationen nicht der psychologische Druck eines Ernstfalles besteht, wird durch solche Maßnahmen unter stark erleichterten Situationen geübt. Dies ist nicht wünschenswert, wenn mit Fortgeschrittenen gearbeitet wird, die eben zeigen sollen, dass sie auch unter besonderen Umständen sicher und richtig handeln. Es ist in jedem Falle notwendig, diese Technik gut einzuüben und dann auch regelmäßig zu wiederholen.

Neben der Wechselatmung mit dem Partner in Notfallsituationen erleichtert diese Technik auch das Aufblasen des Jackets mit der Atemluft. Prinzipiell handelt es sich nur um eine stärkere Rhythmisierung der Atmung, als dies ohnehin schon beim ABC-Tauchen notwendig ist. Angestrebt werden sollte die Wechselatmung im Zweierrhythmus: Nach zweimaligem Aus- und Einatmen wird das Mundstück an den Partner gereicht, der das gleiche Manöver durchführt.

Bei den ersten Übungen kann das Mundstück des Atemreglers durch den Schnorchel ersetzt werden. Da alle Übungen ohne Druckluft ausgeführt werden, ist ein Unfallrisiko ausgeschlossen, und außerdem verringert das Atmen an der Oberfläche die psychische Belastungssituation. Das Ausblasen des Schnorchels erfordert einen größeren Kraftaufwand als das Ausblasen des Mundstücks eines Atemreglers. Daher ist hierin sogar eine Verschärfung der Bedingung gegeben.

Abb. 24: Haltung beim Aufstieg mit Wechselatmung.

Der entscheidende Nachteil der Übungen mit dem Schnorchel besteht in der Tatsache, dass ausschließlich bei horizontaler Fortbewegung geübt werden kann. In einem tatsächlichen Notfall wird die Wechselatmung aber im senkrechten Aufstieg durchgeführt. Die ersten Übungen mit DTG sollten hierauf aber noch keine Rücksicht nehmen. Es sollte das Ziel der Automatisierung des Atemrhythmus und der Mundstückübergabe im Vordergrund stehen. Vorausgesetzt werden muss für diesen Ausbildungsabschnitt, dass das DTG unter Wasser angeatmet werden kann.

Um den Aufstieg mit Wechselatmung vollständig üben zu können, muss auf jeden Fall die Bedienung des Jackets beherrscht werden. Aber häufig ist es gerade die Atemrhythmik, welche Schwierigkeiten bereitet, sodass sie möglichst frühzeitig in vielen Varianten geübt werden sollte. Damit ist auf jeden Fall eine gute Grundlage zur erfolgreichen Einführung einer Notfallprozedur für den Aufstieg mit Wechselatmung gegeben.

Abb. 24 zeigt eine mögliche Form einer Notfallprozedur für den Aufstieg mit Wechselatmung. Einige Details werden auch heute noch immer wieder neu diskutiert und in den einzelnen Verbänden unterschiedlich gelehrt. Vergleichbar mit der Herz-Lungen-Wiederbelebung sollte nach einer Entscheidung für eine bestimmte Prozedur diese auch zunächst konsequent geübt werden, um eine Automatisation der Bewegungsabläufe zu gewährleisten. Der hier dargestellte Verlauf einer Wechselatmung mit Aufstieg berücksichtigt folgende zentrale Aspekte:

- Bei dem Aufstieg mit Wechselatmung sollten beide Taucher ständig Hand über Hand Kontakt zum Mundstück des Atemreglers haben.

- Der in Not geratene Taucher hält sich mit seiner zweiten Hand am luftspendenden Taucher fest und verhindert so ein Auseinandertreiben.

- Der luftspendende Taucher hat im Notfall die Aufgabe, den Auftrieb zu kontrollieren. D. h., er muss für ein entsprechendes Ablassen der Luft aus den Jackets sorgen, ohne dass dabei das Paar wieder absinkt. Um bei einem realen Aufstieg nicht zwei Jackets bedienen zu müssen, sollte vor Beginn des Aufstiegs das Jacket des in Not geratenen Tauchers vollständig entleert werden. Der Auftrieb für beide Taucher wird dann über ein Jacket erzeugt.

Ein Nachteil dieser Prozedur ist, dass der in Not geratene Taucher wie ein Zusatzgewicht am Partner »hängt«. Der Hand-über-Hand-Kontakt am Lungenautomaten ist auch nicht unumstritten, da der in Not geratene Taucher in einer Paniksituation den Retter u. U. gefährden kann, wenn er ihm z. B. das Mundstück entreißt. Je nach Situation weist die ein oder andere Vorgehensweise Vor- und Nachteile auf, sodass in der Realität sehr situationsbezogen reagiert werden muss. Wie oben bereits dargestellt, soll zuerst eine bestimmte Form der Notfallprozedur erlernt und danach in verschiedenen Varianten geübt werden.

Wenn also die Wechselatmung grundsätzlich beherrscht wird, dann sollte folgende Notfallprozedur geübt werden, die voraussetzt, dass die Bedienung des Jackets (siehe Kap. 5.9) beherrscht wird:

- Taucher A gibt das Zeichen Luftnot;

- Taucher B schwimmt zu seinem Partner und gibt ihm mit der rechten Hand das Mundstück;

- Taucher A greift mit seiner linken Hand über die rechte Hand von Taucher B, führt das Mundstück zu seinem Mund und atmet daraus zwei Mal. Damit ist die Wechselatmung begonnen und wird bis zum Erreichen der Wasseroberfläche fortgesetzt;

- Taucher A sucht mit seiner rechten Hand fest Halt am Taucher B und verhindert so ein Auseinandertreiben beim Aufstieg;

- Taucher B entleert mit seiner linken Hand das Jacket von Taucher A und bläst mit dem Inflator oder über das Mundstück das eigene Jacket auf, bis der langsame Aufstieg einsetzt.

Als Lernschritte sind alle Übungsformen geeignet, die eine entsprechende Atemrhythmik auch ohne Tauchpartner erfordern. Die Zusammenarbeit mit dem Partner stellt bereits eine Übungsverschärfung dar. Weitere Verschärfungen können erreicht werden, wenn nach dem Abgeben des Schnorchels an den Partner Aufgaben uW erfüllt werden müssen. Wird die Wechselatmung mit Schnorchel beherrscht, kann die Wechselatmung mit DTG eingeführt werden, um dann zur eigentlichen Notfallprozedur überzugehen. Auch lässt sich die Notfallprozedur durch Vorgaben wie keine Flossenbenutzung oder Aufblasen des Jackets nur über das Mundstück verschärfen.

Zusammenfassung der Sicherheitshinweise

- Die Lernteilziele UW-Zeichen, Anlegen der DTG-Ausrüstung und Ausatmen beim Auftauchen müssen beherrscht werden!

- Die Wechselatmung mit DTG sollte durch Übungen mit ABC-Ausrüstung vorbereitet werden!

Übungsvorschläge mit ABC-Ausrüstung

Die Reihenfolge der vorgeschlagenen Übungen mit ABC-Ausrüstung entspricht einer methodischen Reihe zum Erlernen der Wechselatmung.

L 1 *Name:* **2er-Rhythmus schnorcheln** *Charakteristik:* IÜ

Gerätebedarf: *Flächenbedarf:* Schwimmbahn

Beschreibung: Nach zweimaligem Aus- und Einatmen soll kurz abgetaucht werden und dabei eine vorgegebene Strecke zurückgelegt werden.

L 2 *Name:* **Schnorchelwechsel** Charakteristik: IÜ

Gerätebedarf: 2 Schnorchel pro Übenden, *Flächenbedarf:* 10 x 2 m²
Schwimmbretter

Beschreibung: Zu Beginn der Übung befindet sich ein Schnorchel auf dem Schwimmbrett, mit einer Hand wird der zweite Schnorchel gehalten und mit der zweiten Hand das Schwimmbrett. Während des Schwimmens soll dann nach zweimaligem Aus- und Einatmen der Schnorchel gewechselt werden.

L 3 *Name:* **Sandwich-Tauchen im** *Charakteristik:* PÜ
2er-Rhythmus

Gerätebedarf: *Flächenbedarf:* Schwimmbahn

Beschreibung: Ein Partner taucht, der zweite schwimmt an der WO. Nach zweimaligem Aus- und Einatmen tauschen die Partner die Positionen. Dabei sollen mehrere Bahnen durchschwommen werden.

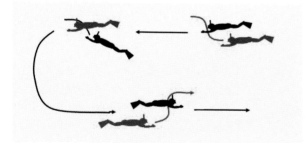

Abb. L3: Nach zweimaligem Atmen soll der Taucher auf der linken Seite abtauchen und rechts neben dem Partner auftauchen. Dabei sollen die Partner eine vorgegebene Strecke schwimmen.

L 4 *Name:* **Schnorchelabgabe** *Charakteristik:* PÜ

Gerätebedarf: *Flächenbedarf:* Schwimmbahn

Beschreibung: Nach zweimaligem Aus- und Einatmen übergibt der Übende seinen Schnorchel dem Partner und taucht ab. Nach kurzer Strecke taucht der Übende wieder zum Partner, der an der WO mitgeschwommen ist und durch den Schnorchel atmet. An der WO übernimmt der Partner wieder seinen Schnorchel zum zweimalige Aus- und Einatmen usw. Dabei sollen beide Partner eine vorgegebene Strecke durchschwimmen.

L   5   *Name:* **Schnorchelstationen**   *Charakteristik:* IÜ

Gerätebedarf: Mehrere Schnorchel   *Flächenbedarf:* Schwimmbahn

Beschreibung: Die Schnorchel werden in regelmäßigen Abständen von etwa 5 m am Boden platziert. Jeder Schnorchel muss angetaucht werden. Nach dem korrektem Auftauchen und zweimaligem Aus- und Einatmen soll der Schnorchel wieder zurückgebracht werden und der nächste Schnorchel angetaucht werden.

Besondere Hinweise: Die Wassertiefe muss dem Leistungsstand der Teilnehmer angemessen sein.

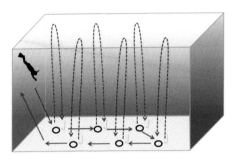

Abb. L5: *Schnorchelstationen: Ein an der Bodenstation abgelegter Schnorchel muss aufgenommen und zum Atmen an der WO benutzt werden. Danach muss er wieder zur Bodenstation zurückgebracht werden und es muss zur nächsten Station getaucht werden.*

L   6   *Name:* **Schnorchelwechselatmung am Ort**   *Charakteristik:* GÜ

Gerätebedarf: 5-kg-Tauchring   *Flächenbedarf:* Schwimmbahn

Beschreibung: 2–4 Taucher tauchen gemeinsam zu einem 5-kg-Tauchring ab und legen ihre Schnorchel auf den Beckenboden. Ein Teilnehmer darf immer an der WO zwei Atemzüge Luft holen. Der nächste darf erst aufsteigen, wenn der erste seinen Schnorchel wieder abgelegt hat.

Besondere Hinweise: Die Wassertiefe muss dem Leistungsstand der Teilnehmer angemessen sein.

L   7   *Name:* **Wechselatmung in der Bewegung**   *Charakteristik:* PÜ

Gerätebedarf: *Flächenbedarf:* Schwimmbahn

Beschreibung: Zwei Taucher schnorcheln nebeneinander an der WO, allerdings steht nur ein Schnorchel zur Verfügung.

Übungsvorschläge mit DTG-Ausrüstung ohne Jacket

L 8 *Name:* **3er-Station** *Charakteristik:* GÜ

Gerätebedarf: *Flächenbedarf:* Schwimmbahn

Beschreibung: Drei (oder mehr) Taucher tauchen mit DTG ab und bilden auf dem Boden ein Dreieck (Vieleck) mit den DTGs. Nachdem alle Ruhe gefunden haben, schiebt ein Teilnehmer (A) sein DTG zur Seite, gibt seinem rechten Nachbarn (B) das Zeichen »Luftnot«. Nachdem B das Mundstück A übergeben hat, taucht B zu seinem rechten Nachbarn usw. Wenn der DTG-Wechsel sich eingespielt hat, wird ein weiteres DTG beiseitegelegt.

Variation: Die Taucher bleiben auf ihren Positionen und reichen nur das DTG weiter.

Besondere Hinweise: Es sollte angestrebt werden, dass nach zweimaligem Atmen das DTG wieder verlassen wird.

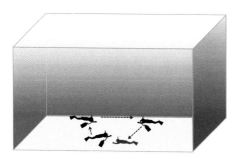

Abb. L8: *3er-Station: Die Taucher müssen im Sinne eines Tankstellensystems von einer DTG-Station zur nächsten wechseln.*

L 9 *Name:* **Gemeinsames DTG antauchen** *Charakteristik:* PÜ

Gerätebedarf: *Flächenbedarf:* Schwimmbahn

Beschreibung: Ein DTG wird am Ende einer Schwimmbahn auf dem Grund platziert. Die Partner sollen gemeinsam abtauchen, das DTG antauchen und die Wechselatmung aufnehmen. Nach dreimaliger Wechselatmung sollen beide Partner langsam, kontrolliert auftauchen und zum Ausgangspunkt zurückkehren.

Besondere Hinweise: Die Tauchstrecke und die Tiefe, in der das DTG platziert wird, müssen der Leistungsfähigkeit angepasst sein. Eine weitere Verschärfung der Übung kann z. B. erreicht werden, wenn ein (beide) Partner ohne oder mit verdeckter Maske taucht.

L 10 *Name:* **Reihe durchtauchen** *Charakteristik:* GÜ

Gerätebedarf: *Flächenbedarf:* Schwimmbahn

Beschreibung: Eine Gruppe von zwei bis fünf Tauchern befindet sich in einer Reihe auf dem Grund; ein weiterer Teilnehmer (A) wartet, bis alle ihre Position eingenommen haben. Wenn alle Teilnehmer bereit sind, nimmt A sein Mundstück aus dem Mund, signalisiert dem ersten Taucher in der Reihe (B) »Luftnot« und atmet zwei Mal aus dessen DTG. Danach wechselt A zum nächsten Teilnehmer in der Reihe. Dies wiederholt A bis zum letzten Teilnehmer in der Reihe, nimmt selbst dann die letzte Position der Reihe ein, nimmt sein Mundstück wieder in den Mund und signalisiert B das OK-Zeichen als Start für dessen Wechselatmung durch die Reihe. Die Übung ist beendet, wenn die gegenüberliegende Beckenseite erreicht wird.

Übungsvorschläge zur Wechsel-atmung mit vollständiger DTG-Ausrüstung

Mit vollständiger DTG-Ausrüstung, also mit DTG und Jacket, sollte der Aufstieg zur Wasserober-fläche geübt werden. Da dies kaum Raum für variantenreiche Übungsformen lässt, sollen hier nur die Schritte erläutert werden, die für eine methodisch strukturierte Einführung des Aufstiegs mit Wechselatmung bis zum Aufbla-sen des Jackets über das Mundstück notwendig sind. Alle Übungen sollen vom Beckenboden aus durchgeführt werden, und das »Luftnot«-Zeichen eines vorher bestimmten Partners ist das Startzeichen für das Manöver. Es empfiehlt sich, sofern die Bedingungen dies zulassen, auf den Gebrauch der Flossen zu verzichten.

1. Gemeinsames Tauchen und gemeinsamer Aufstieg zweier Partner. Ein Partner trägt ein DTG, das mit zwei Atemreglern ausge-stattet ist, aus dem beide atmen.
2. Während des langsamen, kontrollierten Auf-stiegs übergibt ein Partner sein Mundstück seinem Begleiter für etwa zehn Sekunden. Während des Aufstiegs sollen beide Partner ihr eigenes Jacket kontrollieren.
3. Während des Aufstiegs wird die Wechselat-mung wie oben beschrieben durchgeführt. Beide Partner kontrollieren ihr eigenes Jacket. Durch Einblasen von Luft aus dem Inflator leiten beide Partner gemeinsam den Aufstieg ein.
4. Wie 3., jedoch trägt der Partner, der Luftnot anzeigt, noch ein Zusatzgewicht zwischen 2 und 5 kg.
5. Wie 4., jedoch darf Luft nur über das Mund-stück in das Jacket geblasen werden.
6. Wie 5., jedoch soll das Paar ca. 1,5 m unter der WO den Aufstieg stoppen und für min-destens 5 Wechselatmungszyklen die Höhe halten.

5.10.3 Lernschritt Heraufbringen eines hilflosen Tauchers

In Kapitel 4.2 wurde bereits dargestellt, wie ein bewusstloser ABC-Taucher geborgen wer-den sollte. Es wurde schon auf die Problematik eines möglichen Lungenüberdruckunfalls hin-gewiesen, und dies trifft natürlich auch auf den hilflosen Taucher (»Opfer«) zu.

Zwei Situationen sind zu unterscheiden:

1. Der Taucher ist handlungsunfähig, aber selbst noch in der Lage, das Mundstück zu halten. Typische Zwischenfälle dieser Art entstehen durch Bewusstseinseintrübungen in großer Tauchtiefe.
2. Der Taucher ist bewusstlos, und es besteht die Gefahr, dass das Mundstück verloren geht oder sogar schon verloren wurde.

In beiden Fällen gilt: Schnellstmöglicher Aufstieg, der aber weder Opfer noch Retter unmittelbar in Gefahr bringen darf. Die Ret-tungsabläufe sind zu unterscheiden.

In der ersten Situation (handlungsunfähi-ger Taucher) muss der in Not geratene Taucher häufig auch beruhigt werden. Es wird dabei davon ausgegangen, dass das Opfer intuitiv weiter das Mundstück im Mund behält. Wich-tig neben dem zügigen Aufstieg ist dabei der Blickkontakt. Deshalb soll die Hilfe von vorn aus erfolgen. Mit der linken Hand wird der Tau-cher festgehalten, während die rechte Hand den Inflator des Opfers bedient. Falls das Opfer in Panik geraten und um sich schlagen sollte, könnte sich der Retter aus dieser Position heraus auch schnell befreien, z. B. durch Weg-stoßen des Opfers.

In der zweiten Situation (bewusstloser Tau-cher) muss der Retter versuchen, das Mund-stück im Mund des Opfers zu sichern, den Taucher damit auch zu halten und schnellst-möglich den Aufstieg einzuleiten. Hier kann der Retter das Opfer von hinten antauchen, wobei das Mundstück des Atemreglers des Opfers mit der rechten Hand im Mund gehal-ten und mit der linken Hand der Inflator des

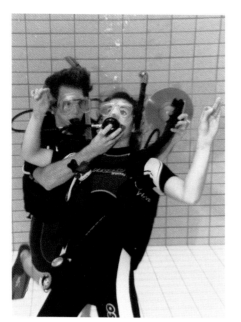

Abb. 25: *Heraufbringen eines bewusstlosen Tauchers: Während mit der rechten Hand das Mundstück im Mund des Opfers gesichert wird, wird mit der linken Hand der Inflator zur Auftriebssteuerung bedient.*

Opfers bedient werden sollte (Abb. 25). Fällt der Atemregler aus dem Mund, sollte gegebenenfalls kurz versucht werden, das Mundstück wieder in den Mund zu stecken, was aber nicht zu einer Verzögerung des Aufstiegs führen darf. Gerade bei der Rettung eines bewusstlosen Tauchers ist das schnellstmögliche Erreichen der Wasseroberfläche von größter Wichtigkeit, da weder die Ursache noch der weitere Verlauf der Bewusstlosigkeit bekannt ist (z. B. Kreislaufstillstand). Das Zurückstecken des Atemreglers soll eine Wasseraspiration vermeiden, die bei einem langen Aufstieg aus großer Tiefe im schlimmsten Fall das Ertrinken des Opfers zur Folge haben könnte.

Der daraus resultierende Griff für das Heraufbringen des bewusstlosen DTG-Tauchers ist in Abb. 25 dargestellt.

Im Prinzip können die Übungen dort ansetzen, wo bei der Partnerrettung durch einen Taucher mit ABC-Ausrüstung (Kapitel 4.2) aufgehört wurde. Die besondere Komplikation liegt hier in der Tatsache, dass während des Aufstiegs der Retter und / oder der Verunfallte mit dem DTG ausgerüstet sind. Zwar kann der Retter dadurch große Tiefen aufsuchen, aber andererseits stellt die DTG-Ausrüstung auch eine Behinderung in der Bewegungsfreiheit dar. Hinzu kommt, dass z. B. das Jacket bedient werden muss, um einen zu schnellen Aufstieg zu verhindern. Alle Übungen aus Kapitel 4.2 können zur Erarbeitung dieses Lernteilzieles eingesetzt werden, allerdings sind die Varianten der Herangehensweise zum Opfer zu beachten. Dabei sollten bei Übungen mit dem Partner, der die Rolle eines bewusstlosen Tauchers übernimmt, alle denkbaren Kombinationen durchgespielt werden, in denen mindestens einer der Übungspartner mit DTG ausgerüstet ist:

Retter	Bewusstloser
mit DTG-Ausrüstung	mit DTG-Ausrüstung
mit DTG-Ausrüstung	mit ABC-Ausrüstung
mit ABC-Ausrüstung	mit DTG-Ausrüstung

Sofern die Situation mit einem bewusstlosen DTG-Taucher durchgespielt wird, ist darauf zu achten, dass der Auftrieb mit dem Jacket des Bewusstlosen zu erzeugen ist. Für diese Vorgehensweise spricht, dass der Bewusstlose damit auf jeden Fall zur Wasseroberfläche kommt und dort weitere Rettungsmaßnahmen eingeleitet werden können. Allerdings muss im Ernstfall immer abgewägt werden zwischen der Problematik eines schnellen Aufstiegs, um das Opfer aus der Gefahrensituation zu befreien, und der Vermeidung einer Dekompressionsproblematik für Opfer und Retter.

- Der DTG-Taucher, der einen bewusst-losen DTG-Taucher darstellt, muss beim Aufstieg zur Wasseroberfläche ausatmen!
- Die Betätigung der Luftdusche am Mundstück des Verunfallten muss ver-mieden werden!

5.10.4 Lernschritt Transport an der Wasseroberfläche

Nachdem der Bewusstlose zur Wasseroberflä-che gebracht wurde, muss er u.U. noch über größere Strecken transportiert werden. Dabei sollte das Jacket als Rettungsweste genutzt werden. In der Badausbildung sollte auch das Szenario für einen Geräteabwurf geübt werden, wenn der Beckenrand erreicht wurde. Dies wird in der realen Situation die Rettungs-maßnahmen erheblich erleichtern. Auch hier sollten die in 5.6 angeführten Kombinations-möglichkeiten durchgespielt werden. Mögliche Übungen sind wiederum aus Kapitel 4.2 zu entnehmen, nur dass jetzt der Übende die DTG-Ausrüstung tragen soll.

5.11 Formationstauchen

Das Einhalten einer Tauchformation ist beson-ders bei den ersten Exkursionen wichtig, damit der Tauchlehrer schnell bei kritischen Situati-onen eingreifen kann. Zwar gehört es zu den Aufgaben des Gruppenleiters, für den Zusam-menhalt der Gruppe unter Wasser zu sorgen, er ist aber dennoch auf die Kooperation der einzelnen Gruppenmitglieder angewiesen. Häufig führt die Unerfahrenheit beim Einhal-ten der Tauchformation dazu, dass sich die Gruppe unter Wasser verliert und infolgedes-sen der Tauchgang abgebrochen werden muss. Besonders in heimischen Gewässern, in denen die Sichtverhältnisse erheblich beschränkt sind, kommt es auf das disziplinierte Einhalten

der Formation an. Es sollte daher ein Bestand-teil der Vorbereitung im Bad sein, bevorzugt Formationen zu üben. Dies spielt gerade bei starker Sichtbehinderung selbst für erfahrene Taucher eine wesentliche Rolle.

Die Enge einer Tauchformation hängt sehr stark von den Sichtverhältnissen unter Was-ser ab. Andererseits ist der Anfänger, der stän-dig im Rücken des Tauchlehrers taucht, schwer vom Tauchlehrer zu beobachten. Daher muss auch der Anfänger für diese Probleme sensi-bilisiert werden.

Das Formationstauchen gehört sicherlich zu den Lernteilzielen, die nur bedingt im Bad geübt werden können. Der Ausbildung im Bad kommt nur der Stellenwert einer ersten einfa-chen Einführung zu, die später im Freigewässer vertieft werden muss.

Die einfachste Formation besteht aus dem Nebeneinanderschwimmen zweier Taucher. Die nächste Erweiterung ist eine Dreierformation. Hierbei kann der in der Mitte Tauchende leicht vorausgesetzt tauchen, damit er die Gruppe regelrecht lenken kann. Es ist denkbar, dass die Formation z. B. zum Durchtauchen kleiner Engpässe vorübergehend aufgegeben werden muss, um sie möglichst schnell danach wieder einzunehmen. Dies ist genauso ein Gegenstand der Badübungen wie das angemessene Reagie-ren bei totalem Sichtverlust. Im Falle des tota-len Sichtverlustes, der z. B. beim Durchtauchen einer Sedimentwolke eintreten kann, ist die Handfassung unvermeidbar. Auch dies kann durchaus im Bad erprobt werden, indem mit verbundener Maske getaucht wird. Der Schüler muss dabei ein erhebliches Maß Selbstkon-trolle zeigen und zudem versuchen, sich durch Tasten im Becken zu orientieren.

Die folgenden Übungen sollen Anregun-gen geben, wie die entsprechende Ausbildung abwechslungsreich gestaltet werden kann. Im Mittelpunkt steht bei den Übungen das paarweise Tauchen. Bei Bedarf können aber selbstverständlich alle Übungen z. B. in Dreier-formationen durchgeführt werden.

Übungsvorschläge für das Formationstauchen

M 1 *Name:* **Partnerslalom** *Charakteristik:* PÜ

Gerätebedarf: UW-Bojen, Stäbe *Flächenbedarf:* Schwimmbahn

Beschreibung: Ein UW-Slalom soll von den Partnern nebeneinander tauchend durchtaucht werden. Dabei sollen beide Partner während des Durchquerens des Parcours einen Stab schieben, der immer waagerecht, quer zur Bewegungsrichtung gehalten werden soll.

Besondere Hinweise: Der Parcours sollte nicht zu eng gesteckt werden, damit die Formation auch gehalten werden kann.

Abb. M1: Gemeinsames Tauchen mit einem Gymnastikstab erfordert die gute Abstimmung untereinander.

M 2 *Name:* **Blind tauchen** *Charakteristik:* GÜ

Gerätebedarf: Augenbinden / Lappen, Tauchringe *Flächenbedarf:* Schwimmbahn

Beschreibung: Die Gruppe soll Paare bilden; mit Ausnahme einer angemessenen Zahl an Sicherheitstauchern sollen alle Teilnehmer mit verdeckten Masken, also »blind« tauchen. Die Paare sollen sich mithilfe von Handdruckzeichen verständigen, die vorher vereinbart wurden. Als Aufgabe sollen z. B. die Tauchringe, die zu Beginn der Übung auf einer Beckenseite platziert wurden, zur Gegenseite transportiert werden. Variation: Zwei Mannschaften (aus Paaren bestehend) sollen die Ringe von der Beckenmitte aus zur Gegenseite bringen, gleichzeitig soll versucht werden, die eigene Seite frei von Ringen zu halten.

Besondere Hinweise: Die Gruppengröße muss dem Übungsraum angemessen sein, auf die Gefahr von Kollisionen mit anderen Teilnehmern und der Beckenwand muss aufmerksam gemacht werden.

Abb. M2: Das Tauchen mit verdeckter Maske simuliert den Tauchvorgang in unsichtigen Gewässern. Für Anfänger ist diese Übung eine anspruchsvolle Aufgabe, die zuerst Überwindung und auf jeden Fall Vertrauen zum Partner erfordert.

M 3   *Name:* **Partner ziehen**   *Charakteristik:* GÜ

Gerätebedarf: *Flächenbedarf:* Schwimmbahn

Beschreibung: Drei Teilnehmer bilden eine Gruppe, wobei ein Teilnehmer von seinen Partnern links und rechts gezogen werden soll.

M 4   *Name:* **Balltransport**   *Charakteristik:* PÜ

Gerätebedarf: 1 Ball pro Paar   *Flächenbedarf:* Schwimmbahn

Beschreibung: Zwei Partner sollen einen Ball gemeinsam uW durch das Becken transportieren. Jeder Partner darf den Ball nur mit einer Hand auf der oberen Halbkugel berühren.

5.12 Orientierung unter Wasser

Unter Orientierung unter Wasser versteht man im Tauchsport das Finden eines vorgegebenen Kurses unter Wasser. Zwar könnte man auch im weitesten Sinne die richtige Selbstorientierung im Raum, wie sie z. B. in Übungen 011 bis 013 vorkommt, dazurechnen. Im Tauchsport hat sich aber inzwischen die Orientierung unter Wasser in der erstgenannten Form etabliert (siehe auch Scheyer, 2009).

Nach den ersten Exkursionen sollte dies in Ansätzen auch mit fortgeschrittenen Anfängern erarbeitet werden. Allerdings ist wohl kein Lernteilziel so sehr auf das Freigewässer angewiesen wie dieses. Trotzdem kann man mit einfachen Aufgaben auch im Schwimmbad die Arbeit mit dem Kompass ansatzweise üben.

Die aufgeführten Übungen sind wirklich nur im Sinne einer ersten Einführung zu verstehen, die sich bei ausreichendem Zeitangebot anbietet.

Übungsvorschläge zur Orientierung unter Wasser

N 1   *Name:* **Kurs tauchen**   *Charakteristik:* PÜ

Gerätebedarf: je 1 UW-Schreibtafel und 1 Kompass pro Paar, UW-Bojen   *Flächenbedarf:* Schwimmbecken

Beschreibung: Die UW-Bojen werden im Schwimmbecken verteilt. Von einem Ausgangspunkt aus soll jedes Paar in einer beliebigen Reihenfolge die verschiedenen Bojen antauchen. Dabei soll mit dem Kompass jeweils die Richtung (Marschzahl) ermittelt und auf der Tafel notiert werden. In einem zweiten Durchgang sollen die Paare die Tafeln untereinander tauschen und versuchen, den Kurs auf der Tafel nachzutauchen.

N 2   *Name:* **Orientierungstauchen im Bojenwald**   *Charakteristik:* GW

Gerätebedarf: UW-Schreibtafeln, Kompasse, UW-Bojen   *Flächenbedarf:* Schwimmbecken

Beschreibung: Die UW-Bojen werden im Becken verteilt. An jeder Boje soll sich ein Kompass und eine Tafel befinden, auf der für jedes Paar eine Kursanweisung verzeichnet ist. Die Gesamtstrecke für jedes Paar soll gleich sein. Die Paare müssen nacheinander versuchen, den Kurs in möglichst schneller Zeit zu durchtauchen.

Besondere Hinweise: Der Aufbau erfordert sehr viel Sorgfalt! Da häufig im Schwimmbadbau verwendete Metalle die Peilung verfälschen, muss jede Kursanweisung im Wasser überprüft werden.

6. Tauchausbildung in der Schule

(U. Hoffmann, F. Steinberg, A. Wojatzki)

6.1 Möglichkeiten des »Sporttauchens« in der Schule

Der Tauchsport bietet vielfältige Möglichkeiten, um in der Schule in allen Altersstufen eingesetzt werden zu können. Sowohl das Flossenschwimmen als auch das Tauchen mit Druckluftgerät kann z. B. als Erlebnissport oder auch als Mannschaftssport in der Schule in verschiedensten Angebotsformen durchgeführt werden.

Gerade im Zuge des gesetzlich verankerten Ausbaus von Ganztagesschulen ergibt sich ein großes Potenzial, den Tauchsport durch Tauch-AGs oder Projekte (eintägige bis mehrtägige) in die Schule einzubringen. Davon können sowohl die Schule als auch der Verein profitieren. Die Schule, indem sie ihren Schülern die Chance bietet, eine nicht alltägliche Sportart zu erlernen und vielfältige Kompetenzen zu fördern. Der Verein, indem er Möglichkeiten bietet, das Tauchen mit seinen Spiel- und Wettkampfformen und erlebnispädagogischen Inhalten zu präsentieren. Damit kann auch Nachwuchs für die Vereine und den Tauchsport gewonnen werden.

Auch im Rahmen des Unterrichtsfachs Sport gibt es eine Fülle von Begründungen, das Sporttauchen in den Schulunterricht einzubinden. Das Bewegen im Wasser muss im Sportunterricht nicht nur auf die Wasseroberfläche begrenzt sein. Durch das Tauchen mit ABC-Ausrüstung unter und über Wasser können vielfältige Ziele erreicht werden: Schüler müssen kooperieren, Leistung erbringen, etwas wagen und verantworten« und können ihre Bewegungserfahrungen durch vielfältige neue Bewegungsanreize erweitern. Zudem bietet der Tauchsport eine sehr gute Möglichkeit, Schülerinnen und Schüler zu Fertigkeiten des Rettungsschwimmens wie z. B. Abtauchtechnik oder Druckausgleich hinzuführen.

Insbesondere im Tauchen ist es wichtig, dass Kinder und Jugendliche einige naturwissenschaftliche Grundsätze verstehen, um sie dann in der Sportpraxis bewusst umsetzen zu können. Grundsätze aus der Physik wie z. B. der Zusammenhang von Druck und Volumen, der Wärmeregulation und andere physikalische Prinzipien können anhand des Tauchens beispielhaft erklärt und somit umso eher von Schülern verinnerlicht werden. Der Tauchsport bietet daher vielfältige Möglichkeiten, die praktischen Inhalte mit theoretischen Hintergründen zu verknüpfen, und schafft damit enormes Potenzial für ein fächerübergreifendes und -verbindendes Unterrichten. So könnten Fachlehrer der Biologie, Physik und Chemie den Unterricht durch geeignete Experimente und Unterrichtsinhalte ergänzen und somit das Tauchen noch intensiver lernen, erleben und erfahren lassen. Die natürlichen Gesetzmäßigkeiten beim Aufenthalt im Wasser, aber auch die Interaktion zur belebten und unbelebten Umwelt können in Bezug zu Tauchregeln und allgemeinem Tauchverhalten gesetzt und dadurch besser eingeordnet und verstanden werden.

6.2 Tauchen in der Schule – aber wie?

Zu Beginn eines jeden Vorhabens stellt sich die Frage, wie und in welcher Form das Tauchen als Sportart und Bewegungsfeld in die

Schule integriert werden kann. Im Rahmen des klassischen Sportunterrichts ist dies aufgrund der zeitlichen, räumlichen und materiellen Voraussetzungen meistens schwer umzusetzen. Auch verfügen nicht alle Lehrer über die fachlichen Kompetenzen, eine entsprechende Unterrichtsreihe überhaupt durchzuführen, da die Sportart Tauchen nicht obligatorischer Bestandteil des Lehramtsstudiums ist, wenngleich durchaus Angebote an vielen Universitäten bestehen. Das soll aber nicht unbedingt ein Hindernis sein, Schülern und Schülerinnen die außergewöhnlichen Erlebnisse und Erfahrungen, die durch Tauchen gesammelt werden können, zu vermitteln. Wie oben beschrieben, kann der Tauchsport sowohl im Sportunterricht, im Rahmen von Tauch-AGs als auch in verschiedensten Projektformen angeboten werden.

Bei allen Angeboten sollte in der praktischen Umsetzung darauf geachtet werden, das Flossenschwimmen mit ABC-Ausrüstung in den Vordergrund zu stellen. Dieser Unterrichtsinhalt sollte den größten Anteil des Unterrichtsprozesses einnehmen. Das Tauchen mit kompletter Ausrüstung könnte dabei als Höhepunkt und Motivationsanreiz gezielt eingebaut und nur phasenweise angeboten werden. Damit wird auch der Materialeinsatz geringer. Das Tauchen mit DTG bietet weniger Bewegungsanreize und sollte daher nur in wenigen Stunden als »Sahnehäubchen« in den Unterrichtsprozess eingestreut werden. Aufgrund der materiellen Ressourcen, die beim Tauchen und Flossenschwimmen benötigt werden, erscheint es umso sinnvoller, die örtlichen Tauchvereine als kompetente Kooperationspartner in mögliche Angebotsformen einzubinden.

In den folgenden Kapiteln soll der Frage nachgegangen werden, wie eine Tauch-AG oder eine Unterrichtsreihe ablaufen kann und welche Fragen im Vorfeld geklärt werden müssen:

- Welche Voraussetzungen müssen geklärt werden?
- Welche Lernziele können/sollen erreicht werden?
- Welche Risiken bestehen?
- Wie kann eine Unterrichtsreihe aufgebaut sein?
- Wie sollte/könnte eine einzelne Unterrichtsstunde gestaltet sein?

6.2.1 Anthropogene und soziokulturelle Voraussetzungen der Schüler

Lehrer, Übungsleiter oder Trainer sollten sich vor dem Beginn einer Unterrichtsreihe zum Flossenschwimmen die grundsätzliche Frage stellen, mit welcher Zielgruppe der Lehrende konfrontiert ist. Daher sollte sich der Lehrer folgende Informationen zur Zielgruppe einholen:

- Anzahl und Altersstruktur der Teilnehmer;
- körperliche und kognitive Voraussetzungen;
- Leistungsstand hinsichtlich des ABC-Tauchens oder DTG-Tauchens;
- Überprüfungsmethoden zur Leistungsstanderhebung;
- zu erwartende Motivation der Gruppe.

Der Lehrende sollte sich darüber bewusst sein, dass jede Gruppe oder Schulklasse sich voneinander unterscheidet. Daher muss sich der Lehrende darauf einstellen, dass sich die anthropogenen und soziokulturellen Voraussetzungen mit jeder neuen Gruppe ändern. Diese Unterschiede können sich auf alle Ebenen des sozialen, kognitiven und körperlichen Bereichs erstrecken. Dementsprechend müssen die Herangehensweisen an das Training und Üben angepasst werden. Eine Spielform, die bei vielen Gruppen sehr gut funktioniert hat, könnte bei der nächsten Gruppe überhaupt nicht mehr funktionieren. Der Lehrende sollte daher Sensibilität für die Heterogenität und die zu erwartende Arbeitsatmosphäre entwickeln und muss gerade zu Beginn des Lehrprozesses sehr aufmerksam sein, um Spannungen, Über- oder Unterforderungen vorzubeugen. Der Lehr- und Lernprozess sollte dann auf die anthropogenen und soziokulturellen Voraussetzungen ausgerichtet werden.

6.2.2 Räumliche und zeitliche Voraussetzungen

Gerade die räumlichen Voraussetzungen haben erheblichen Einfluss auf den Lernprozess. Sie determinieren den Einsatz von Methoden und die Möglichkeiten, das Training oder die Übungen zu gestalten. Es ist ein großer Unterschied, ob der Lerngruppe ein ganzes Schwimmbecken oder womöglich nur zwei Bahnen zur Verfügung stehen. Kann das Schwimmbecken in der Tiefe variiert werden und bietet sowohl flache als auch tiefe Bereiche? Der Unterricht muss an die räumlichen Gegebenheiten angepasst und entsprechende Übungsformen und Methoden gewählt werden.

Ebenso müssen die zeitlichen Voraussetzungen geklärt werden, um den Trainings- und Übungsprozess darauf abzustimmen. Idealerweise und gerade im Tauchsport eignen sich 1,5 Stunden für die Gestaltung einer optimalen Einheit. Steht der Gruppe weniger Zeit zur Verfügung, können bestimmte Inhalte nicht optimal verwirklicht werden. Daher sollte immer versucht werden, zumindest 1,5 Stunden Zugang zu einem Schwimmbad zu haben.

6.2.3 Materielle Voraussetzungen

Gerade im Tauchsport und im Flossenschwimmen wird eine Vielzahl an Materialien benötigt, um das Training mit steigender Materialvielfalt vielfältiger, abwechslungsreicher und motivierender gestalten zu können. Neben den obligatorischen Materialien der ABC-Ausrüstung, können weitere Materialien den Übungsprozess erweitern und verbessern. Es eignet sich eine Vielzahl an Materialien, die für den Einsatz unter Wasser zweckentfremdet werden könnten. Die in diesem Buch dargestellten Materialvorschläge sind sicher noch nicht vollständig. Hier ist die Kreativität des Lehrenden gefragt, geeignete Materialien zu verwenden, um damit neue und andere Spiele und Übungsformen zu entwerfen und damit den Übungsprozess spannender und vielfältiger zu gestalten.

Abb. 26: *Schüler einer Tauch-AG bei der theoretischen Vorbesprechung.*

6.2.4 Einordnung einzelner Unterrichtseinheiten in die Gesamtausbildung

Jede Unterrichtsstunde sollte dazu genutzt werden, durch eine geeignete Methoden- und Übungsauswahl ein angestrebtes Lernziel zu erreichen. Daher sollte eine Unterrichtsreihe durch sinnvoll und angemessen aufeinander aufbauende Unterrichtseinheiten konzipiert werden. Gerade beim Tauchen müssen aufbauend immer wieder neue Fähigkeiten und Fertigkeiten erarbeitet und gelernt werden, die den nächsten Schritt sicher lernen lassen.

Beim Tauchsporttraining ist es unabdingbar, praktische mit Theorieeinheiten zu kombinieren, da bestimmte Sicherheitsanweisungen und Verhaltensweisen vorher erklärt werden müssen. Es sollte immer mit einfachen Übungsformen begonnen werden. Erst später können schwerere Übungen eingeführt werden, sodass es nicht zu Überforderungen der Übenden kommen kann. Das Tauchen mit Gerät ist eine komplexe Sportart, in der bestimmte Voraussetzungen sichergestellt werden müssen, um die Handlungsfähigkeit und die Sicherheit des Sportlers bzw. des Schülers zu gewährleisten. Diese Handlungsfähigkeit und Sicherheit kann nicht sofort hergestellt werden, sodass mehrere Einheiten und Übungen aufeinander aufbauend durchgeführt werden müssen. Das bedeutet, dass der Lehrende bei der Erstellung einer Unterrichtseinheit und der Festsetzung eines Lernziels prüfen muss, ob die dafür benötigten Voraussetzungen bereits erlernt worden sind.

6.2.5 Risikoanalyse und Festlegung des Erwartungsniveaus

Beim Tauchsporttraining im Schwimmbad bei einer Tiefe bis zu 5 Metern lassen sich die Gefahren auf ein Mindestmaß reduzieren. Trotzdem ist es beim Tauchen auch in 5 Metern nicht ausgeschlossen, dass etwas passieren kann. Ein gewisses Restrisiko wird sicherlich immer bestehen bleiben, und Unfälle sind nicht komplett auszuschließen. Daher sollte der Lehrende immer auf einen eintreffenden Notfall vorbereitet sein. Tritt ein solcher Notfall im Wasser ein, sollte der Lehrende in der Lage sein, angemessen reagieren zu können. Dazu gehören Kenntnisse über mögliche Gefahren und Verletzungen, die im Zusammenhang mit dem Tauchsport eintreten können. Natürlich sollte der Ausbilder mit dem vorhandenen Sauerstoffsystem vertraut sein, Rettungsfähigkeiten besitzen und Erste Hilfe leisten können. Um Unfällen jeglicher Art vorzubeugen, ist es vor und während des Unterrichtsprozesses sehr wichtig, auf sicherheitsrelevante Aspekte hinzuweisen, wie z. B. die Hinweise:

»Denkt daran, beim Auftauchen den Atem nicht anzuhalten!« oder:

»Denkt beim Abtauchen an den Druckausgleich und führt ihn frühzeitig durch!«

Genauso ist darauf zu achten, dass die gewählten Übungen auch unfallfrei bewältigt werden können und die Schüler nicht überfordert werden. Die für die jeweiligen Übungen erforderlichen technischen, kognitiven und körperlichen Voraussetzungen müssen bereits gegeben sein. So sollte z. B. die Beherrschung des Wasser-Nase-Reflexes bereits erlernt worden sein, bevor man Schülern die Maske unter Wasser mit DTG ausblasen lässt. Daher kann es sinnvoll sein, vor einer solchen Übung die sicherheitsrelevanten Fertigkeiten zu Beginn einer Stunde noch einmal kurz zu wiederholen. Bei einigen Übungen kann es erforderlich sein, dass der Lehrende mit unter Wasser ist, um gegebenenfalls eingreifen oder komplexe Übungen demonstrieren zu können.

6.2.6 Lernziele

Der Lehrende sollte sich darüber Gedanken machen, welche Lernziele mit dem geplanten Unterrichtsverlauf oder der gesamten Unterrichtsreihe erreicht werden sollen. Dabei können neben den rein tauchtechnischen weitere Lernziele mit entsprechenden Übungen zusätzlich festgelegt bzw. beiläufig oder nebenher verfolgt werden:

- **Kognitive Lernziele:** Übungen, durch die ein Verständnis für sicherheitsrelevante Aspekte im Tauchen entwickelt werden.
- **Motorische Lernziele:** Übungen, in denen koordinative oder konditionelle Fertigkeiten und Fähigkeiten entwickelt werden.
- **Affektiv-soziale Intentionen:** Übungen, die Spaß machen oder in denen Erlebnisse gemacht werden können. Übungen, in denen es verstärkt z. B. auf Teamfähigkeit oder Kommunikation ankommt.

6.2.7 Unterrichtsgestaltung

Das folgende Kapitel soll durch exemplarische Beispiele aufzeigen, wie gesetzte Lernziele unter den in diesem Kapitel beschriebenen Voraussetzungen und Rahmenbedingungen erreicht werden könnten. Dabei sollte der Lehrende zu Beginn einer Unterrichtsreihe die konkreten Unterrichtsplanungen genauestens strukturieren. Dazu kann eine grobe Übersicht über die Unterrichtsreihe erstellt werden, in der die Themen und die groben Lernziele der einzelnen Einheiten für die gesamte Unterrichtsreihe festgelegt werden (Tabelle 1 zeigt eine exemplarische Übersicht über eine Unterrichtsreihe). Für die einzelne Unterrichtseinheit kann dann ein Stundenentwurfsplan dabei helfen, die einzelnen Schritte und gewünschten Zeitpläne der Übungsformen detailliert im Vorfeld festzulegen (Tabelle 2 zeigt einen exemplarischen Stundenentwurfsplan). Bei jeder Unterrichtseinheit ist es wichtig, durch geeignete Übungs- und Spielauswahl den Schülern ausreichende und abwechslungsreiche Bewegungsanreize zu bieten.

Tabelle 1: *Übersicht einer möglichen Unterrichtsreihe: Dieser Plan könnte beispielhaft für eine Unterrichtsreihe mit Kindern im Alter zwischen 8 und 14 Jahren im Rahmen einer Tauch-AG in Kooperation mit einem Tauchverein* *eingesetzt und den Voraussetzungen entsprechend verändert oder umgestaltet werden. Bei diesem Plan würden der AG in einem Schulhalbjahr insgesamt 12 Schwimmbadeinheiten à 60 Minuten zur Verfügung stehen.*

Einheit	Thema	mögliche Übungsformen/Lernteilziele
1.	Einführung in das Flossenschwimmen	▸ Theoretische Einführung ▸ Staffelformen, Spielformen ▸ Flossenschlag mit Schwimmbrett, ohne Maske und Schnorchel
2.	Einführung in die ABC-Ausrüstung	▸ Übungen zu Fertigkeiten mit Schnorchel und Maske
3.	Einführung der Abtauchtechniken und des Druckausgleichs	▸ Abtauchen bis auf den Grund ▸ durch Schwimmringe tauchen ▸ Ausblasen des Schnorchels
4.	Festigung der ABC-Fähigkeiten Lernerfolgskontrolle	▸ z. B. ABC-Abnahmen der VDST-Kinder-Tauchsport-Abzeichen Olter und Robbe ▸ weitere Spielformen
5.	Einführung DTG	▸ Schnuppertauchen mit DTG im Flachwasserbereich ▸ Einführung UW-Handzeichen
6.	Einführung DTG	▸ Funktionsweisen DTG, Auf- und Abbau ▸ Buddycheck ▸ Fortbewegung mit DTG ▸ Abtauchen, Auftauchen
7.	Theorieeinheit	▸ Vertiefung der relevanten Themen der Anfängerausbildung
8.	Tarierung Einstiegsformen	▸ Schweben ▸ kontrollierter Abstieg ▸ kontrollierter Aufstieg ▸ verschiedene Einstiegsformen
9.	Verbesserung der Grundfertigkeiten und Apnoe-Fähigkeiten mit ABC-Ausrüstung	▸ Zeittauchen an der Wasseroberfläche ▸ Streckentauchen ▸ WA mit Schnorchel ▸ Spielformen: z. B. Tauchringe sammeln
10.	Fertigkeiten mit dem Lungenautomaten	▸ Lungenautomat (LA) geflutet anatmen ▸ LA hinter dem Rücken wiederfinden ▸ angedeutete Wechselatmung
11.	Rettung mit ABC-Ausrüstung Herz-Lungen-Wiederbelebung	▸ Transport von verschiedenen Gegenständen ▸ kontrollierter Notaufstieg ▸ Rettung eines bewusstlosen Tauchers
12.	Maske ausblasen mit DTG Anatmen des DTGs	▸ Maske ausblasen mit DTG ▸ Maskentausch ▸ DTG antauchen und anatmen

Tabelle 2: exemplarischer Stundenverlaufsplan (12. Unterrichtseinheit der Tabelle 1). Dieser Entwurf soll zeigen, wie eine Stunde optimal gestaltet werden könnte, wenn es die materiellen, räumlichen, anthropogenen und sozialen Voraussetzungen erlauben. Dieser Entwurf kombiniert theoretische mit praktischen Inhalten. Bei dieser Einheit sollte ein zweiter Lehrender (oder Assistent) anwesend sein, um sie in dieser Form durchführen zu können.

Die Lernziele und Themen der in Tabelle 1 dargestellten Inhalte müssen bereits durchgeführt und erlernt worden sein. Diese Einheit ist konzipiert für 12–14 Schüler im Alter zwischen 10 und 14 Jahren. Es sollten in einem Schwimmbad mind. drei Bahnen mit flachem und tiefem Anteil genutzt werden können. Durch leichte Anpassungen kann dieser Stundenentwurf auch unter anderen räumlichen und zeitlichen Voraussetzungen verwendet werden.

Zeit	Intention	Inhalt (Spiel- und Übungsformen)	Organisation	Interaktion
3 min	▸ Geräteausgabe ▸ Vorstellen der Unterrichtseinheit	▸ Maske ausblasen ▸ DTG anatmen ▸ Sehen und Hören unter Wasser	▸ Schüler holen sich selbstständig die Ausrüstung ▸ Schüler sitzen am Beckenrand	▸ Lehrer sorgt für Ruhe und erklärt die Ziele und Inhalte der Einheit
12 min	Theorie: ▸ Sehen und Hören unter Wasser Erläuterung: ▸ Demonstration zum Ausblasen der Maske mit DTG ▸ Einteilung der Schüler in Buddyteams und Aufteilung der Gruppe in jeweils 3 Buddyteams	▸ Experimente am und im Wasser zum Sehen und Hören unter Wasser ▸ Erklärung zum Ausblasen der Maske mit DTG ▸ Einteilung der Gruppe in Buddyteams ▸ Einteilung der Buddyteams in eine Gruppe, die mit DTG tauchen geht, und eine Gruppe, die mit der ABC-Ausrüstung ins Wasser geht	▸ Die Schüler stehen am Beckenrand und beobachten Ringe mit verschiedenen Farben, wenn diese vom Lehrer ins Wasser geworfen werden ▸ Schüler gehen mit Maske und Schnorchel ins Wasser. Die Schüler sollen sich mit dem Gesicht zum Beckenrand und Händen am Beckenrand ins Wasser legen und versuchen, die Richtung von drei Geräuschen zu erraten. Die Kinder atmen dabei durch den Schnorchel und haben den Kopf mit Ohren unter Wasser ▸ Die Geräusche werden vom Assistenten mit einem Unterwasser-Signalgeber von drei verschiedenen Positionen gemacht	▸ Lehrer steht mit am Beckenrand, wirft die farbigen Ringe nacheinander ins Wasser und fordert die Schüler auf, die Farben der Ringe zu beobachten ▸ Lehrer weist die Schüler an, ins Wasser zu gehen. Der Lehrer achtet darauf, dass es ruhig ist, und weist nochmals darauf hin, dass während des Experiments nicht nach hinten oder zur Seite geschaut werden darf ▸ Der Lehrer holt die Schüler aus dem Wasser, um die gemachten Beobachtungen gemeinsam mit den Schülern zu besprechen ▸ Der Lehrer teilt die Gruppen ein
15 min	Hauptteil 1: ▸ Maske ausblasen mit DTG in 1,80 m und in 3,60 m mit der DTG-Gruppe	▸ Die Ausrüstungen werden angelegt – die Gruppe taucht gemeinsam im Flachwasser ab und beginnt mit den Übungen zum Ausblasen der Maske ▸ Der Lehrer demonstriert die Übungen im Halbkreis und lässt die Schüler nacheinander die Maske ausblasen ▸ Die gleichen Übungen zum Ausblasen der Maske werden im tiefen Wasser noch mal durchgeführt	▸ Die DTG-Gruppe legt die Ausrüstung am Beckenrand des flachen Schwimmbadteils an und geht gemeinsam ins Wasser ▸ Die Übungen werden vom Lehrer demonstriert, und die Schüler machen nach	▸ Lehrer demonstriert die Übungen deutlich ▸ Lehrer korrigiert, greift ein und lässt die Übungen so lange wiederholen, bis jeder Schüler die Maske richtig ausgeblasen hat

Zeit	Inhalt	Organisation/Methodik
	▲ Wiederholung des richtigen Flossenbeinschlages, der richtigen Abtauchtechnik und des Ausblasens der Maske mit ABC-Ausrüstung	▲ Die ABC-Gruppe macht mit dem Assistenten folgende Übungen: 1. Bahnen schnorcheln mit dem richtigen Beinschlag 2. Reifen im tiefen Wasser aus dem Schnorcheln heraus mit der richtigen Abtauchtechnik durchtauchen 3. Reifen durchtauchen und anschließendes Ausblasen der Maske noch unter Wasser	▲ Der Lehrer steht am Beckenrand und weist die Buddyteams an ▲ Die Schüler absolvieren die Übungen im rechten Beckenteil ▲ Lehrer erklärt noch einmal den richtigen Flossenschlag, beobachtet die Schüler und korrigiert entsprechend ▲ Lehrer erklärt noch einmal die richtige Abtauchtechnik und korrigiert
15 min	▲ Gruppenwechsel ▲ Sechs DTG-Ausrüstungen werden auf ca. 2,50 m versenkt	▲ Die ABC-Gruppe übernimmt die DTG-Ausrüstung und durchläuft die gleichen Übungen wie schon beschrieben ▲ Der Assistent versenkt die sechs Ausrüstungen auf der Stufe zwischen flachem und tiefem Wasser auf ca. 2,50 m nach dem Übungsablauf	▲ Der gleiche Ablauf beginnt von Neuem, nur mit der anderen Gruppe ▲ Die DTG-Gruppe taucht diesmal in der Mitte des Beckens auf, zieht dort die Ausrüstung aus und schwimmt zum Beckenrand zurück
12 min	▲ Hauptteil 2: ▲ DTG anatmet, Maske anziehen, ausblasen und schräg auftauchen	▲ Der erste Schüler beginnt am Beckenrand und schnorchelt zur Mitte des Beckens, taucht ab und legt seine Maske mit Schnorchel neben das DTG, taucht auf und schwimmt zur anderen Beckenseite ▲ Der gleiche Schüler schwimmt zum DTG, taucht ab und atmet, dann zieht der Schüler die Maske an, bläst sie aus, taucht auf und schnorchelt zurück zum Beckenrand	▲ Alle Buddyteams starten gleichzeitig vom Beckenrand des flachen Teils ▲ Ein Partner macht die Übung, der andere sichert ▲ Beim nächsten Durchgang wechseln die Schüler die Rollen ▲ Lehrer sammelt die Schüler am Beckenrand und erklärt die Übung ▲ Assistent ist mit DTG unter Wasser und sichert die Übenden
3 min	▲ Kurze Reflexion ▲ Geräteabgabe	▲ Die Übungen werden kurz besprochen ▲ Geräte werden zurückgegeben	▲ Lehrer fragt nach dem Gelingen, kritisiert und bespricht die Übungen abschließend ▲ Schüler stehen am Beckenrand und bringen am Ende die Flossen selbst weg und helfen beim Geräteabbau

6.3 Tauchen im fächerüber-greifenden und -verbin-denden Unterricht

Das Tauchen, insbesondere das Tauchen mit Atemgerät, bietet eine Fülle von Anknüpfungspunkten für Themen aus naturwissenschaftlichen Fächern. Zunächst bieten sich Themen der Physik und Chemie an: Einerseits lassen sich durch einfache Experimente unter Wasser Inhalte des Unterrichts veranschaulichen, andererseits können im Unterricht die Bezüge zur praktischen Anwendung hergestellt werden. In die gleiche Richtung gehen auch Themen der Humanbiologie, die auch bei der Tauchtheorie eine besondere Rolle spielen.

Tauchen kann aber auch als Hilfsmittel betrachtet werden: Die Zusammenhänge in der Umwelt, die Entdeckung der Flora und Fauna unter Wasser sind durch biologische Beobachtungsaufgaben erfahrbar zu machen.

Die nachfolgenden Beispiele zeigen mögliche Experimente:

Zur Erklärung des Gesetzes von Boyle-Mariotte könnte ein Kunststoffreagenzglas während des Abtauchens genutzt werden, um die Volumenreduktion zu veranschaulichen. Wenn es präzise quantitativ bearbeitet werden soll, bieten sich Gummibänder an, um das Volumen in den jeweiligen Tiefen zu markieren.

Wenn es darum geht, die Expansion qualitativ zu demonstrieren, so könnte das Reagenzglas in der Tiefe gefüllt werden, um dann die entweichende Luft beim Aufstieg zu beobachten.

Ein anderes Beispiel ist die Farbfilterwirkung des Wassers. Eine Tafel mit verschiedenen Farben wird aufgestellt und eine Leine mit Entfernungsmarkierungen ausgelegt. Die Schüler sollen die Entfernungen bestimmen, aus denen sie die verschiedenen Farben erstmalig identifizieren.

Gewässerbeobachtung ist sicher ein projektfüllendes Thema aus dem biologischen Bereich.

Hier könnte das angewendet werden, was motorisch im Sportunterricht erlernt wurde. Wasserproben könnten in verschiedenen Tiefen genommen, Pflanzen- und Tiervorkommen erfasst werden und so ein Profil eines Gewässers von Schülern entwickelt werden. Allerdings ist hier darauf hinzuweisen, dass für das Tauchen im Freigewässer besondere Regelungen existieren und dies häufig im Rahmen von Schulveranstaltungen aus versicherungsrechtlichen Gründen verboten ist. Hier bietet sich die Kooperation mit externen Anbietern, z. B. Tauchvereinen an, die die in der Schule begonnenen Projekte im außerschulischen Bereich fortsetzen.

Es wird deutlich, dass die Optionen von einzelnen Übungen und einfachen Beispielen bis zu kleinen Schulprojekten reichen können. So könnte der inhaltliche Aufbau für ein Projekttagkonzept mit dem Thema: »Einführung in das Tauchen mit Druckluftgerät« aussehen. Im Kern dieses Konzeptes stehen die folgenden Themenbausteine, die aufeinander aufbauend angeordnet sind. Es wird dem Lehrenden ermöglicht, bei den Schülern in kürzester Zeit ein tauchspezifisches Grundwissen aufzubauen, das sich oft mit Themenkomplexen aus anderen Fächern, speziell der Physik, Chemie und Biologie, überlagert und deswegen ideale Anknüpfungsstellen für den fächerübergreifenden und -verbindenden Unterricht bildet.

Themenbausteine

Bei den nun folgenden Themenbausteinen handelt es sich um einzelne ganzheitliche Lerneinheiten, die die Praxis- und Theorieeinheiten miteinander verknüpfen. In den Themenvorstellungen wird auf die Lernziele und Lernvoraussetzungen eingegangen. Die Praxiseinheiten sollten immer in Kleingruppen abgehalten werden, damit eine bessere individuelle Betreuung gewährleistet werden kann. Geeignete Übungen zu den jeweiligen Einheiten finden Sie in der Übungssammlung des Buches (Kapitel 4–5).

Praxiseinheit 1: Gewöhnungsphase

Die Gewöhnungsphase dient dazu, die Schüler mit der ABC-Ausrüstung vertraut zu machen.

Wichtige Instruktionen:

- Es soll nur geschnorchelt werden
- Es soll nicht abgetaucht werden
- In den Kleingruppen sollen Buddyteams eingeteilt werden

Folgende Fertigkeiten sollten in dieser Praxiseinheit geschult werden:

- Schnorchelatmung
- Schnorchel ausblasen
- Wasser-Nase-Reflex
- Wechselatmung
- »Blind«-Tauchen

Lernziele:

- Ruhiges Atmen durch den Schnorchel
- Leichte Störungen beherrschen
- Tauchreflex kennen und beherrschen
- Gegenseitiges Vertrauen und Verantwortungsgefühl entwickeln

Die Lehrenden sollen darauf achten, dass Panikreaktionen (z. B. Maske vom Kopf reißen nach Verschlucken) den Schülern abgewöhnt werden.

Theorieeinheit 1: Boyle-Mariotte/ Archimedisches Prinzip

Die erste Theorieeinheit des Tages beschäftigt sich mit zwei physikalischen Gesetzmäßigkeiten, denen Menschen beim Tauchen unterworfen sind. Es sind das Archimedische Prinzip (Gesetz über den Auftrieb) und das Gesetz von Boyle-Mariotte (beschreibt das Verhältnis von Druck und Volumen).

Der Unterrichtsstoff sollte den Schülern in offener Form vermittelt werden, beispielsweise mittels eines Experiments oder eines interaktiven Unterrichtsgesprächs. Ziel ist es, die beiden Gesetzmäßigkeiten selbst herzuleiten. Dazu könnten die Schüler in kleinere Gruppen eingeteilt werden.

Praxiseinheit 2: Druckausgleich/ Archimedisches Prinzip

In der zweiten Praxiseinheit sollen die Schüler spielerisch lernen, beim Abtauchen automatisch einen Druckausgleich im Mittelohr durch das Valsalva-Manöver herzustellen.

Die Schüler sollen außerdem die Erfahrung machen, wie sich körperliche Arbeit beim Tauchen auf ihren Körper auswirkt.

Wichtige Instruktionen:

- In den Kleingruppen sollen Buddyteams gebildet werden
- Es wird nicht ohne Partnersicherung getaucht
- Die Lehrenden achten besonders darauf, dass die Schüler beim Abtauchen immer einen Druckausgleich herstellen

Folgende Übungen könnte diese Praxiseinheit beinhalten:

- Schräges Abtauchen
- Abtauchen mit Ohrmodell
- Tauchring/-stein schieben
- Kleiner Tauchparcours
- Ringe sammeln
- Eimer auftreiben

Lernziele:

- Druckausgleich bewusst durchführen lernen
- Automatisierung des bewussten Druckausgleichs
- Gesetz von Boyle-Mariotte in der Praxis erleben
- Archimedisches Prinzip erkennen
- Problematik von gasgefüllten Hohlräumen beim Tauchen erkennen
- Partnersicherung
- Orientierung unter Wasser
- Physiologische Reaktion auf Atemreiz unter Wasser erfahren (Apnoetraining)
- Eigene physiologische Reaktion auf körperliche Arbeit unter Apnoe erleben
- einfaches Apnoetraining

Die Lehrenden sollen darauf achten, dass die Schüler vor dem Abtauchen nicht hyperventilieren (3 tiefe Atemzüge zur Lungen-belüftung sind noch in Ordnung), sonst droht Schwimmbad-Black-out!

Theorieeinheit 2: Gasgefüllte Hohlräume im menschlichen Körper

In dieser zweiten Theorieeinheit soll mit den Schülern der Bogen von dem eher abstrakten Gesetz von Boyle-Mariotte hin zu dessen Aus-wirkungen auf die Hohlräume im menschlichen Körper geschlagen werden.

Es sollen folgende Fragen und Themen besprochen werden:
- Wo sind gasgefüllte Hohlräume im mensch-lichen Körper?
- Anatomie des Ohres
- Welche Beobachtungen wurden beim Abtau-chen mit dem Ohrenmodell gemacht?
- Was ist ein Barotrauma? (am Beispiel Ohr)
- Wie kann ich ein Barotrauma im Ohr verhin-dern? (Druckausgleich!)
- Barotrauma der Lunge beim Tauchen mit DTG:
- Überdruckbarotrauma: Hier bietet es sich an, mit Boyle-Mariotte das nötige Lungenvolu-men nach einen Aufstieg aus 25 m Tiefe zu berechnen, bei dem der DTG-Taucher die Luft anhält
- Unterdruckbarotrauma: Als Beispiel hierfür würde sich das Schnorcheln mit einem zu langen Schnorchel anbieten (z. B. Old Shat-terhand versteckt sich vor Indianern in 1 m Wassertiefe und atmet durch ein Schilfrohr)
- Wie kann ich ein Lungenüberdruckbaro-trauma verhindern?
- Wie kann ich ein Barotrauma der Augen verhindern? (durch Nase in die Maske aus-atmen)

Praxiseinheit 3: DTG kennenlernen

In dieser letzten Praxiseinheit des Tages sollen die Schüler das DTG kennenlernen und erste Erfahrungen beim Tarieren sammeln.

Wichtige Instruktionen:
- Die Schüler sollen nach dem Einatmen durch das DTG nicht die Luft anhalten, sondern Blasen machen (verhindert Barotrauma der Lunge).
- Die erste Tariereinheit sollte aus Sicher-heitsgründen in einem max. 2 m tiefen Becken durchgeführt werden.
- Die Lehrenden können eigenständig ent-scheiden, ob ihre Gruppe nach den ersten Tarierübungen sicher genug ist, um in einen tieferen Beckenbereich zu tauchen.

Folgende Fertigkeiten sollten in dieser Praxiseinheit geschult werden:
- Unterwasserzeichen
- DTG zusammensetzen
- Buddycheck
- Tarieren

Lernziele:
- Die Schüler sollen die wichtigsten Unterwas-serzeichen erlernen, damit sich jeder unter Wasser verständlich machen kann
- Eigenständiges Zusammensetzen der Ausrüs-tung
- Verantwortungsbewusstsein für den Partner und dessen Ausrüstung entwickeln
- Eigene Ausrüstung bedienen können
- Tarieren soll in groben Zügen beherrscht werden
- Partnersicherung

Praxiseinheit 4: Tarieren

In dieser Praxiseinheit sollen die Schüler ihre am Vortag erworbenen Fähigkeiten im Tarie-ren verbessern. Da die folgenden Übungen in geführten Kleingruppen durchgeführt werden, können sie im Sprungbecken (max. 5 m) des Schwimmbades stattfinden.

Wichtige Instruktionen:
- Die Übungen werden in geführten Klein-gruppen absolviert
- Der Gruppenführer demonstriert die Übung, danach versuchen die Schüler es ihm gleich-zutun

- Die Schüler sollen nach dem Einatmen durch das DTG nicht die Luft anhalten, sondern Blasen machen (verhindert Barotrauma der Lunge)
- Um einen Jo-Jo-Tauchgang zu vermeiden, soll das Jacket nicht zu schnell geleert bzw. gefüllt werden
- Passives Abtauchen
- Körperpositionswechsel
- Schranke
- Anatmen des Atemreglers
- Passives Auftauchen

Lernziele:
- Gefühlvolles Tarieren
- Tarieren durch Lungenatmung erfahren

Theorieeinheit 3: Atmung und Gasaustausch/Dekompression

In diesem Theorieblock sollen den Schülern die physiologischen Grundlagen von Atmung und Gasaustausch beim Tauchen sowie der Dekompression vermittelt werden.

Zum Thema Gasaustausch und Atmung könnte man zur besseren Veranschaulichung der Atemreize und des Gasaustausches unter Apnoe einen Versuch mit reinem med. Sauerstoff durchführen.

Praxiseinheit 5: Tariergarten/ Sehen unter Wasser

In dieser Praxiseinheit sollen zwei unterschiedliche Lernschwerpunkte miteinander verknüpft werden. Zum einen sollen die Schüler ihre Tarierfähigkeiten in einem Tariergarten weiter verbessern, zum anderen den Unterschied zwischen dem Farbsehen an Land und unter Wasser mittels eines kleinen, eigenen Versuchs erfahren.

Theorieeinheit 4: Licht unter Wasser

In dieser Theorieeinheit sollen folgende Themen mit den Schülern besprochen werden:
- Absorption
- Streuung
- Lichtbrechung
- Reflexion

Theorieeinheit 5: Biologische Aspekte

In diesem letzten Theorieteil sollen Naturschutz und umweltgerechtes Verhalten beim Tauchen mit den Schülern erörtert werden. Denn die Natur ermöglicht es dem Taucher nicht nur, wunderschöne Unterwasserwelten zu bestaunen, sondern verlangt zu deren Erhalt auch ein umweltgerechtes Verhalten.

Folgende Themenkomplexe sollen in dieser Theorieeinheit behandelt werden:
- Anfahrt zum Tauchplatz
- Ein- und Ausstieg aus dem Gewässer
- Mechanische Belastung während des Tauchgangs
- Sedimentation
- Füttern und anfassen
- Aufgaben von Sporttauchern im Rahmen des Schutzes von Flora und Fauna im und am Wasser

Praxiseinheit 6: DTG-Tauchspiele

In dieser letzten Praxiseinheit soll den Schülern als krönender Abschluss noch einmal durch Spiele der Spaß am Sporttauchen vermittelt werden.

Folgende Spiele eignen sich hervorragend für diese Praxiseinheit:
- DTG unter Wasser ablegen
- Oasenspiel
- DTG unter Wasser anlegen
- Reise nach Jerusalem

7. Tauchsicherheit und Fitness

(T. Dräger, A. Steegmanns)

7.1 Körperliche Kondition und Tauchen

Tauchen ist eine zunehmend beliebte Freizeitbeschäftigung. Es wird geschätzt, dass in Deutschland rund 1,6 bis 1,8 Millionen Menschen im Besitz eines Tauchbrevets sind. Rund 700 000 hiervon tauchen zwar aktiv, davon aber über 400 000 ausschließlich im Urlaub und in warmen Gebieten. So verwundert es nicht, dass die meisten dieser Taucher nur körperlich leichte Tauchgänge gewohnt sind, sich aber dennoch als Sporttaucher betrachten. Wie gefährlich diese Einstellung ist, zeigen Tauchunfälle, in denen Urlaubstaucher überraschend in Situationen geraten, die große körperliche Anstrengungen erfordern, denen sie aber nicht mehr gewachsen sind. Hierzu gehören Notsituationen unter Wasser, die gegenseitige Hilfe erfordern, überraschende Strömungen oder falsch eingeschätzte Tauchgänge in Küstennähe, wo Unterströmungen oder Brandungen starke körperliche Anstrengungen erfordern.

Schon seit langem ist daher bekannt, dass es enge Zusammenhänge zwischen Tauchunfällen und der körperlichen Fitness gibt. So zeigen Untersuchungen aus Großbritannien, Amerika und Australien, ebenso wie eine Statistik von aqua med in Deutschland, dass nicht nur das Risiko, einen Tauchunfall zu erleiden bei schlechter körperlicher Kondition steigt, sondern dass auch die Ausprägung von Symptomen deutlich stärker wird, wenn die Betroffenen weniger gut trainiert sind.

Allein die aqua-med-Statistik, die Informationen aller großen Verbände berücksichtigt und daher im deutschsprachigen Raum

als nahezu flächendeckend angesehen werden kann, zeigt, dass 12 % aller Tauchunfälle durch den körperlichen Zustand des Tauchers verursacht werden. Dabei ist noch nicht berücksichtigt, dass bei den Dekompressionsunfällen der körperliche Zustand des Tauchers (z. B. durch schlechte Kondition, Übergewicht oder Arteriosklerose), wie oben erwähnt, ein entscheidender Mitauslöser für den Unfall sein kann. Bezieht man diese Erkenntnis in die Statistiken mit ein, liegt die geschätzte Anzahl der Tauchunfälle, die durch den körperlichen Zustand mit verursacht wurden, bei rund 30 bis 40 %.

Betrachtet man nur tödliche Tauchunfälle, so zeichnet sich ein noch deutlicheres Bild ab. So kommen allein in Deutschland pro Jahr rund 25 Taucher bei der Ausübung ihres Sports ums Leben. Bezogen auf die obigen Zahlen, nach denen rund 300 000 Taucher in Deutschland aktiv sind und im Durchschnitt geschätzt etwa 7–8 Tauchgänge pro Jahr durchführen, scheint dies auf den ersten Blick zu bedeuten, dass das Risiko, einen tödlichen Tauchunfall zu erleiden, bei knapp unter 1 zu 100 000 Tauchgängen liegt. Schaut man sich die Zahlen allerdings genauer an, so zeigt sich, dass annähernd 70 % dieser Unglücke keineswegs echte Tauchunfälle waren, sondern ihre Ursachen in einer schlechten körperlichen Kondition lagen. Zum einen handelt es sich um medizinische Notfälle, wie z. B. akute Herzbeschwerden oder Luftnot, die unter Wasser zu dramatischen Konsequenzen geführt haben, oder um plötzlich auftretende Notsituationen, wie z. B. Strömungen an einem Riff, in welchen sich die Betroffenen aufgrund körperlicher Erschöpfung nicht mehr retten konnten.

Dass dennoch häufig von tödlichen Tauchunfällen berichtet wird, hat damit zu tun, dass Todesfälle im Zusammenhang mit dem Tauchen meist zunächst als Tauchunfall bezeichnet werden. In fast allen internationalen Erhebungen werden daher meist auch körperlich bedingte Todesfälle beim Tauchen immer noch unter den Tauchunfällen aufgeführt. Damit wird subjektiv zunächst dem Tauchen und nicht der schlechten körperlichen Gesundheit die Schuld zugeschoben, womit wiederum das Tauchen als Risikosportart wahrgenommen wird. Das eigentliche Risiko ist aber definitiv die mangelhafte Kondition oder schlechte Gesundheit (… im Übrigen natürlich auch unabhängig vom Tauchen).

Neben den selbstverständlichen Forderungen an die Tauchausbildung, Notsituationen konsequent zu üben (kein Einziger der tödlich Verunfallten, die unter Wasser geborgen wurden, hatte sich z. B. rechtzeitig von seinem Blei getrennt), ergibt sich hieraus eine Erkenntnis: Mangelnde physische Kondition trägt nicht nur zur eigenen Unsicherheit, sondern auch zur Einschränkung der Selbst- und Fremdrettungsfähigkeit ganz erheblich bei! Hier ist es wichtig, durch gutes Training und eine solide Ausbildung seine eigenen Grenzen zu erkennen und zur Sicherheit aller beim Tauchen beizutragen. Zur Abschätzung der körperlichen Leistungsfähigkeit mit Bezug zum Tauchen kann das Leistungsabzeichen Flossenschwimmen des Verbandes Deutscher Sporttaucher e. V. (VDST) empfohlen werden. Die Leistungsanforderungen für dieses Abzeichen, das, seit 2013 als Teil des Leistungskataloges des Deutschen Sportabzeichens anerkannt ist, finden sich auf den Seiten 186/187.

7.2 Fitness & Dekompressionserkrankung

Die klassische Dekompressionserkrankung ist in ihren milderen Formen keine Seltenheit.

Der Umgang mit den Symptomen nach einem Tauchgang wird, wenn auch sicherlich nicht ausreichend, von nahezu allen Verbänden geschult. Hierzu gehören die klassischen Maßnahmen wie Flüssigkeitszufuhr, 100%ige Sauerstoffgabe sowie, bei nicht ausreichender Besserung, die Druckkammerbehandlung. Was hat dies mit der Fitness des Tauchers zu tun?

Seit einigen Jahren ist durch Studien belegt, dass die Menge und durchschnittliche Größe von Gasblasen nach einem Tauchgang bei trainierten Tauchern deutlich geringer ist als bei einem untrainierten. Als Maß für den Trainingszustand wurde die maximale Sauerstoffaufnahme in der Ergospirometrie gewählt. Daraus kann im Umkehrschluss gefolgert werden, dass eine schlechte Fitness mit einem erhöhten Risiko einer Dekompressionserkrankung einhergeht. Anhand von Einzelfallbeobachtungen in der aqua-med-Statistik ist seit 2003 eine Tendenz zu beobachten, die diese Schlussfolgerung bestätigt.

Die Ursachen für das erhöhte Risiko, in untrainiertem Zustand eher eine Dekompressionserkrankung zu erleiden, sind noch immer nicht vollständig geklärt. Es wird vermutet, dass ein trainierter Muskel in der Lage ist, höhere Mengen an Stickstoff länger ohne Symptome festzuhalten und langsamer und kontrollierter abzugeben als ein untrainierter.

Ein weiterer nicht zu unterschätzender Aspekt bei der Entstehung von Dekompressionserkrankungen ist die Tatsache, dass Menschen, die sich einer Bedrohungssituation gewachsen sehen, diese viel eher meistern als Menschen, die sich überfordert fühlen und daher schneller in Panik verfallen. Wird also ein eher untrainierter Mensch unter Wasser von einer Notsituation überrascht, ist bei diesem das Risiko, in Panik zu verfallen und bei einem unkontrollierten Notaufstieg mit hoher Wahrscheinlichkeit eine Dekompressionserkrankung zu erleiden, erheblich höher als bei einem körperlich trainierten.

7.3 Fitness & Sicherheit

Aus allen diesen Punkten ergibt sich: Fitness gibt Sicherheit!

Dieser Aspekt ist nicht zu unterschätzen. Wer aus Erfahrung »weiß«, dass körperliche Belastungen (z. B. der Weg zurück zum Boot) ihn nicht an seine Grenzen führen, kann mit kritischen Situationen besser und souveräner umgehen. Es kommt deutlich seltener zu Fehlreaktionen, die durch Angst oder gar Panik erheblich begünstigt werden.

Ein gut ausgebildeter, erfahrener und mit einer ausreichenden körperlichen Belastbarkeit ausgestatteter Taucher bringt beste Voraussetzungen mit, seinem Hobby lange Zeit ohne Zwischenfälle und mit sehr viel Ruhe und Entspannung nachzugehen.

Ein ängstlicher, schlecht ausgebildeter Taucher mit erheblichen Mängeln in der körperlichen Leistungsfähigkeit kommt viel schneller (z. B. beim Umgang mit schwerer Ausrüstung) an seine Grenzen, bevor das Tauchen überhaupt begonnen hat. An ein entspanntes Tauchen im Sinne des englischen Begriffs »recreational diving« ist dann schon nicht mehr zu denken.

Abschließend sei erwähnt, dass es nicht darum geht, aus Tauchern Leistungssportler zu machen, aber ebenso wie beim Fliegen oder Bergsteigen führen bei diesen Sportarten körperliche Einschränkungen wesentlich schneller zu tödlichen Katastrophen. Ein Mensch hat weder in der Luft noch an einem Berghang und schon gar nicht unter Wasser die Möglichkeit, schnell medizinische oder andere Hilfe zu erhalten, wenn es zu körperlichen Problemen kommt. Über diesen Aspekt machen sich leider die meisten Urlaubstaucher kaum Gedanken. Anders ist es nicht zu erklären, dass in den klassischen Urlaubstauchgebieten, wie z. B. am Roten Meer, über 80 % aller Taucher keine medizinische Tauchtauglichkeitsuntersuchung haben durchführen lassen, sondern nur auf einem Gesundheitsfragebogen ihre Konstitution bestätigen. Für jeden Taucher ist es aber wichtig, neben guter Gesundheit auch über eine solide Grundkondition zu verfügen, damit er lange und mit guter Gesundheit Freude an seinem Hobby haben kann.

Abb. 27: *Auch manche gemütlichen Tauchgänge erfordern bei Strömung (deutlich an den wegdriftenden Gasblasen erkennbar) eine gute Fitness, um sicher reagieren zu können.*

8. fit2dive-Test – der Test zur Überprüfung der tauchspezifischen Leistungsfähigkeit

(T. Dräger, A. Steegmanns)

Die im Kapitel 7 genannten Zusammenhänge zwischen Fitness und Tauchsicherheit haben zu dem Entschluss von aqua med und der Deutschen Sporthochschule Köln geführt, einen umfassenden Leistungstest für Taucher zu konzipieren. Die Ziele, die mit der Durchführung des fit2dive-Tests für den teilnehmenden Taucher erreicht werden sollen, sind:

■ er erlangt eine objektive Einschätzung über seine momentane tauchspezifische Leistungsfähigkeit;
■ er lernt eine Erschöpfungssituation unter Wasser in einem abgesicherten Umfeld kennen;
■ er gewinnt wertvolle Hinweise, wie er seine Leistungsfähigkeit beim Tauchen verbessern kann, die über das reine Flossenschwimmen hinausgehen.

8.1 Die tauchspezifische Leistungsfähigkeit

Der fit2dive-Test zielt im Speziellen darauf ab, eine Aussage über die tauchspezifische Leistungsfähigkeit des Sporttauchers zu treffen. Durch die Kenntnis seiner spezifischen Leistungsfähigkeit kann der Taucher seine Leistungsreserven besser einteilen, er weiß um seine Stärken und Schwächen und kann so Tauchgänge besser planen und durchführen. Die tauchspezifische Leistungsfähigkeit bezieht viele Faktoren mit ein, die den Taucher dort beschreiben, wo er seinen Sport ausübt. In der Sportwissenschaft ist seit langem bekannt, dass man eine Aussage über die sportartspezifische Leistungsfähigkeit eines Sportlers nur treffen kann, wenn man den Sportler dort testet, wo und wie er seinen auch Sport ausübt. So ist es z. B. unsinnig, einen Marathonläufer auf dem Fahrradergometer zu testen. Durch solch eine Diagnostik bekommt man höchstens einen Überblick über die allgemeine Leistungsfähigkeit. Man bekommt jedoch keine Aussage über das spezifische Potenzial des Sportlers. Um an diese Daten zu kommen und eine Aussage über seine Leistungsfähigkeit zu treffen, muss man den Marathonläufer dort testen, wo er hauptsächlich seinen Sport ausübt. Ein Test kann z. B. auf dem Laufband gemacht werden, besser wäre es sogar, ihn draußen »im Feld« zu testen.

Fast jeder Taucher hat schon einmal einen Test zur Untersuchung seiner allgemeinen Fitness gemacht: die Fahrradergometrie bei der Tauchtauglichkeitsuntersuchung. Diese Untersuchung, welche laut GTÜM für Taucher ab 40 Jahren obligat ist, gibt dem Arzt Hinweise auf potenzielle Risiken, die gegen eine Ausübung des Tauchsports sprechen. Der fit2dive-Test soll in keinster Weise die obligatorische Tauchtauglichkeitsuntersuchung beim Arzt ersetzen. Allerdings kann die Fahrradergometrie nur kleine Hinweise geben, wie leistungsfähig der Taucher unter Wasser ist, da diese Untersuchungsmethode zu unspezifisch ist. Um jedoch eine Aussage zu treffen, wie fit der Taucher während der Ausübung seines Sports ist und wie viel er unter Wasser leisten kann, wo seine Leistungsreserven sind und wie er mit Erschöpfung und den damit einhergehenden, zum Teil ungewohnten Reaktionen umgehen kann, muss sich der Taucher mit seinem Tauchgerät unter Wasser begeben und dort einen Leistungstest durchführen.

Anhand der Testbedingungen von fit2dive bekommt man schon einen guten Überblick über die Faktoren, die das »System Taucher« unter Wasser bestimmen. Diese Faktoren sollen im Weiteren näher beschrieben werden.

■ Die körperliche Leistungsfähigkeit

Ein Punkt, der einen Einfluss auf die tauchspezifische Leistungsfähigkeit eines Menschen hat, ist die reine physiologische Leistungsfähigkeit. Damit ist die Kondition mit all ihren Faktoren gemeint. Die Kondition ist ein Zusammenschluss von mehreren Faktoren. Eine nähere Beschreibung aller Faktoren finden sie im nächsten Kapitel (vgl. Kondition Kap. 9).

■ Der Wasserwiderstand

Das Medium, in dem der Sport ausgeübt wird, das Wasser, hat andere physikalische Eigenschaften als Luft, und somit wirken auch andere Kräfte auf den Taucher. Der dabei hauptsächlich limitierende Faktor der Leistungsfähigkeit ist der Strömungswiderstand. Wasser ist ca. 1000-mal dichter als Luft, sodass dem Wasserwiderstand ein großer Stellenwert im Hinblick auf die Leistungsfähigkeit eingeräumt werden muss.

Der Taucher allein hat schon einen erheblichen Widerstand im Wasser, da er mit seiner gesamten DTG-Ausrüstung dem Wasser einen hohen Frontalwiderstand bietet. Untersuchungen an der Deutschen Sporthochschule Köln haben gezeigt, dass der Widerstand umso größer wird und dadurch die Leistungsfähigkeit zunehmend eingeschränkt wird, wenn z. B. die Ausrüstung nicht richtig montiert wurde. Herunterhängende Schläuche vom Lungenautomaten, ein nicht korrekt festgezurrtes Jacket oder zusätzliche Ausrüstungsgegenstände, die außen am Jacket befestigt werden, wie z. B. Bojen, Lampen und Ähnliches, erhöhen den Widerstand dramatisch und zum Teil unnötig.

Unter dem Punkt des Wasserwiderstandes muss auch die Wasserlage genannt werden. Eine schlechte Wasserlage z. B. aufgrund schlechter Tarierung kann einen erheblichen Einfluss auf den Strömungswiderstand haben und somit die Leistungsfähigkeit dramatisch reduzieren. Studien haben gezeigt, dass nicht zu viel Gewicht bei der Fortbewegung kritisch ist, weil dies in der Fortbewegung durch die Strömung kompensiert wird. Viel kritischer ist zu wenig Blei, da damit eine uneffiziente Schwimmlage entsteht.

Als Ideal gilt: eng anliegende Ausrüstung und horizontale Schwimmlage.

■ Der Flossenbeinschlag

Als letzter Punkt, der einen Einfluss auf die tauchspezifische Leistungsfähigkeit hat, muss der Flossenbeinschlag genannt werden. Ist dieser nur unzureichend erlernt worden und dadurch unökonomisch, wird der Taucher mehr Energie benötigen, um sich unter Wasser fortzubewegen. Dadurch kommt er etwa bei leichter Strömung schneller an seine Grenze bzw. schafft nicht die zu erwartende Tauchstrecke zum Tauchboot oder zum nächsten Riffvorsprung. Der in Kap. 4.1 vorgestellte ideale Bewegungsablauf ist die Zielvorgabe. Der individuelle Stil kann davon durchaus abweichen, ohne dass dadurch ein Nachteil entsteht. Zu große Abweichungen verschlechtern jedoch die Effizienz in dem Maße, dass der Taucher mehr Kraft und Energie benötigt, um eine bestimmte Strecke unter Wasser zurückzulegen.

Aus der Beschreibung der oben genannten Punkte wird klarer, dass die tauchspezifische Leistungsfähigkeit nicht auf einen einzelnen Punkt reduziert werden kann. Möchte man wissen, wie fit man unter Wasser wirklich ist, kann man nicht nur einzelne dieser Punkte prüfen. Nur eine umfassende Beschreibung aller Punkte lässt einen Rückschluss auf die zu erwartende Leistungsfähigkeit zu. Dieses wird durch einen speziell ausgebildeten Tauchlehrer während fit2dive gemacht. Werden Defizite in einem

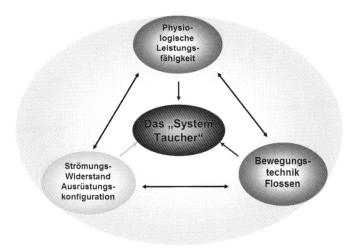

Abb. 28: *Schema: die tauchspezifische Leistungsfähigkeit.*

oder mehreren Punkten festgestellt, so hat der Taucher die Möglichkeit, ganz gezielt diese Mängel abzustellen. Das Tauchtraining kann so vielfältig genutzt und abwechslungsreich gestaltet werden, da jeder oben genannte Punkt verbessert und optimiert werden kann. Dadurch lassen sich langatmige Trainingseinheiten, die auf die Verbesserung der Kondition zielen, durch Techniktraining oder Übungen zur Tarierung auflockern.

8.2 fit2dive-Test – das Konzept

Um den Test im Breitensport anzuwenden und damit einem größeren Publikum zugänglich zu machen, wurde bei der Konzipierung explizit auf einen einfachen Aufbau und eine schnelle Durchführbarkeit geachtet. Da Beckengröße und -tiefe beim Vereinstraining stark variieren können, wurde bei der Entwicklung des Tests die Möglichkeit eingebaut, den Test unabhängig von Größe und Tiefe durchzuführen. Zudem muss der Test schnell auf- und abbaubar sein,

um in kurzer Zeit viele Taucher testen zu können, damit die Beckenzeit, die jeder Tauchverein zur Verfügung hat, möglichst effektiv genutzt werden kann. Der Test kann von einer Person sowohl auf- und abgebaut als auch von einer Person angeleitet werden. Die Deutsche Sporthochschule hat eine Ausbildung konzipiert, in der jeder Tauchausbilder lernt, fit2dive-Tests durchzuführen. Im Seminar werden neben dem Aufbau und den theoretischen Hintergründen, die hinter dem fit2dive-Test stehen, vor allem die Bewertungskriterien besprochen, wonach der Taucher während seines Testes beurteilt wird. Diese Standardisierung erlaubt es später, die Testdaten aller Taucher miteinander zu vergleichen.

Bei der Konzipierung des Testes wurde weiterhin darauf geachtet, dass die Materialkosten möglichst gering gehalten werden, um eine hohe finanzielle Belastung der Vereine zu vermeiden.

Dadurch ist es jedem Verein möglich, mit einem geschulten Trainer oder Tauchlehrer einen kostengünstigen und einfach anwendbaren Test durchzuführen.

Für Aufbau und Durchführung des fit2dive-Tests werden folgende Materialien benötigt:

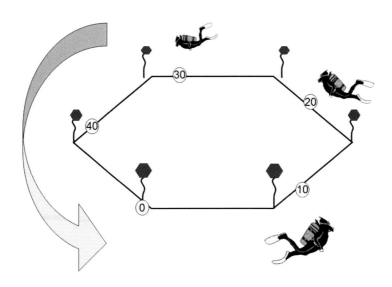

Abb. 29: *Testaufbau eines fit2dive-Testes.*

- 50 m Seil mit Markierungen alle 10 m
- 6 Saugnäpfe
  (oder Tauchringe bzw. Bleigewichte)
- 6 aufschwimmende
  (gut sichtbare) Markierungen
- Wasserdichte Stoppuhr
  (mindestens bis 100 m)
- Spezielle fit2dive-Test-Marschtabelle
- Borg-Skala
- UW-Bewertungsbogen
- Fragebogen

Je nach Schwimmbadmöglichkeit werden zusätzlich einige kürzere Seile benötigt, um den Test den Schwimmbadmöglichkeiten anzupassen.

■ Der Testaufbau

Ein 50 m langes Seil (je nach Schwimmbadmöglichkeit sind auch 40 m akzeptabel) wird mithilfe von Saugnäpfen oder Tauchringen auf dem Beckenboden fixiert. Ist es vom Platz her möglich, sollte die Form ein Sechseck mit gleichen Seitenlängen und Winkelgraden ergeben. Diese Form eignet sich durch ihre relativ »weichen« Ecken besonders gut, da der Taucher an

den Ecken seine Geschwindigkeit nicht groß drosseln muss und mit fast gleich bleibender Geschwindigkeit um die Ecken tauchen kann. An den Eckpunkten werden aufschwimmende Markierungen befestigt, die den Taucher davon abhalten sollen, die Ecken zu schneiden und so eine objektive Beurteilung zu verfälschen. Das Seil hat alle 10 m eine Markierung, sodass sich fünf (bzw. vier) Abschnitte à 10 m ergeben.

■ Der Ablauf des fit2dive-Tests

Zur Durchführung des Testes benötigt der Taucher lediglich eine Stoppuhr und die entsprechende Marschtabelle.

Der Taucher begibt sich an eine beliebige 10-m-Markierung und tariert sich neutral aus. Er soll sich für die Tarierung Zeit nehmen, da dafür während des Tests keine Korrekturmöglichkeit mehr besteht. Weiterhin soll er sich einige Minuten ausruhen, um den Test ohne Vorbelastung zu beginnen. Auf ein Zeichen hin startet der Taucher seine Stoppuhr und taucht los. Anhand der Marschtabelle kann der Taucher die Zeit ablesen, die er zur Verfügung

Meter	10-150	160-300	310-450	460-600
10	00:25	05:25	08:40	11:13
20	00:50	05:41	08:53	11:23
30	01:15	05:58	09:03	11:33
40	01:40	06:10	09:13	11:43
50	02:05	06:23	09:23	11:53
60	02:30	06:35	09:33	12:01
70	02:55	06:48	09:43	12:10
80	03:11	07:00	09:53	12:18
90	03:28	07:13	10:03	12:26
100	03:45	07:25	10:13	12:35
110	04:01	07:38	10:23	12:43
120	04:18	07:50	10:33	12:51
130	04:35	08:03	10:43	13:00
140	04:51	08:15	10:53	13:08
150	05:08	08:28	11:03	13:16

Abb. 30: *fit2dive-Test-Marschtabelle.*

hat, um von einer Markierung zur nächsten Markierung zu tauchen. Die Zeit der laufenden Stoppuhr muss mit Erreichen der nächsten Markierung identisch sein mit der Zeit, die die Marschtabelle vorgibt. Ein Beispiel: von 0 bis 10 m soll der Taucher 0:25 min benötigen, von 10 bis 20 m wieder 0:25 min, auf der Stoppuhr stehen dann 00:50 min. Von 20 bis 30 m hat er wieder 25 Sekunden zur Verfügung, die Stoppuhr zeigt dann 01:15 min an usw. Der Taucher sollte dabei versuchen, die Geschwindigkeit zwischen zwei Markierungen möglichst konstant zu halten. Also nicht am Anfang schnell beginnen und gegen Ende der Markierung das Tempo verlangsamen. Die von der Marschtabelle vorgegebenen zeitlichen Intervalle verringern sich im Laufe des Tests in regelmäßigen Abständen. Etwa alle 3 Minuten wird die Geschwindigkeit um 0,2 m pro Sekunde gesteigert. Dieses Zeitintervall von 3 Minuten wurde so gewählt, dass sich die Herzfrequenz

und andere physiologische Parameter auf ein steady-state einstellen, sich also um einen konstanten Wert bewegen.

Schafft der Taucher es nicht, die Zeit bis zur nächsten Markierung einzuhalten, so hat er die Möglichkeit, die Zeit bis zur darauf folgenden Markierung aufzuholen. Überschreitet er an dieser Markierung wieder die Zeitvorgabe, so muss der Taucher den Test an dieser Stelle abbrechen. An der Wasseroberfläche nennt er dem Versuchsleiter die erreichte Zeit und die subjektiv erlebte Belastung anhand der Borg-Skala (siehe hierzu auch Borg-Skala Kap. 11.2.3).

Der Test kann von bis zu 5 Tauchern gleichzeitig durchgeführt werden. Die Durchführung des Tests mit mehreren Tauchern unterscheidet sich nicht von der allgemeinen Durchführung. Es muss nur darauf geachtet werden, dass sich jeder Taucher an eine andere 10-m-Markierung begibt, sodass sich jeweils nur ein Taucher an einer 10-m-Markierung befindet. Die Testteilnehmer tarieren sich aus, und auf ein gemeinsames Startsignal hin beginnen die Taucher den Test. Da sie sich mit gleicher Geschwindigkeit fortbewegen, behindern sich die Taucher unterwegs nicht. Muss ein Taucher den Test abbrechen oder schafft er es nicht, die Zeiten der Marschtabelle einzuhalten, so taucht er ein Stück vom Testkurs weg, um die anderen Taucher nicht zu stören.

Während des Tests beurteilt ein ausgebildeter fit2dive-coach die Einflussgrößen auf die tauchspezifische Leistungsfähigkeit. Er beurteilt anhand eines standardisierten Bewertungsbogens das »System Taucher«. Dadurch kann dem teilnehmenden Taucher ein persönliches Feedback nach dem Test gegeben werden, um Schwachstellen im »System Taucher« aufzudecken und diese ggf. zu trainieren und zu optimieren.

(Weitere Informationen siehe auch www.fit2dive.eu.)

9. Komponenten der körperlichen Leistungsfähigkeit beim Tauchen

(U. Hoffmann, N. Holle, A. Steegmanns, F. Steinberg)

Tauchen ist keine Freizeitbeschäftigung, die zu Höchstleistungen herausfordert, und viele – vielleicht sogar die meisten – Tauchgänge sind erholsam und nicht belastend. Gerade das macht die Attraktivität der Sportart Tauchen aus!

Dennoch sind die Gründe für eine Auseinandersetzung mit der körperlichen Leistungsfähigkeit für Taucher und Ausbilder vielfältig:

■ Körperliche Fitness ist gleichzusetzen mit gesteigerter Sicherheit. In Notsituationen ist der Handlungsspielraum wesentlich größer, wenn Leistungsreserven zur Verfügung stehen. Hinzu kommt eine Wechselwirkung zwischen körperlicher und mentaler Leistungsfähigkeit: Je höher die relative körperliche Belastung, umso geringer wird die mentale Leistungsfähigkeit, die gerade in kritischen Situationen beim Tauchen gefordert ist. Zudem steigt die Fehlerwahrscheinlichkeit, wenn die relative Belastungsintensität hoch ist.

■ Durch ein Training zur Verbesserung der körperlichen Leistungsfähigkeit steigt der Aktionsradius des Tauchers, was auch bedeutet, dass er die Natur bei einem Freigewässertauchgang viel intensiver wahrnehmen und genießen kann.

■ Mit dem Training kann auch die Bewegungstechnik und -geschicklichkeit verbessert werden, was auch dazu beiträgt, dass der Taucher sich schonender durch die Unterwasserwelt bewegt.

■ Sporttauchen hat auch eine Perspektive außerhalb des Wassers: Bewegung und wohl dosierte körperliche Belastung fördern die allgemeine Gesundheit und das Gefühl des Wohlbefindens. Den typischen Zivilisationskrankheiten kann dadurch vorgebeugt werden, denn das richtig durchgeführte Tauchtraining beansprucht den Stoffwechsel, das Herz-Kreislauf-System und die Atmung in positiver Weise.

Alle diese Aspekte sind miteinander verzahnt, und einige Argumente für ein Training lassen sich auch mehrfach anbringen. Primär spielt das Bestreben nach sicherem Tauchen die zentrale Rolle, und die anderen Aspekte werden fast zu untergeordneten Zielen.

9.1 Kondition

Kondition, umgangssprachlich auch als Fitness bezeichnet, ist ein Oberbegriff für verschiedene Aspekte körperlicher Leistungsfähigkeit. Dabei werden in der Trainingswissenschaft fünf Beanspruchungsformen unterschieden

■ Kraft
■ Ausdauer
■ Schnelligkeit
■ Beweglichkeit / Flexibilität
■ Koordination

Jeder dieser Faktoren kann für sich die Leistungsfähigkeit eines Menschen begrenzen, wenn er nur unzureichend trainiert ist. Diese Unterteilung, im Zusammenhang mit Training und Übungen zur Verbesserung dieser Faktoren, ist jedoch recht willkürlich, da keine dieser Beanspruchungsformen beim Tauchsport und in anderen Sportarten isoliert auftauchen. Und selbst innerhalb einer Beanspruchungsform können weitere Unterscheidungen vorgenommen werden, wie später bei den einzelnen Faktoren noch erläutert wird.

Für das Sporttauchen kann eine weitere Beanspruchung hinzugefügt werden, die nur in wenigen Sportarten eine Rolle spielt: die **Apnoefähigkeit.**

Auch wenn man die einzelnen Faktoren zum Teil nicht klar voneinander trennen kann, ist diese Unterteilung sinnvoll, da es dem Trainer die Analyse und Strukturierung seines Trainings erleichtert. So können Schwerpunkte gesetzt und einzelne Faktoren explizit trainiert werden. Voraussetzung ist allerdings eine sorgfältige Analyse der Handlungs- und Bewegungsabläufe beim Sporttauchen.

9.2 Kraft

Kraft kann beschrieben werden als die Fähigkeit, einen gewissen Widerstand zu überwinden bzw. einen Widerstand auszuhalten. Dabei wird deutlich, dass Kraft eine dynamische und eine statische Komponente besitzt. Beim Tauchen spielen beide Komponenten eine Rolle. Ein Mindestmaß an Kraft ist nötig, um die Tauchausrüstung zu tragen und sich gegen einen Widerstand, den Wasserwiderstand, bewegen zu können. Somit kann die Kraft ursächlich limitierend sein. Die Tauchausrüstung mit Druckluftflasche und Bleigurt fordert der Rumpf-, Bein- und Hüftmuskulatur, zumindest an Land, einiges an statischer Kraft oder Haltekraft ab. Ist diese nicht ausreichend trainiert, kann dieses zu Schäden an Wirbelsäule und tragenden Gelenken wie Hüft- und Kniegelenken führen. Kraft spielt sicher auch eine Rolle beim Flossenbeinschlag. Größe und Härte der Flossen müssen den körperlichen Fähigkeiten des Tauchers angemessen gewählt werden. Neben der Bein- und Hüftmuskulatur ist auch die Rumpfmuskulatur hier in besonderer Form gefordert, damit die notwendige Stabilität

erreicht wird. Der Flossenbeinschlag ist auch ein anschauliches Beispiel für die Überlappung der Beanspruchungsformen beim Tauchen. Der Begriff der »Kraftausdauer« zeigt diese Überschneidung. Er bedeutet nichts anderes, als dass man sowohl die nötige Kraft besitzen muss, um einen Flossenbeinschlag zu machen, als auch so ausdauernd sein muss, um eine bestimmte Strecke gegen einen Widerstand zurücklegen zu können.

9.3 Ausdauer

Ausdauer, also die Fähigkeit eine Leistung über einen vorgegebenen Zeitraum oder möglichst lange zu erbringen, wird häufig als »Kondition« missverstanden, was eben die Gesamtheit aller leistungsbegrenzenden Faktoren darstellt. Die Tatsache, dass die Dauer einer Leistung sehr unterschiedlich sein kann, lässt erahnen, dass für die Ausdauer sehr unterschiedliche physiologische Mechanismen und Teilsysteme des menschlichen Organismus gefordert sind. Daher erscheint es pragmatisch gerechtfertigt, zwischen **Kurz-, Mittel- und Langzeitausdauer** zu unterscheiden. Der kurzzeitige Sprint, z. B. zu einem bewusstlosen Taucher oder im Wettkampf, bedingt eine kurzzeitige hohe Energiebereitstellung, die im Wesentlichen von lokalen Faktoren abhängt. Anders die lang andauernde Belastung, z. B. beim Tauchgang gegen die Strömung. Hier wird eine ganze Kette physiologischer Systeme beansprucht, wobei das schwächste Glied die Leistungsfähigkeit begrenzt. Bei Zwischenformen, z. B. beim Transport eines Partners über eine längere Distanz an der Wasseroberfläche, müssen differenzierte Beurteilungen der beanspruchten physiologischen Systeme vorgenommen werden.

Im Tauchsport dominieren sicherlich länger anhaltende Belastungen, für die sich der Taucher vorbereiten sollte. Aber es kann durchaus zu kurzfristigen intensiven Belastungen kommen, für die man vorbereitet sein sollte.

Während der Ausbildung sind dies typischerweise die Rettungsübungen, aber in der Tauchpraxis können besondere Anforderungen beim Einstieg und nach dem Auftauchen entstehen. Bei dieser kurzen Übersicht wird aber eines schon deutlich: **Dem Ausdauertraining kommt im Tauchsport eine besondere Bedeutung zu.** Dies ist sicher ein Grund dafür, dass Tauchtraining auch hervorragend als Gesundheitstraining verstanden werden kann.

Grundsätzlich ist es nicht sinnvoll, eine gesamte Trainingseinheit nur der Grundlagenausdauer zu widmen und danach die folgenden acht Wochen nichts mehr dafür zu tun. Vielmehr ist es wichtig, diese Übungsformen kontinuierlich in den Trainingsprozess einfließen zu lassen. Daneben ist es leicht und sinnvoll, Trainingsreize bereits im Alltag zu verankern. Zum Beispiel sollte nicht jede kleine Besorgung mit dem Auto erledigt oder nicht immer der Aufzug benutzt werden. Zusätzlich ist ein bis zwei Mal pro Woche eine gezielte, dosierte, sportliche Betätigung hilfreich. Eine halbe Stunde bis Stunde Radfahren, Walking, Nordic Walking, Inlineskating, Aquafitness, Joggen oder Schwimmen hilft dem Herz-Kreislauf-System funktionstüchtig zu sein, der Sauerstofftransport im Organismus und damit die Energiebereitstellung für körperliche Beanspruchung wird verbessert.

9.4 Koordination

Für eine präzise Bewegungskoordination sind verschiedene Aspekte nötig. Neben den bereits genannten Beanspruchungsformen spielt die Bewegungsvorstellung in Raum und Zeit eine entscheidende Rolle. Hierzu ist das Bewusstsein über die veränderten Körpermaße durch das Drucklufttauchgerät und Flossen die Basis. Erst das Zusammenspiel der einzelnen angesprochenen Bewegungs- und Beanspruchungsformen führt zu einer ausreichend präzisen Koordination der Bewegung.

Innerhalb der Trainingsorganisation ist es

unerlasslich, Freiraum für die Erprobung individueller Bewegungsausprägungen zuzulassen. Auf diese Weise kann jeder Teilnehmer/Trainierende selbst erfahren, wie sich das Zusammenspiel der einzelnen Komponenten auswirkt.

9.5 Apnoefähigkeit

Diese Beanspruchungsform ist zwar nicht nur im Sporttauchen anzutreffen, aber hier spielt sie sicher eine besondere Rolle und stellt bei allen Übungen, die mit angehaltenem Atem (Apnoe) durchgeführt werden, eine Leistungsbegrenzung dar. Zunächst geht es um die Fertigkeit, die Atemantriebe bewusst zu unterdrücken. Die Apnoefertigkeit wird aber auch von anderen Beanspruchungsformen beeinflusst. Dabei spielt die Koordination, die auch die Fähigkeit der Entspannung einschließt, eine herausragende Rolle.

Ein anderer Einfluss ist auf die Ausdauerleistungsfähigkeit zurückzuführen. Eine hohe aerobe Ausdauerleistungsfähigkeit reduziert den Anteil anaerober Stoffwechselprozesse und -produkte und führt dadurch zu einer geringeren Steigerung der Wasserstoffionen-Konzentration (geringere Ansäuerung = geringeres Absinken des pH-Wertes) im arteriellen Blut.

9.6 Taucherische Fertigkeiten

Den Stellenwert dieser einzelnen konditionellen Komponenten im Sporttauchen kann man unter verschiedenen Gesichtspunkten diskutieren. Die folgenden Aussagen beziehen sich auf den Freizeit- und Breitensport ohne wettkampfsportliche Zielsetzung. Sie bilden die Grundlage für die taucherischen Fertigkeiten, die durch Training verbessert werden sollen.

Wie in jeder anderen Sportart auch, lassen sich beim Tauchen spezifische taucherische Fertigkeiten identifizieren, die bei der Bewegungsausbildung einen besonderen Stellenwert haben. Besondere Bedeutung kommt dabei den Bewegungs- und Handlungsabläufen zu, die möglichst automatisiert durchgeführt werden sollen. Im Mittelpunkt steht dabei sicherlich der Flossenbeinschlag und damit unmittelbar verbundene Richtungsänderungen. Je nach Spielart (z. B. Rettungstauchen, technisches Tauchen) der taucherischen Aktivität kann der Grundkatalog entsprechend ergänzt werden.

Zu den wichtigsten Grundfertigkeiten gehören:

- Fortbewegen mit Flossen

- Atmen durch Schnorchel oder Atemregler

- Schnorchel oder Atemregler ausblasen

- Atmen unter Wasser ohne Maske

- Maske ausblasen

- Tarierung mit Atmung und Hilfsmitteln

- Wechselatmung

- Spezifische Bewegungsgeschicklichkeit

10. Leistungsphysiologischer Hintergrund des Tauchtrainings

(U. Hoffmann, N. Holle, A. Steegmanns, F. Steinberg)

Für den interessierten Leser sollen im folgenden Kapitel einige theoretische Hintergründe für die in Kapitel 9 dargestellten Komponenten der körperlichen Leistungsfähigkeit beim Tauchen kurz dargestellt werden. Mit diesen fachwissenschaftlichen Aspekten werden auch einige Übungen und Hinweise der folgenden Kapitel begründet.

10.1 Ein paar Fakten zum Muskelaufbau

10.1.1 Muskelaufbau

Jeder Muskel im Skelettsystem besteht aus einer mehr oder weniger großen Anzahl einzelner Muskelfasern. Dabei entscheidet in erster Instanz die Größe des Muskelquerschnitts als morphologische Größe über die maximale Kraft, die theoretisch von dem Muskel entwickelt werden kann.

Die Muskelfaser selbst stellt auch eine Faserstruktur dar. In ihren kleinsten Abschnitten bestehen diese Fasern (Myofibrillen) aus Schichten der Eiweiße Aktin und Myosin, die durch eine weitere Eiweißstruktur, das Titin, stabilisiert werden. Die kleinsten Funktionsabschnitte, die Sarkomere, bilden als Aktin-Myosin-Komplexe die Myofibrille. Im Ruhezustand ist ein Sarkomer etwa 2–2,5 µm lang, die Myofibrille kann bis zu 50 cm lang werden.

Aktin und Myosin können sich durch Konformationsänderungen ihrer Strukturen chemisch verbinden und gleiten unter Energieverbrauch ineinander (Verkürzung pro Sarkomer ca. 0,5 µm). Dies ist der Prozess, in dem chemische Energie vom Adenosin-Tri-Phosphat (ATP) in mechanische Arbeit umgesetzt wird. Damit ist auch klar, dass die Menge an Aktin und Myosin, die an diesem Vorgang beteiligt werden kann, entscheidend für die Kraft ist. Diese hängt von der Anzahl der parallel angeordneten Aktin-Myosin-Schichten, der Anzahl der Sarkomere und auch von der Ausgangslage des Sarkomers (Überlappungsbereich von Aktin und Myosin) ab. Da die Muskellänge anatomisch festgelegt ist, kann der Kraftzuwachs nur durch ein Querschnittswachstum, also den Aufbau weiterer Aktin-Myosin-Schichten, erfolgen. Nach erfolgter Kontraktion wird verbrauchtes ATP ersetzt. Dadurch wird die Kontraktion im Sarkomer gelöst. Dieser Zyklus Verbinden-Verkürzen-Lösen (»Greif-Loslass-Zyklus«) in der Summe aller Sarkomere einer Muskelzelle bzw. des gesamten Muskels stellt die Muskelkontraktion dar. Der entscheidende Steuerparameter, ob dieser Prozess in Gang gesetzt wird oder nicht, ist die Calcium-Ionen-Konzentration Ca^{2+} in der Muskelzelle, die über Nervensignale gesteuert wird. Die Rückführung in die Ruhelänge erfolgt durch eine von außen auf den Muskel wirkende Kraft (Schwerkraft, Antagonist). Der Muskel muss also regelrecht auseinandergezogen werden.

Die koordinierte Ansteuerung der Muskelzellen ist ein Ziel sowohl des Krafttrainings als auch des Koordinationstrainings. Begleitend zum Krafttraining muss gewährleistet sein, dass genügend Eiweiß aufgebaut werden kann.

10.1.2 Stoffwechselregulation

Eine entscheidende Rolle im Energiestoffwechsel spielen energiereiche Phosphate

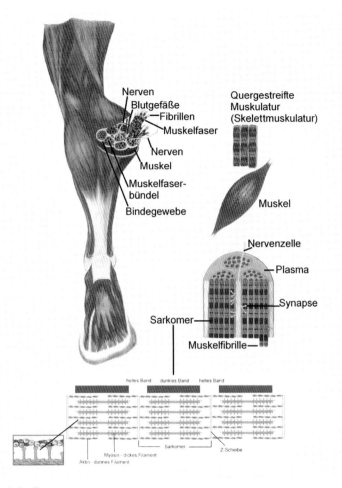

Abb. 31: Muskelaufbau.

(Adenosintriphosphat – ATP und Kreatinphosphat – KrP), die im Muskelgewebe eingelagert sind. ATP fungiert dabei als Energietransporteur, denn nur ATP kann die nötige Energie den kontraktilen Eiweißen Adenosin und Myosin der Muskelfilamente zur Verfügung stellen. Schon ein Absinken der ATP-Konzentration um etwa 30 % unter den Ruhewert zwingt zum Einstellen der Muskelkontraktion. Wenn der Wert weiter absinkt, weil ATP nicht mehr aus anderen Quellen aufgebaut wird, droht der Zelltod. Alle weiteren Stoffwechselprozesse dienen also zur ATP-Resynthese

(siehe Grafik 32). Diese Prozesse sind so effizient, dass unter normalen Bedingungen praktisch kein Absinken der ATP-Konzentration in der Muskelzelle nachzuweisen ist. ATP-Verbrauch und -Resynthese stehen also im Gleichgewicht.

KrP verhindert das Absinken des ATP-Spiegels und dient als eine Art Puffer. Dies gilt insbesondere nach der Erhöhung des ATP-Umsatzes bei Arbeitsbeginn oder bei Leistungserhöhung, aber auch immer dann, wenn die nachfolgend dargestellten Prozesse nicht ausreichen, eine ausreichende ATP-Synthese

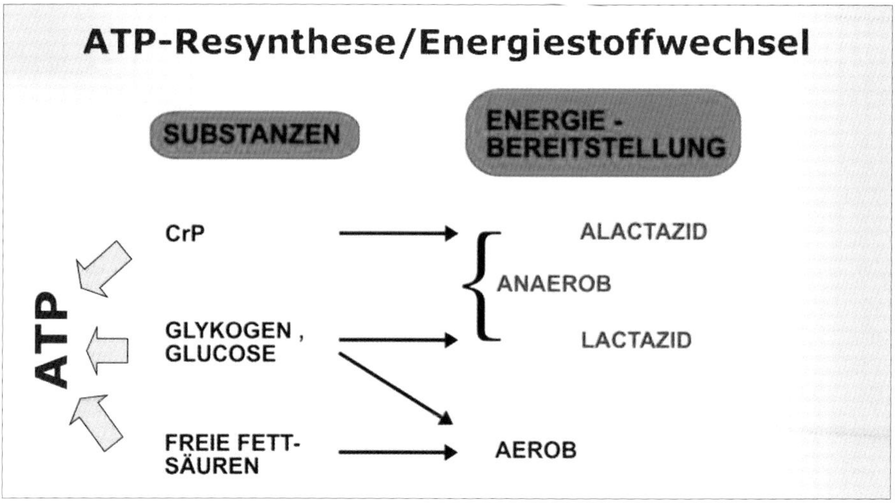

ATP-Resynthese/Energiestoffwechsel

Abb. 32: *Stoffwechselwege.*

sicherzustellen. Das Absinken der KrP-Konzentration wird als Ermüdung wahrgenommen. Ohne die anderen ATP-Resyntheseprozesse würde die Erschöpfung schon nach wenigen Sekunden einsetzen. KrP wird erst nach Absenkung der Leistung wieder aufgebaut und erreicht erst in Ruhe wieder das Ausgangsniveau.

Die entscheidenden Wege zur Energiebereitstellung basieren auf dem Abbau von Kohlenhydraten, in der Hauptsache Glukose, und Fettsäuren. Nur durch diese Nährstoffe wird Muskeltätigkeit über mehrere Sekunden oder gar Stunden möglich.

Dabei lassen sich grob drei verschiedene Wege unterscheiden:

1. Die Spaltung von Glukose (Zucker) bzw. Glykogen (tierische Stärke) zu Laktat (Milchsäure). Da hierbei kein Sauerstoff (O_2) verwendet wird, bezeichnet man diesen Weg als **anaerobe** Energiegewinnung;

2. Der Abbau von Glukose (Zucker) bzw. Glykogen (tierische Stärke) zu Kohlendioxid (CO_2) und Wasser unter Verwendung von O_2;

3. Der Abbau von Fetten bzw. Fettsäuren zu CO_2 und Wasser unter Verwendung von

O_2. Zusammen mit dem vorher genannten Prozess (2.) ist dies die **aerobe** Energiegewinnung.

Diese Stoffwechselprozesse laufen im Prinzip ständig in der Muskelzelle, aber in Ruhe auf kleinstem Niveau, denn auch in Ruhe benötigt der Muskel geringe Mengen an Energie. Die Fähigkeit, diese Prozesse zu aktivieren, bestimmt die Leistungsfähigkeit. Nur wenn die beiden aeroben Stoffwechselprozesse dominieren, kann die Leistung über längere Zeit erbracht werden.

Welcher Prozess für die Resynthese von ATP genutzt wird, hängt von einer Reihe von Faktoren ab:

- Leistungsintensität,
- Leistungsdauer,
- O_2- und Glukose-Transport zur Muskelzelle,
- Abtransport und Abgabe bzw. Abbau der Metaboliten (CO_2 und Laktat) und Wärme.

Die beiden letzten Faktoren machen deutlich, wie entscheidend das Herz-Kreislauf-System für die Stoffwechselprozesse im Muskel und damit für die Leistungsfähigkeit ist. Letztlich ist das schwächste Glied leistungslimitierend.

10.2 Transportprozesse

10.2.1 Transportkette für Sauerstoff (O_2)

Die Anteile der aeroben und der anaeroben Stoffwechselprozesse hängen erheblich von dem Transport von O_2 zur Muskulatur ab. In diesem Sinne ist der aerobe Stoffwechsel nur das Ende einer Kette von Kapazitäten der einzelnen physiologischen Komponenten, komplexen Regulationsprozessen und der Ansteuerung des Muskels:

- Die Menge an O_2, die zum Muskel transportiert wird, hängt zunächst von der maximal möglichen Durchblutung des Muskels ab. Dies wiederum wird durch die Dichte des Kapillarnetzes des beteiligten Muskels bestimmt.

- Die Transportkapazität des Blutes für O_2, aber auch dessen Fließeigenschaften beeinflussen den O_2-Transport.

- Die Leistungsfähigkeit des Herzens gemessen an der maximalen Kapazität, Blut zu fördern, und dem maximalen Herzzeitvolumen ist unmittelbar limitierend für den O_2-Transport. Das Herzzeitvolumen hängt wiederum von der Herzgröße ab, die durch Training beeinflusst werden kann, und von der maximalen Herzfrequenz, die hauptsächlich vom Alter und nur geringfügig von der Belastungsart abhängt.

- Das letzte Glied in diesem Sinne ist die Lunge, deren Größe zwar durch Ausdauertraining verändert werden kann, wohl aber noch mehr durch die Beweglichkeit der Gelenke im Brustkorbbereich limitiert wird.

Neben diesen morphologisch-anatomisch festgelegten Größen spielen die Regulationsprozesse der Atmung und des Herz-Kreislauf-Systems eine zentrale Rolle, die für einen optimalen O_2-Transport vom Mund zum Muskel gut aufeinander abgestimmt sein müssen. Am Ende beeinflusst dann die muskuläre Kontraktion die Muskeldurchblutung und damit den O_2-Transport. Keiner dieser Prozesse lässt sich isoliert voneinander trainieren, wohl aber lassen sich Schwerpunkte setzen.

10.2.2 Herzfrequenz als Maß der Belastungsintensität

Die physiologische Belastung ist in den meisten Fällen nicht einfach mit Leistungsparametern wie Lauf- oder Schwimmgeschwindigkeit gleichzusetzen. So steigt z. B. die Leistung beim Schwimmen mit der dritten Potenz der Schwimmgeschwindigkeit. Eine dosierte physiologische Belastung setzt daher die Kenntnis der physiologischen Parameter voraus.

Die Herzfrequenz ist ein solches Maß für die Steuerung der Belastungsintensität beim Ausdauertraining. Eigentlich ist dieser Parameter aber nur eine Hilfsgröße, denn entscheidend für das richtige Training ist der Muskelstoffwechsel und hier das Verhältnis von aerobem zu anaerobem Stoffwechsel (siehe Kap. 10.1.2 Stoffwechselregulation). Da dies nur mit größtem technischem Aufwand messbar ist und auch andere Größen wie z. B. die respiratorische Sauerstoffaufnahme komplizierte und teure Techniken erfordern, stellt die Herzfrequenz den einfachsten Parameter dar, um eine Abschätzung der Belastungsintensität zu ermöglichen. Genutzt wird die lineare Beziehung zwischen Sauerstoffaufnahme und Herzzeitvolumen. Das Herzzeitvolumen ist das Produkt aus Herzschlagvolumen und Herzfrequenz. Kurz nach Arbeitsbeginn verändert sich das Schlagvolumen bei typischen Ausdauerbelastungen kaum noch, sodass die Herzfrequenz ein Maß für das Herzzeitvolumen ist. Problematisch ist die Herzfrequenz allerdings, da auch andere physiologische Größen die Herzfrequenz erheblich beeinflussen und im Sinne der Leistungsabschätzung stören können:

Blutvolumen: Veränderungen im Blutvolumen verändern auch das Schlagvolumen und damit die Herzfrequenz bei gleichem Stoffwechsel.

Venöser Rückstrom: Der venöse Rückstrom zum Herzen bestimmt das Schlagvolumen. Dieser wird beeinflusst von der Größe der aktiven Muskelmasse durch die sogenannte Muskelpumpe, von der Körperlage, dem Immersionseffekt (Immersion: Eintauchen eines Körpers in Flüssigkeit) und der Atmung. Gerade die Atmung spielt beim Tauchen eine besondere Rolle. Veränderte Atemwiderstände und Druckverhältnisse in der Lunge, z. B. durch die Schnorchellänge, verändern den Rückstrom erheblich.

Tauchreflex: Mit dem Eintauchen ins Wasser findet nicht nur eine erhebliche Umverteilung aller Flüssigkeiten im Körper statt, sondern es werden auch andere Anpassungsmechanismen ausgelöst. Insbesondere findet eine Engstellung der Gefäße statt, um Sauerstoff zu sparen. Dieser Effekt wird durch Apnoe erheblich verstärkt. Es ist nicht hinreichend geklärt, in welchem Umfang diese Reaktion z. B. beim Schwimmen aufgehoben ist.

Blutdruck/arterieller Gefäßwiderstand: Die Herzfrequenz ist für den Körper eine entscheidende Steuergröße zur Regulation des Blutdruckes. Steigt z. B. der Blutdruck, wird durch Reduktion der Herzfrequenz dieser wieder in den Normbereich einreguliert. Die Ursachen für eine Blutdruckveränderung können vielfältig sein. Neben den oben aufgeführten Ursachen, der Änderung des Blutvolumens, des venösen Rückstroms, der Atmung und dem Tauchreflex, kann auch psychischer Stress den Blutdruck verändern. In diesem Sinne kann hier auch der Temperatureinfluss aufgeführt werden: Bei hohen Außentemperaturen wird während der Leistung die Haut besonders gut durchblutet, um Wärme abzugeben. Der allgemeine Gefäßwiderstand sinkt also, und der Blutdruck kann nur mit gesteigertem Herzzeitvolumen/ -frequenz gehalten werden. Umgekehrt wirken niedrige Temperaturen.

Für das Tauchen wird deutlich: Die Einflüsse auf die Herzfrequenz sind erheblich, und nicht immer muss die Herzfrequenz das Maß für den Stoffwechsel sein. Nun soll das kein Plädoyer gegen den Einsatz der Herzfrequenz als Maß der Belastungsintensität sein, sondern lediglich auf die Problematiken hinweisen.

Grundsätzlich ist daher bei Verwendung der Herzfrequenz auf Folgendes zu achten:

- Die Umgebungsbedingungen, insbesondere die Temperatur, sollten ähnlich zur Vergleichsmessung sein und sich während der Belastung nicht ändern.
- Die Körperlage sollte während der Belastung nicht geändert werden.
- Es sollte regelmäßig Flüssigkeit zugeführt werden.
- Es sollte auf eine regelmäßige Atmung geachtet werden. Pressatmung ist zu vermeiden!

10.3 Beweglichkeit

Die Beweglichkeit ist eine motorische Fähigkeit. Sie ist durch die Amplitude gekennzeichnet, die durch innere oder äußere Kräfte in der Endstellung des Gelenkes erreicht werden kann. Oft werden die Begriffe Flexibilität, Dehnfähigkeit, Gelenkigkeit oder Biegsamkeit synonym für den Begriff der Beweglichkeit verwendet. Die Dehnfähigkeit und Flexibilität bezieht sich aber auf die Dehnfähigkeit und Flexibilität von Muskeln, Sehnen, Bändern und Gelenkkapseln. Die Gelenkigkeit wiederum bezieht sich auf das durch die Gelenkstruktur vorgegebene Bewegungsausmaß. Das bedeutet, dass die Beweglichkeit sich aus zwei Komponenten zusammensetzt, nämlich der Dehnfähigkeit und der Gelenkigkeit.

Ausschlaggebend für eine gute Beweglichkeit (nach Grosser et al. 2008) sind:

- Das Zusammenwirken der elastischen Eigenschaften von Muskeln, Sehnen und Bändern.
- Die Erfordernis eines Mindestmaßes an Kraft, das erst Bewegungsspielraum in den Gelenken eröffnet.
- Eine gute intra- und intermuskuläre Koordination.

- Abgespeicherte und abrufbare Bewegungsprogramme.
- Die Funktionsfähigkeit der Gelenke.

10.3.1 Anatomische Grundlagen der Beweglichkeit

Bei einem normalen Muskel des Skeletts kann zwischen dem Muskelbauch, der die kontraktilen Elemente enthält, und den Sehnen (nicht kontraktile Elemente) unterschieden werden. Die Sehnen sind am passiven Bewegungsapparat (Knochen und Bindegewebsstrukturen) angeheftet und ermöglichen dadurch die Übertragung des bei der Kontraktion der Muskulatur hervorgerufenem Muskelzugs direkt oder indirekt auf die Skelettstrukturen. Die Muskulatur wird durch einzelne Muskelfasern zu immer größeren Baueinheiten zusammengefügt. Jede Baueinheit ist dabei mit einer elastischen Bindegewebshülle umgeben, wodurch eine freie Verschiebung der einzelnen Muskelfasern ermöglicht wird (zum Aufbau und zur näheren Arbeitsweise des Muskels siehe Kap. 10.1.1).

Das Verbindungsglied zwischen Skelett und Muskulatur stellt in der Regel die Sehne dar, welche aus zugfesten kollagenen Faserbündeln besteht.

10.3.2 Verhalten von Bindegewebe und Muskel bei Dehnung

Das Zusammenspiel von Muskel, Sehnen und Bindegewebe wird in der Literatur häufig als ein Dreikomponentensystem dargestellt. Dieses System besteht aus:

- der kontraktilen Komponente (Muskulatur),
- der parallelelastischen Komponente,
- der serienelastischen Komponente.

Der parallelelastische Teil verhindert durch Fasermembranen und Bindegewebsfascien, dass die kontraktilen Filamente in Ruhe bei einer Dehnung auseinandergezogen werden. Der serienelastische Teil besteht aus den Sehnen und den Hälsen der Myosinköpfe. Wird

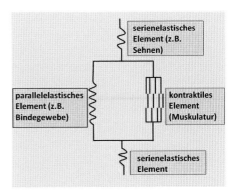

Abb. 33: *Eine mögliche Darstellung der Skelettmuskulatur als Dreikomponentensystem (aus Grosser et al. 1987, S 116).*

ein passiver Muskel gedehnt, erstreckt sich die Dehnung primär auf die parallelelastische Komponente. Bei der Dehnung eines aktiven Muskels werden sowohl serien- als auch parallelelastische Anteile beansprucht.

10.3.3 Was genau passiert bei der Dehnung?

Ein gewisser Dehnungsreiz über einen längeren Zeitraum bewirkt eine Längenanpassung der bindegewebsartigen Struktur wie z. B. der Sehne, welches auf den viskoelastischen Eigenschaften von bindegewebigem Material beruht. Diese Abnahme der elastischen Spannung (bei Dehnung) wird als längskonstante Relaxation bezeichnet. Ein weiterer Effekt, der sogenannte »creeping«-Effekt, bewirkt, dass die Länge der kollagenen Strukturen bei konstanter Spannung zunimmt.

Ein Muskel, der nicht kontrahiert ist, setzt einer Dehnung praktisch keinen Widerstand entgegen. Erst wenn der Muskel in einen Bereich der maximalen physiologischen Länge gelangt, treten Widerstandskräfte auf. Diese sind auf das bindegewebige Material der Muskulatur zurückzuführen und nicht auf die kontraktilen Elemente. Für die Entspannungsfähigkeit bzw. den Muskeltonus (Muskelspannung) spielen auch die Muskelspindeln eine weitere wichtige Rolle. Die Muskelspindeln sind Dehnungsrezeptoren, die parallel zu den Muskelfasern verlaufen. Sie spielen sowohl bei der Dehnfähigkeit als auch bei der zentralnervösen Steuerung der Muskulatur eine zentrale Rolle. Sie melden dem Zentralnervensystem dauernd die Spannung (bzw. die Muskellänge) der Muskulatur über Nervenfasern. Sie schützen gleichzeitig vor zu starker Dehnung und beeinflussen damit indirekt das Maß der muskulären Dehnfähigkeit.

Die Verbesserung der Elastizität des Muskels ist somit auf unterschiedliche Art und Weise zu erreichen. Durch ein regelmäßiges und dauerhaftes Dehnungstraining werden die biochemischen und mechanischen Eigenschaften des Muskels verändert. Aber auch durch das Aufwärmen wird die Dehnfähigkeit der elastischen Strukturen mit einer einhergehenden Temperaturerhöhung erweitert, womit dem Aufwärmen auch unter diesem Aspekt eine wichtige Bedeutung zukommt.

Generell ist die Dehnfähigkeit zudem auch vom Alter, Geschlecht, der psychischen Spannung, der Tageszeit und der muskulären Ermüdung abhängig.

10.3.4 Dehnmethoden

Der physiologische Hintergrund für die nachfolgend dargestellten Dehnmethoden sind auf neuromuskulärer Ebene die Reflexmechanismen. Das Ziel ist es, die Reflexmechanismen entweder möglichst zu unterdrücken oder bewusst dahingehend auszunutzen, dass die Muskulatur sich für die nachfolgende Dehnung in einem möglichst entspannten Zustand befindet.

Nach der Arbeitsweise der Muskulatur können grundsätzlich zwei verschiedene Methoden der Dehnung, das dynamische und das statische Dehnen, unterschieden werden (Abbildung 34). Dem dynamischen Dehnen werden die Bewegungsformen Schwingen, Wippen, Federn, dem statischen Dehnen das klassische Stretching zugeordnet. Die statischen

Dehnmethoden lassen sich nochmals nach den angewandten neuromuskulären Entspannungsmechanismen differenzieren: in das passiv statische Dehnen und das aktiv statische Dehnen. Bei den aktiven Dehntechniken bestimmt der Gegenspieler (Antagonist) des zu dehnenden Muskels die Dehnstellung. Je größer die Kraft des Antagonisten ist, desto stärker kann der Agonist gedehnt werden.

Bei den passiven Dehntechniken erfolgt die Dehnung mithilfe der Schwerkraft, eines Partners oder anderer, nicht antagonistischer Muskelgruppen. Beim klassischen Stretching wird eine bestimmte Dehnstellung eingenommen und diese dann 8 bis 20 Sekunden gehalten. Bei der zweiten Wiederholung sollte die Dehnstellung etwas erweitert werden, da der Muskel bereits dehnfähiger geworden ist. Die in Kapitel 14 dargestellten Dehnungsübungen konzentrieren sich auf das passive statische Dehnen. Diese Dehnmethode eignet sich insbesondere am Ende einer Trainingseinheit, um die Muskelspannung zu reduzieren und somit im allgemeinen Abwärmen optimal die beginnende Regenerationsphase vorzubereiten und zu beschleunigen.

Die Ausbildung der Beweglichkeit verursacht:

- Eine Reduktion der Verletzungsanfälligkeit der beanspruchten Muskulatur, Sehnen und Bänder.
- Die antagonistische Muskulatur bei Kraft-, Schnelligkeits- und Ausdauerleistungen wird nicht behindert, und es können längere Beschleunigungswege genutzt werden. Dies führt insgesamt zu einer ökonomischeren Bewegungsausführung.
- Muskuläre Dysbalancen, die durch einseitige Belastungen entstehen, können vermieden bzw. beseitigt werden.
- Die Wiederherstellung der körperlichen Leistungsfähigkeit nach intensivem Training, bei der ein erhöhter Muskeltonus vorliegt, kann durch die entspannenden Maßnahmen von Dehnungsmethoden beschleunigt werden.

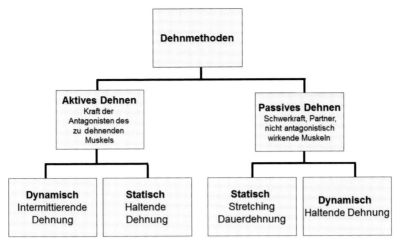

Abb. 34: *Die verschiedenen Dehnmethoden (modifiziert nach HOSTER, 1987).*

- Die elastischen Eigenschaften der Muskulatur werden erhöht.
- Koordinationsprozesse in der Muskulatur können verbessert werden.

10.4 Aspekte der Atmung

10.4.1 Atemantriebe

Viele physiologische Faktoren sind als Atemantriebe nachgewiesen. Die drei für den Tauchsport wichtigsten Antriebe sind die sogenannten rückgekoppelten Faktoren: die CO_2-, O_2-Beladung und Säuerung – also H^+-Ionenkonzentration ($[H^+]$) – des arteriellen Blutes (Abb. 35). Veränderungen dieser Faktoren führen zu Veränderungen in der Atmung, was anhand des Luftverbrauches pro Zeit (Ventilation) und der Atemfrequenz festgestellt werden kann. Damit sind diese Faktoren auch unmittelbar beteiligt an der möglichen Dauer der maximalen Atemanhaltezeit (maximale Apnoezeit).

Rückgekoppelt sind diese Faktoren deshalb, weil durch Veränderungen in der Ventilation eben diese Faktoren beeinflusst werden. So führt einerseits die stärkere Beladung des arteriellen Blutes mit CO_2, angegeben als CO_2-Partialdruck (pCO_2), zu einer Ventilationssteigerung. Andererseits führt eine Ventilationssteigerung zu einer verstärkten Abgabe von CO_2 und trägt damit zur Senkung des arteriellen pCO_2 bei. Da CO_2 in wässriger Lösung als Säure wirkt, führt die CO_2-Abgabe auch zu einer reduzierten H^+-Ionenkonzentration ($CO_2 + H_2O \leftrightarrow H_2CO_3 \leftrightarrow H^+ + HCO_3^-$). Da jedoch die H^+-Ionenkonzentration in engen Grenzen stabil gehalten werden muss, wird über die verminderte oder vermehrte Abgabe von CO_2, das reichlich im Körper gespeichert ist, die H^+-Ionenkonzentration reguliert.

H^+-Ionen gelangen im Wesentlichen auf zwei Wegen ins Blut: Bei der Aufnahme von CO_2, als Endprodukt des aeroben Stoffwechsels, entstehen H^+-Ionen in umgekehrter Richtung wie bei der CO_2-Abgabe (s. o.). Eine stärkere Belastung mit H^+-Ionen ist mit der Milchsäure verbunden, die als Endprodukt des anaeroben Stoffwechsels ins Blut gelangt und auf diesem Wege einen starken Atemantrieb auslöst.

Etwas komplizierter ist der Einfluss der arteriellen O_2-Beladung, gemessen als O_2-Partialdruck (pO_2), auf die Ventilation zu beschreiben. Ein Absinken des pO_2 bewirkt erst mit einer erheblichen zeitlichen Verzögerung eine

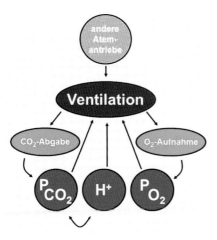

Abb. 35: *Die Atemantriebe und die Auswirkung der Ventilation auf die drei Hauptantriebe arterielle pCO₂, pO₂, und H⁺-Ionenkonzentration.*

Ventilationssteigerung. Dieser Schutzreflex setzt ein, wenn der O_2-Gehalt in der Atemluft, z. B. in der Höhe, nicht mehr den Werten auf Meereshöhe entspricht. Verglichen mit dem Atemantrieb durch Anstieg von pCO_2 und [H⁺] ist der O_2-Mangelantrieb schwach.

Während eine Ventilationssteigerung zu einer vermehrten CO_2-Abgabe führt, wird dabei nicht zwangsläufig der O_2-Gehalt im Körper gesteigert. Eine Ventilationssteigerung führt nur zu einer Mehraufnahme von O_2, wenn freie Transportkapazitäten für O_2 im Blut vorhanden sind. Unter normalen Bedingungen (Meereshöhe, Luftatmung) sind diese Kapazitäten beim Gesunden bereits zu über 95 % genutzt, sodass nur höchstens weitere 5 % gesättigt werden können (Abb. 36). Dies trifft auch in extremen Arbeitssituationen zu. Eine nicht durch O_2-Mangel ausgelöste Ventilationssteigerung führt also unter normalen Bedingungen nicht zu einer nennenswerten Mehraufnahme von O_2.

Durch bewusstes Atemanhalten werden diese Atemantriebe teilweise unterdrückt. Allerdings lassen sich Unterschiede hinsichtlich der Stärke der Antriebe nachweisen. So führen Steigerungen des pCO_2 und [H⁺] zu wesentlich stärkeren Antrieben als ein Absinken des pO_2. Der O_2-Mangelantrieb kann also für lange Zeit beherrscht werden. Hierin liegt das Problem einer Hyperventilation vor dem Apnoetauchen. Bei Hyperventilation wird

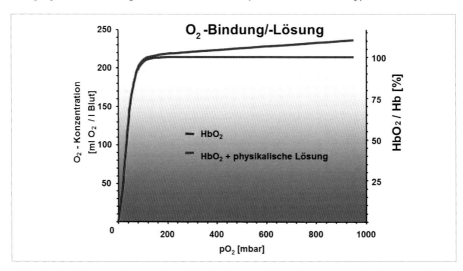

Abb. 36: *Beziehung zwischen pO₂ und O₂-Sättigung im Blut. Bei normalen Bedingungen beträgt pO₂ in der Lunge ca. 13 kPa, sodass bereits eine Sättigung von mehr als 95 % vorliegt. Dadurch kann durch Hyperventilation kaum eine wesentliche Steigerung der gelösten O₂-Menge erreicht werden.*

CO_2 in größeren Mengen abgegeben, aber O_2 nur in geringen Mengen zusätzlich im Körper gespeichert. Durch fortgesetztes Atemanhalten sinkt der O_2-Gehalt des Blutes und damit auch der pO_2 (Abb. 37). Fällt aber der pO_2 unter eine kritische Grenze von etwa 4 kPa, dann kann es zu einer plötzlichen Bewusstlosigkeit (Schwimmbad-Black-out) kommen. Der natürliche CO_2-Antrieb wurde durch die starke CO_2-Abgabe erheblich vermindert, und es kommt erst nach Einsetzen der Bewusstlosigkeit wieder zur Einatmung.

Aber nicht immer ist die Hyperventilation allein der auslösende Faktor. Durch Training und übertriebenen Ehrgeiz gelingt es, willentlich die Atemantriebe stärker zu beherrschen und damit auch das Black-out-Risiko zu erhöhen. Diese Tatsache muss ständig beim Apnoetraining beachtet werden. Durch geschickte Aufgabenstellung kann die Konkurrenzsituation in einer Gruppe gemindert werden und dadurch auch das Black-out-Risiko. Genaue Strecken- und Apnoezeitvorgaben reduzieren weiterhin das Risiko erheblich.

Bevor auf die Möglichkeiten eingegangen werden soll, mit abschätzbarem Risiko die Apnoezeit zu verlängern, sollten noch weitere Atemantriebe erwähnt werden. Bei physiologischen Belastungstests, etwa der Fahrradergometerarbeit, kann man nachweisen, dass die oben dargestellten CO_2-, O_2- und $[H^+]$-Atemantriebe nicht ausreichen, um die Ventilation bei körperlicher Arbeit zu erklären. Wahrscheinlich wird innerhalb des Gehirns bei jeglicher Muskelaktivität auch das Atemzentrum angeregt. Durch diesen Informationsfluss an das Atemzentrum, eine sogenannte Mitinnervation, werden zum einen schnelle Anpassungen der Atmung an neue Leistungen möglich, zum anderen wird so einem O_2-Mangel vorgebeugt. Daher kann man von der Regel ausgehen: Je mehr und je stärker die Muskeln angespannt sind, umso größer ist der Atemantrieb.

Neben verschiedenen Rezeptoren in Gelenken und Muskeln werden auch solche Fühler diskutiert, die Auskunft über die Spannung des Brustkorbes geben können. Dies wird deutlich, wenn man die Unterschiede in der Atemanhaltezeit betrachtet, die sich bei Apnoe nach extremer Einatmung bzw. Ausatmung gegenüber Apnoe nach normaler Einatmung ergeben. Kälte stellt ebenfalls einen nennenswerten Reiz für die Atmung dar. Dies lässt sich besonders anschaulich beim Freigewässertauchen beobachten.

Aber auch emotionale Einflüsse dürfen nicht vernachlässigt werden. Eine bewusste Kontrolle der Atmung etwa in psychischen Stresssituationen fällt in der Regel erheblich schwerer als unter ausgewogenen psychischen Bedingungen.

10.4.2 Praktische Aspekte der Atemkontrolle

Aus dieser kurzen Darstellung der physiologischen Atmungsregulation lassen sich folgende Verhaltensrichtlinien ableiten:

Stets auf die Verbesserung der Ausdauer hinwirken!
Eine gute aerobe Ausdauer ermöglicht das Arbeiten mittels aerober Energiebereitstellung. Dadurch bleibt die Milchsäureproduktion auf ein Minimum beschränkt, sodass kein extremer H^+-Atemantrieb entsteht. Praktisch ist dies dadurch zu steuern, dass langen extensiven Belastungen der Vorrang eingeräumt wird. Kurze intensive Belastung sollten in geringerem Umfang eingesetzt werden.

Bewusste Hyperventilation vor der Apnoe unterlassen!
Apnoezeiten sollten nicht durch Hyperventilation vorbereitet werden, weil damit immer die Gefahr eines Schwimmbad-Black-outs verbunden ist. Nach 3–4 tiefen Atemzügen sollte mit der Apnoe begonnen werden. Bei unerfahrenen Tauchern muss immer damit gerechnet werden, dass sie vor Übungen mit Apnoephasen

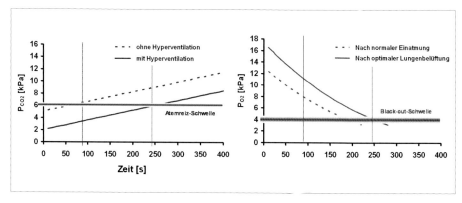

Abb. 37a und b: *Folge der Hyperventilation mit nachfolgendem Atemanhalten für pO₂ und pCO₂. Durch Hyperventilation wird die arterielle CO₂-Konzentration [CO₂] – und damit auch der arterielle pO₂ – gesenkt. Die Folge ist, dass statt des frühzeitigen Erreichens der Atemnotschwelle bei unvorbereitetem Atemanhalten (gestrichelte Linie im oberen Diagramm) nach der Hyperventilation die Atemnotschwelle erst später erreicht wird (durchgezogene Linie im oberen Diagramm). Da Hyperventilation keine bemerkenswerte Steigerung der Sauerstoffkonzentration [O₂] bewirkt, kann vor dem Erreichen der Atemnotschwelle die Black-out-Schwelle erreicht werden.*

unbewusst hyperventilieren und eine zusätzliche willentliche Hyperventilation das Risiko erhöht. Da bei längeren Apnoephasen nie ein Black-out ausgeschlossen werden kann, müssen alle Übungen als Partnerübungen oder Übungen in kleinen Gruppen geplant werden.

Unnötige Muskeltätigkeiten unterlassen!
Bei jeder Muskelkontraktion wird Energie verbraucht. Damit wird O_2 verbraucht und CO_2 produziert und/oder es entsteht Milchsäure. Da die gespeicherte O_2-Menge während der Apnoe nur begrenzt ist, sollte sie auch entsprechend nutzbringend eingesetzt werden. Alle drei genannten Prozesse haben zudem mittelbaren Einfluss auf den Atemantrieb. Hinzu kommt die o. a. Mitinnervation des Atemzentrums. Dies sind hervorragende Argumente, Muskeltätigkeiten auf die geforderte Aufgabe zu konzentrieren und unnötige Kontraktionen zu vermeiden. Dies erfordert eine besondere koordinative Schulung.

Statische Haltearbeit möglichst vermeiden!
Bei statischer Haltearbeit ist die Durchblutung der arbeitenden Muskulatur vermindert,

sodass der O_2-Antransport behindert oder gänzlich blockiert wird. Dies hat zur Folge, dass ein hoher Anteil anaerober Energiegewinnung genutzt werden muss, mit der mehrfach erwähnten Konsequenz der H^+-Ionen-Anreicherung des Blutes.

Vor und während der Apnoe entspannen!
Durch psychische und physische Entspannung werden die psychischen Einflüsse und die Mitinnervation als Atemantriebe vermindert werden. Zudem wird der Energie- und damit der O_2-Verbrauch gesenkt. Durch entsprechende Gestaltung der Übungsstunde kann eine Verlängerung der Apnoezeiten erreicht werden.

Allmählich die Bedingungen durch psychische Belastung verschärfen!
Alle Übungen, die Apnoephasen erfordern, können verschärft werden, indem der Übende zusätzlichen psychischen Belastungen ausgesetzt wird. Dies kann erreicht werden, indem scheinbar riskante Aufgaben gestellt werden, wie z. B. das Durchtauchen einer Röhre oder Tauchen mit verbundenen Augen.

11. Prinzipien, Planung und Gestaltung des Trainingsprozesses

(N. Holle, F Steinberg)

11.1 Sportliche Belastungs- komponenten

Um die sportliche Leistungsfähigkeit zu verbessern, werden entsprechende Belastungsreize benötigt. Erst durch eine gezielte Reizsetzung durch Training kann es infolge eines Anpassungsprozesses zu einer Verbesserung des körperlichen Funktionszustandes kommen. Diese wird im Trainingsprozess durch eine aufeinander aufbauende Folgekette erreicht:

Belastung – Störung des Gleichgewichts – Anpassung – erhöhter Funktionszustand

Um einen trainingswirksamen Reiz zu setzen, können unterschiedliche Methoden und Inhalte gewählt werden. Die Auswahl geeigneter Methoden hängt immer mit der Sportart und den darin zu erreichenden Zielen zusammen.

Zu Beginn eines Trainingsprozesses sollte man sich im Klaren sein, welches sportliche Ziel oder Ziele erreicht werden sollen, um dann

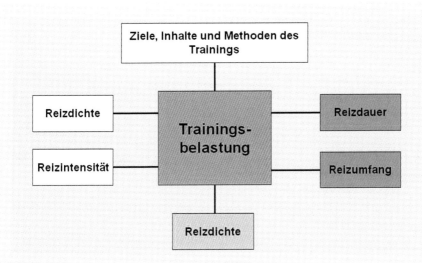

Reizintensität: beschreibt die Stärke des einzelnen Reizes

Reizdichte: beschreibt das zeitliche Verhältnis von Belastungs- und Erholungsphasen

Reizdauer: beschreibt die zeitliche Dauer eines Reizes oder einer Reizreihe

Reizumfang: beschreibt die Dauer und die Zahl der Reize pro Trainingseinheit

Reizhäufigkeit: beschreibt die Zahl der Trainingseinheiten pro Tag oder Woche

Abb. 38: Komponenten der Trainingsbelastung.

die geeigneten Methoden und Trainingsreize zu wählen.

Daher soll an dieser Stelle ein kurzer Überblick über die möglichen Trainingsreize gegeben werden, die sinnvoll kombiniert werden müssen, um gesetzte Trainingsziele zu erreichen (Abb. 38).

Hierbei ist zu beachten, dass die Wirkung eines gesetzten Trainingsreizes nicht allein von den im Training geleisteten quantitativen Aspekten (also der Reizdauer, Reizumfang und Reizhäufigkeit), sondern auch entscheidend von qualitativen Aspekten (Reizintensität und Reizdichte) abhängt. Insbesondere die Reizintensität ist ein entscheidender Aspekt bei der Effektivität eines Trainings. Sie wird in der Trainingspraxis normalerweise in Prozent der individuellen maximalen Leistungsfähigkeit angegeben. So könnte die maximale Leistungsfähigkeit z. B. durch die Herzfrequenz, die bei der Ausübung des Sports maximal erreicht werden kann, angegeben werden (mehr zu max. Herzfrequenz siehe Kapitel Ausdauer), oder sie kann durch die Bestzeit für eine bestimmte Strecke bestimmt werden. Unterschreitet sie zum Beispiel beim Training der allgemeinen Ausdauer 30 %, so ist kein Trainingseffekt bezüglich der maximalen Sauerstoffaufnahme zu erreichen. Die maximale Sauerstoffaufnahme gilt als Bruttokriterium der Ausdauerleistungsfähigkeit, sie entscheidet maßgeblich darüber, wie gut oder schlecht eine Ausdauerleistung erbracht werden kann. Auf das Training im Flossenschwimmen bezogen soll folgendes einfaches Beispiel diesen Zusammenhang verdeutlichen:

Nehmen wir an, ein untrainierter Taucher würde zu Beginn seines Training 2-mal wöchentlich (Reizhäufigkeit) in einer Trainingseinheit von einer Stunde (Reizumfang) für 1x 20 min in einer kontinuierlichen Geschwindigkeit Bahnen ziehen (Reizdauer). Er hatte zuvor festgestellt, dass er in einer 20-minütigen Einheit eine maximale Distanz von 1000 Metern (= 100 %)

beim Flossenschwimmen zurücklegen kann. Um zu Beginn seines Trainings einen wirkungsvollen Reiz zu setzen, muss er also in einer Trainingseinheit eine Distanz von mindestens 300 Metern in 20 min. zurücklegen, was einer Reizintensität von 30 %, im Verhältnis zur maximalen Leistungsfähigkeit, entspricht. Dieses Beispiel beschreibt allerdings nur das absolute Minimum, welches erforderlich ist, um überhaupt minimale Effekte hervorzurufen. Zur Veranschaulichung würde es, bezogen auf einen Läufer, in etwa bedeuten, dass er spazieren geht, anstatt zu laufen. Eine sinnvollere Reizintensität im Sinne eines deutlichen Leistungszuwachses wäre daher beispielsweise ein Training mit einer Reizintensität von 60 % (= 600 m in 20 min). Würde der Trainierende eine Distanz von nur 250 Metern abschwimmen, so würde dieser Reiz überhaupt keine Leistungsverbesserung bewirken. Die Reizhäufigkeit (also 2x Training die Woche à 1,5 Stunden) wäre zwar durchaus ausreichend, aber die Reizintensität zu schwach, um eine Trainingswirkung zu erzielen. Dieses Beispiel soll verdeutlichen, dass die Quantität des Trainings allein nicht ausreicht, um eine Trainingswirkung zu erzielen. Es muss die Reizintensität, also die Stärke eines Reizes, berücksichtigt werden. Diese muss je nach gesetztem Ziel entsprechend hoch angesetzt werden. Aber auch in anderer Hinsicht ist die Reizintensität von entscheidender Bedeutung, da sie maßgeblich entscheidet, welche motorische Hauptbeanspruchungsform (siehe Kap. 9) gerade trainiert wird. Möchte man beispielsweise die Ausdauerleistungsfähigkeit trainieren, so könnte durch den Einsatz einer zu hohen Reizintensität statt der Ausdauer die Schnelligkeit oder die Kraft trainiert werden. Daher ist für die Qualität eines Trainingsprozesses die angemessene Auswahl der entsprechenden Belastungskomponenten von ausschlaggebender Wichtigkeit.

11.2 Trainingsprinzipien

Methodische Prinzipien für die Planung, Steuerung und Gestaltung des sportlichen Trainings haben eine sehr hohe Relevanz auf die Wirksamkeit von Trainingsprozessen und sollen daher an dieser Stelle kurz beschrieben werden.

Unterschiedliche Gesetzmäßigkeiten biologischer, pädagogischer oder psychologischer Art wirken sich auf den Trainingsprozess aus. Daher ist die Kenntnis dieser Einflüsse mitentscheidend, um die Handlungsfähigkeit von Sportlern und insbesondere Trainern zu optimieren, und kann zu einer effektiveren Gestaltung des Trainings beitragen.

Die Angaben dem Training übergeordneter Prinzipien werden in der Literatur unterschiedlich kategorisiert und eingeteilt. An dieser Stelle sollen nur einige für den breitensportlichen Taucher wichtige Prinzipien vorgestellt werden.

11.2.1 Das Prinzip des trainingswirksamen Reizes

Dieses Prinzip beinhaltet die Notwendigkeit, dass ein Reiz immer eine bestimmte Schwelle überschreiten muss, um einen Anpassungseffekt zu erzielen. Dieses Prinzip passt zu dem oben genannten Beispiel, in dem der Sporttaucher in einer Trainingseinheit eine bestimmte Distanz zurücklegen muss, um einen Trainingseffekt zu erzielen. Unterschreitet er diese Distanz, so ist der absolvierte Reiz unterschwellig und es wird kein Trainingseffekt erzielt. Die notwendige Reizintensität ist, je nach Trainingszustand des Trainierenden, sehr unterschiedlich. Untrainierte können z. B. beim Krafttraining schon bei einer Reizintensität von 30 % (im Verhältnis zur Maximalkraft) einen Effekt erzielen, während hochgradig Trainierte erst bei einer Reizintensität von 70 % einen Effekt erzielen können.

11.2.2 Das Prinzip der individualisierten Belastung

Dieses Prinzip soll erklären, dass Trainingsreize individualisiert angepasst werden müssen. Ein bestimmter Reiz kann bei einem Sportler eine Unterforderung darstellen, während er für einen anderen Sportler eine Überforderung bedeutet. Dieses Prinzip muss gerade in einer stark heterogenen Übungsgruppe berücksichtigt werden, da sonst Gefahr droht, nur einen kleinen Teil der Gruppe trainingswirksam zu belasten. Zur Trainingssteuerung kann z. B. die Borg-Skala verwendet werden, um eine Annäherung an die individuelle Belastungsintensität zu erhalten. (Nähere Erläuterungen zur Borg-Skala auf S. 128.)

11.2.3 Das Prinzip der ansteigenden Belastung

Nach diesem Grundsatz müssen die Anforderungen an den Sportler bezüglich der koordinativen, sporttechnischen und konditionellen Komponenten gesteigert werden. Werden die Trainingsreize über einen längeren Zeitraum nicht gesteigert, so verliert der Reiz seine Wirkung. Gleich bleibende Belastungen erhalten somit nur die aktuelle Leistungsfähigkeit, können sie aber nicht erhöhen. Wird die Belastung nicht gesteigert, wird das Prinzip des trainingswirksamen Reizes missachtet. Es gibt generell zwei verschiedene Möglichkeiten, die Belastung zu steigern. Zum einen durch die Steigerung des Reizumfanges und zum anderen durch die Steigerung der Reizintensität. Der Reizumfang kann z. B. durch das Absolvieren einer größeren Strecke beim Flossenschwimmen, bei gleich bleibender Intensität, erhöht werden. Die Reizintensität kann z. B. durch eine schnellere Schwimmgeschwindigkeit, bei gleich bleibender Distanz, erreicht werden. Insbesondere im Nachwuchsbereich sollte die Belastungssteigerung erst durch eine Erhöhung des Reizumfanges und erst danach durch eine erhöhte Reizintensität erfolgen.

Die Borg-Skala (RPE-Skala) – Ein Instrument zur Trainingssteuerung

»Wie schätzen Sie die gerade erlebte Belastung ein?«

»Wie erschöpft fühlen Sie sich nach dieser Übung?«

Diese Fragen werden häufig von Trainern nach einer durchgeführten Übung oder Trainingseinheit gestellt. Die Antworten geben einen Hinweis darauf, ob die Belastung der Trainingseinheit angemessen gewählt wurde. Für die Zukunft bedeuten sie, je nach Antwort, eine Steigerung, eine Verringerung oder die Beibehaltung des gewählten Trainingsumfanges und/oder der Trainingsintensität. Eine angemessene Trainingssituation herrscht dann, wenn die Übenden nicht überfordert, aber auch nicht unterfordert sind. Jeder Übungsleiter und Trainer kennt die Situation, eine vom Leistungsstand heterogene Gruppe zu trainieren. Die Trainingsintensitäten so anzupassen, dass jeder optimal trainieren kann, ist nicht so schwer, wenn man ein individuelles Feedback seiner zu Trainierenden bekommt. Um dieses Feedback einheitlich und gut verständlich zu halten, wird in der Trainingspraxis die RPE-Skala verwendet. Die RPE-Skala (rating scale of perceived exertion), umgangssprachlich auch Borg-Skala genannt, ist ein probates Mittel in der Trainingspraxis, um die gerade erlebte subjektive Belastung einzuschätzen und in Kategorien einzuteilen. Die Skala, 1962 vom Schweden G. Borg entwickelt, ist unterteilt in Zahlen von 6 bis 20, denen leicht verständliche Worte zugeordnet sind.

Wichtig bei der Benutzung der Borg-Skala ist eine absolut ehrliche Einschätzung der Übenden über ihre persönliche Erschöpfung. Der Übungsleiter muss darauf achten, dass kein falscher Stolz die Aussage über den Grad der erlebten Belastung beeinträchtigt. Nur eine ehrliche Selbsteinschätzung kann helfen, die Belastung beim nächsten Mal adäquat anzupassen.

6	
7	Nicht anstrengend
8	
9	Sehr gering
10	
11	Recht gering
12	
13	Etwas anstrengend
14	
15	Anstrengend
16	
17	Sehr anstrengend
18	
19	Sehr sehr anstrengend
20	Maximale Anstrengung

Abb. 39: *Borg-(RPE-)Skala.*

Ist diese ehrliche Selbsteinschätzung gegeben, so kann mithilfe der Borg-Skala sogar die Herzfrequenz abgeschätzt werden, die der Übende während physischer Belastungen hatte. Die Borg-Skala weist eine hohe Korrelation zu verschiedenen Ausdauersportarten auf, wie z. B. Fahrradfahren, Laufen oder Walking (Borg and Nobel, 1971). Aber nicht nur bei dynamischen Sportarten, sondern auch bei anderen physischen Arbeiten mit unterschiedlich großen Muskelgruppen kann die Borg-Skala eine sehr genaue Aussage über die Herzfrequenz in der jeweiligen Belastung treffen (Gamberale, 1972). Die Werte der Borg-Skala sind so gewählt, dass sie ein Zehntel der Herzfrequenz der jeweiligen Belastung betragen (Borg-Wert x 10 = Herzfrequenz). Ist das Belastungsempfinden laut der Skala 15 (in Worten: anstrengend), so beträgt die Herzfrequenz während dieser Belastung wahrscheinlich ca. 150 Schläge pro Minute.

11.2.4 Das Prinzip der richtigen Belastungsfolge

Am Anfang einer Trainingseinheit sollten Übungen oder Spiele stehen, deren Effektivität einen erholten psychophysischen Zustand erfordert, wie z. B. das Training der Koordination, Schnelligkeit, Schnellkraft oder Maximalkraft. Es folgen Übungen oder Spielformen, deren Effektivität auf einer unvollständigen Pausengestaltung beruht, wie z. B. Spiele mit Schnelligkeits- und Kraftausdauerelementen. Am Ende einer Trainingseinheit sollten Spielformen oder Übungen stehen, die der Schulung der Ausdauer dienen.

11.2.5 Das Prinzip der optimalen Relation von Belastung und Erholung

Der Prozess der Entwicklung trainingsbedingter Anpassungsphänomene verläuft in Phasen. Man unterscheidet die Belastungsphase und die Erholungsphase inklusive der Superkompensation. Nach einer Belastung kommt es zu einer vorübergehenden Abnahme der sportlichen Leistungsfähigkeit und einem anschließenden Wiederanstieg über das Ausgangsniveau hinaus. Dieser Vorgang erhöhter Leistungsfähigkeit wird als Superkompensation bezeichnet. Erfolgen keine weiteren Trainingsreize mehr, dann wird allmählich das Ausgangsniveau wieder erreicht. Werden weitere Trainingsreize in optimaler Folge gesetzt, dann steigt die sportliche Leistungsfähigkeit kontinuierlich an. Werden die Trainingsreize in der Phase der unvollständigen Erholung gesetzt, dann ergibt sich der Effekt der summierten Wirksamkeit (z. B. beim Intervalltraining im Ausdauerbereich). Dieses kann zu einer höheren Superkompensation aber auch zum Übertraining führen, bei dem die Leistungsfähigkeit sinkt. Belastung und Erholung mit nachfolgender erhöhter Leistungsfähigkeit lassen sich nicht voneinander trennen und müssen berücksichtigt werden.

11.3 Trainingsplanung

Um den Trainingsprozess optimal zu gestalten ist es, neben der Berücksichtigung der Trainingsprinzipien, wichtig, auch den mittel- und langfristigen Trainingsprozess zu berücksichtigen. Erst durch eine strukturierte Planung unter Berücksichtigung der individuellen Belastbarkeit, der organisatorischen und zeitlichen Rahmenbedingungen können Ziele formuliert werden, die im Laufe einer Trainingsperiode erreicht werden sollen. Trainingspläne sollten eine verbindliche Richtlinie zur Steuerung des Trainings einer Trainingsgruppe innerhalb eines vorher festgelegten Zeitraums darstellen. Dabei gibt es eine Vielzahl an unterschiedlichen Trainingsplänen, die sich an den Bedürfnissen der Sportarten und der Gruppengröße orientieren. Aus diesem Grund wird in diesem Abschnitt der Gruppentrainingsplan besprochen, der für das Training im Tauchsport am ehesten geeignet erscheint. Der Gruppentrainingsplan richtet sich an Sportlergruppen mit gleicher Zielsetzung und annähernd gleichem Ausgangsniveau. Der Trainingsplan sollte beinhalten:

- Die Zielvorstellung für bestimmte Ereignisse oder Wettkämpfe.
- Die Zwischenziele, die nach Ablauf einer bestimmten Zeit erreicht werden sollten.
- Die Schwerpunktsetzung und die Festsetzung der geeigneten Intensitätsbereiche (z. B. Ausdauer oder Kraft).
- Die Trainingsmittel (methodische, inhaltliche und organisatorische Leitlinien).

11.3.1 Der Aufbau einer Trainingseinheit

Eine einzelne Trainingseinheit soll ein in sich geschlossenes System darstellen, innerhalb dessen durch geeignete Maßnahmen und Methoden die im langfristigen Trainingsplan formulierten Zielvorstellungen konkretisiert und Schritt für Schritt umgesetzt werden. In dieser einen Trainingseinheit können die physischen Belastungskomponenten, die sporttechnischen Fähigkeiten und Verhaltensweisen der Sportler sportartspezifisch herausgebildet werden.

Der vorbereitende Teil

Im vorbereitenden Teil einer Trainingseinheit sollte das Ziel sein, eine optimale Trainingsbereitschaft zu schaffen. Dazu gehören Lockerungs- und Dehnungsübungen, das Aufwärmen, Vorbelasten und die Einarbeitung in spezifische Bewegungsabläufe mit dem Ziel, eine optimale Reaktionsfähigkeit zu schaffen. Dabei kann man eine allgemeine und spezifische Vorbereitung unterscheiden. Im allgemeinen Teil sollten leichte Übungen zum Flossenschwimmen, Dehnübungen und leichte Spiele oder Spielformen integriert sein. Dabei ist zu beachten, dass überwiegend einfache, bereits gelernte und beherrschte Übungen ausgewählt werden. Außerdem kann hier auch schon eine leichte Steigerung der Belastungsintensität in der richtigen Reihenfolge erfolgen. Im speziellen Vorbereitungsteil können die Übungen schon spezieller werden und auf die im Hauptteil zu erwartende Belastungsart vorbereiten.

Der Hauptteil

Der Hauptteil sollte die längste Phase einer Trainingseinheit darstellen. Hier werden die Schwerpunkte der Trainingseinheit erarbeitet, die der Weiterentwicklung oder der Festigung der sportlichen Leistungsfähigkeit dienen. Die Einzelaufgaben sollen hauptsächlich der technischen oder konditionellen Schulung dienen. In dieser Phase ist es wichtig, die Trainingsprinzipien zu beachten, gerade dann, wenn sowohl die Kraft als auch die Ausdauerleistungsfähigkeit trainiert werden soll. Nach den Trainingsprinzipien würde z. B. das Training der Kraft vor dem Training der Ausdauer stehen.

Der abschließende Teil

Der abschließende Teil ist sicherlich der Teil, der häufig vernachlässigt wird, obwohl er für die nach dem Training stattfindenden

Erholungs- und Wiederherstellungsprozesse sehr wichtig ist. Der Ausklang einer Trainingseinheit soll nämlich genau diese Prozesse beschleunigen. Dazu gehört eine allmähliche Reduktion der Belastungsintensität, bei der das Herz-Kreislauf-System und der Stoffwechsel nicht abrupt, sondern schrittweise runtergefahren werden. In diesen Teil können auch Dehnübungen eingebaut werden.

Nachbereitung

In der Nachbereitung sollte sich der Trainer einige Fragen hinsichtlich des Trainingserfolges stellen, um den Aufbau, die Gestaltung und die Methoden des Trainings kritisch zu beurteilen und nachfolgend zu verbessern.

11.3.2 Planung der einzelnen Trainingseinheit

Aus dem gerade beschriebenen grundsätzlichen Aufbau einer Trainingseinheit ergibt sich, dass Anfang und Abschluss durch eine relativ geringe Belastungsintensität gekennzeichnet sind. Durchaus denkbar ist also in diesen Abschnitten die Verbindung mit solchen Trainingszielen, die keine hohe Belastungsintensität erfordern. Wenn im Hauptteil verschiedene Ziele erreicht werden sollen, dann sind solche, die hohe Intensitäten erfordern, zeitlich an den Anfang zu stellen, da hier von den Trainierenden meistens auch eine hohe Konzentration gefordert wird.

Die Intensität wird über die Dauer der Belastung bzw. die Strecke und die Pause zwischen den Belastungen bestimmt. Sollen hohe Intensitäten erreicht werden, so muss die Pause relativ lang ausfallen. So erfordert ein Training der Kurzzeitausdauer ein zeitliches Verhältnis zwischen Belastung und Pause von 1:1 bis 1:2, wogegen die Mittelzeitausdauer höchstens ein Verhältnis von 2:1 aufweisen sollte.

Bei der Zusammenstellung des Trainingsplans für eine Trainingseinheit sollten für jeden einzelnen Punkt drei Aspekte bearbeitet werden, bei denen der Übungsleiter und

Trainer die Besonderheiten der Zielgruppe, der Übungsstätte und den insgesamt verfügbaren Zeitrahmen beachten muss:

- **B**eanspruchung nach den in der folgenden Tabelle aufgeführten Punkten.
- **A**ufgabe bzw. Übung, die für die Zielgruppe ansprechend und im Trainingsgewässer sicher durchführbar ist.

- **S**trecke bzw. Dauer der Übung – Intervall – Pause, womit die konditionelle Beanspruchung im Sinne von Kraft, Schnelligkeit und Ausdauer festgelegt wird.

(Als kleine Gedächtnisstütze für diese drei Punkte kann die Buchstabenfolge »BAS« dienen.)

	T1/2	T3	Ausbilder	Rettungstaucher	Trainingsintensität
Kraft, untere Extremitäten	o	+	+	+	hoch
Kraft, Rumpf	o	+	+	+	hoch
Kraft, obere Extremitäten	o	+	+	+	hoch
Allgemeine Langzeitausdauer (> 30 min)	o	++	++	++	niedrig
Langzeitausdauer Flossenschwimmen	o	++	++	++	niedrig
Allgemeine Mittelzeitausdauer (4–30 min)	+	++	+++	+++	mittel
Mittelzeitausdauer Flossenschwimmen	+	++	+++	+++	mittel
Kurzzeitausdauer (< 4 min)	o	+	++	++	hoch
Schnelligkeit	-	o	+	+	hoch
Beweglichkeit/Flexibilität	-	o	o	o	
Koordination	-	-	o	o	variabel
Apnoefähigkeit in Bewegung	o	+	+++	+++	variabel
Apnoefähigkeit in Ruhe	o	+	+	+	niedrig
Bewegungstechnik Flossenschwimmen	o	+	++	++	variabel
Atmen durch Schnorchel oder Atemregler	+	++	+++	+++	variabel
Schnorchel oder Atemregler ausblasen	++	+++	+++	+++	variabel
Atmen unter Wasser ohne Maske	+++	+++	+++	+++	variabel
Maske ausblasen	+++	+++	+++	+++	variabel
Tarierung mit Atmung und Hilfsmitteln	++	+++	+++	+++	niedrig
Spezifische Bewegungsgeschicklichkeit	+	+++	+++	+++	niedrig

Tabelle: Bewertung der einzelnen allgemeinen konditionellen und spezifischen Fähigkeiten für die einzelnen Niveaus der Taucher (- unwichtig, o empfehlenswert, + wichtig, ++ sehr wichtig, +++ unbedingte Voraussetzung). T1 bis T3 entspricht dabei den Ausbildungsstufen für Sporttaucher (1: begleiteter Taucher, 2: selbstständiger Taucher, 3: Tauchgruppenleiter). Zusätzlich ist die Intensität der Belastung angegeben.

11.3.3 Organisationsformen

Die Organisation des Trainings bedarf immer dann besonderer Überlegung, wenn die Trainingsgruppe nur wenig Raum zur Verfügung hat oder wenn Sicherheitsaspekte beachtet werden müssen. Die aus dem Schwimmtraining bekannten Organisationsformen »Welle« oder »Laufendes Band« lassen sich selbstverständlich anwenden, können aber durch verschiedene Variationen erweitert werden, da beim taucherischen Training die Tiefe des Beckens genutzt werden und außerdem von der strikten Geradeaus-Richtung abgewichen werden kann. Damit ergeben sich schon beim Training ohne Geräte z. B. folgende Varianten:

- Gegenläufiges Band
- Vertikales laufendes Band
- 8er-Kurs horizontal
- 8er-Kurs vertikal
- Zickzackkurse

Welche Organisationsform gewählt wird, hängt zum einen davon ab, welche Belastungsform für die Trainingseinheit ausgewählt wurde. Ausführliche Hinweise zu Organisationsformen und deren Anwendungsmöglichkeiten finden sich auch in Kapitel 3.2.1. Zum anderen hängt sie von den räumlichen Voraussetzungen, der Größe der Gruppe und der Aufgabe ab. Ein wichtiger Aspekt ist, ob zwischen den Übungen Pausen gemacht werden sollen oder eine länger andauernde Belastung angestrebt wird.

Beispiel

An einem Beispiel soll demonstriert werden, wie diese theoretischen Vorüberlegungen in die Praxis umgesetzt werden können.

1. Schritt: Die Zielsetzung

- Die Trainingsgruppe des Clubs »Gesund Tauchen« besteht aus vier weiblichen und acht männlichen Tauchern im Alter zwischen 25 und 55 Jahren. Für die anstehende Trainingseinheit sollen die Apnoefähigkeit beim Streckentauchen und die aerobe Ausdauer trainiert werden. Alle Taucher kommen mit ABC-Ausrüstung zum Training.

2. Schritt: Die Trainingsstätte und der Zeitrahmen

- Der Gruppe stehen 2 Bahnen in einem 25-m-Becken für 60 min zur Verfügung (Tiefe zwischen 1,8 und 3,4 m). Verschiedene Geräte (Schwimmbretter, Tauchringe, DTGs) können genutzt werden.
- Zwei Gruppen schwimmen in gegenläufigen Kreisen.

3. Schritt: Festlegen des Plans nach dem BAS-Schema

- Siehe in den Trainingsplänen ab Seite 163.

12. Koordinationsschulung

(N. Holle, A. Wojatzki)

Durch häufige Wiederholung von Bewegungsabläufen, wie z. B. beim Ausdauertraining, werden regelrechte Bewegungsprogramme im Gehirn angelegt. Dadurch können diese Abläufe später mit immer weniger Aufmerksamkeit ausgeführt werden. Damit sich keine unökonomischen Abläufe einprägen, sollten die Bewegungsabläufe möglichst fehlerfrei gelernt werden und in regelmäßigen Abständen weiter optimiert werden. Dies gilt ganz besonders bei scheinbar einfachen Abläufen wie dem Flossenschwimmen.

Damit muss das erste Thema eines Trainings die Schulung des Flossenbeinschlags sein. Für einen richtigen Bewegungsablauf ist auch eine entsprechende Kraft der eingesetzten Muskulatur nötig. Womit auch das zweite Thema festgelegt ist, was schon sehr früh aufgenommen werden sollte. Diese beiden Themen, **Schulung des Bewegungsablaufes** und die **Kräftigung der beteiligten Muskulatur,** sollen daher am Anfang der praktischen Trainingshinweise stehen. Sie müssen dann begleitend im regelmäßigen Training berücksichtigt werden.

Weiterhin gehören zur effizienten Koordination der Bewegungsabläufe neben Bewegungsmustern und Kraft eine gute Selbstkontrolle und eine gute Orientierung im Raum. Ohne eine gefestigte Orientierung und eine gute Selbstkontrolle kann es sein, dass Bewegungsprogramme nicht umgesetzt werden können, da das Gehirn zu stark mit anderen Reizen belastet wird. Die Orientierung im dreidimensionalen Raum ist für den Menschen neu und muss erst erlernt werden, was mitunter einige Schwierigkeiten mit sich bringen kann.

12.1 Hinweise zum Technik-/ Koordinationstraining

Die im Anschluss vorgeschlagenen Übungsabfolgen verfolgen den Zweck, dass jeder einzelne Teilnehmer Bewegungserfahrungen macht. Dies kann unter Umständen auch bedeuten, dass eine Bewegungsform zunächst absichtlich falsch ausgeführt werden soll. So kann der Bewegungsfehler bewusster wahrgenommen werden. Danach muss dann unbedingt eine möglichst optimale Bewegung erfolgen, um so das richtige oder verbesserte Bewegungsmuster zu automatisieren. Anhand des unterschiedlichen Bewegungsgefühls ist es das Ziel, dass jeder Teilnehmer selbst bei sich feststellt, wie sich die »richtige« Bewegung anfühlt. Auf diesem Weg ist eine Selbstkontrolle auch nach der Trainingseinheit möglich.

Vielleicht ist aber auch jemand in Ihrem Trainingskreis, der Videoaufnahmen machen kann, sodass Sie oder Ihr Tauchausbilder die Bewegungsabläufe anhand der Aufnahmen analysieren und korrigieren können.

Eine weitere Trainingsform, die den Leistungsstand sehr schön widerspiegelt, ist der fit2dive-Test, da hier unter Stress und Belastung Gelerntes angewendet werden muss (siehe Kap. 8).

12.2 Hinweise zur Trainingsgestaltung

Die Einbettung des Technik- und Koordinationstrainings in den Ablauf ist zu Beginn der

Übungsstunde, nach dem Aufwärmen am effektivsten. Hier sind die Muskeln noch zu maximaler Leistung fähig, und die Konzentration ist am höchsten.

Charakteristisch für ein Techniktraining sind verhältnismäßig kurze Aktivzeiten mit präzise ausgeführten Bewegungsabläufen. Die Pausen ermöglichen eine Konzentration auf die neuen Bewegungen. Ideal wäre, dass die Bewegungen erst häufig wiederholt werden, wenn sie korrekt gelernt wurden. Typisch ist, dass schon vorhandene Fehler im Bewegungsablauf sich wieder einschleichen, wenn die Ermüdung einsetzt oder die Konzentration durch andere Handlungen abgelenkt wird.

Der größte zu erwartende Lerneffekt entsteht durch die Wiederholung der Übungen. So kann die eigene Technik und Koordination immer wieder mit der optimalen bzw. falschen Bewegungsausführung abgeglichen werden. Einzelne Übungen, die die Koordination besonders fordern, lassen sich leicht in den Trainingsalltag einbauen.

Für die Gestaltung des Trainings, insbesondere die Übungsauswahl, gilt der Grundsatz: Fordern, aber nicht überfordern!

Nach einer angemessenen Aufwärmphase und mit einem entsprechenden Stundenausklang kann der Hauptteil einer Stunde zur Koordination, wie auf dem Trainingsplan auf der nächsten Seite angegeben, aussehen.

12.3 Übungsvorschläge zum Training der Selbstkontrolle und räumlichen Orientierung unter Wasser

Genauso wichtig für einen effizienten und sicheren Aufenthalt unter Wasser wie eine ökonomische Fortbewegungsart ist eine gute Selbstkontrolle und eine gute Orientierung im Raum. Im Gegensatz zu den in Kap. 4 aufgeführten Übungen ist für diese Übungen charakteristisch, dass der Übende während der Apnoe durch eine entsprechende Aufgabenstellung unter psychischen Druck gesetzt werden soll. Dies soll durch verschiedene Maßnahmen erreicht werden: scheinbar gefährliche Aufgaben, wie das Durchtauchen einer Röhre, das Tauchen ohne Sicht, oder Aufgaben mit erhöhten Konzentrationsanforderungen. Hierbei kann auch die räumliche Orientierung verbessert werden, die durch die nahezu unbeschränkten Bewegungsmöglichkeiten in allen drei Dimensionen des Raumes wesentlich schwieriger ist, als bei der Fortbewegung an Land.

0   1   *Name:* **Röhren durchtauchen**

Charakteristik: PÜ

Gerätebedarf: Röhren, z. B. aus aufgeschnittenen Kunststofftonnen oder aus einem Stoffschlauch mit Bodenverankerung

Flächenbedarf: Schwimmbahn

Beschreibung: Die Röhre wird in der Mitte der Tauchbahn platziert und soll durchtaucht werden. Die Röhre ist durch mindestens einen erfahrenen Taucher abzusichern. Die Gruppe muss einen entsprechenden Leistungsstand aufweisen.

Variation: Kombination mit Bewegungsaufgaben wie Rollen, Schrauben unter Wasser vor oder nach dem Durchtauchen des Hindernisses.

Besondere Hinweise: Es muss unbedingt für eine ausreichende Absicherung am Hindernis gesorgt werden.

Abb. 01: *Kunststoffröhren, die durchtaucht werden sollen, sind eine Aufgabe mit hohem Anforderungscharakter an den Übenden, aber auch an den Sichernden.*

0   2   *Name:* **Bälle aufsteigen lassen**   *Charakteristik:* PW

Gerätebedarf: Tischtennisbälle, schwimmen-   *Flächenbedarf:* Schwimmbahn
der Gymnastikreifen   *Tiefe:* 3 m

Beschreibung: Vom Beckenboden aus soll versucht werden, möglichst viele Tischtennisbälle so aufsteigen zu lassen, dass sie innerhalb des Gymnastikreifens die WO erreichen.

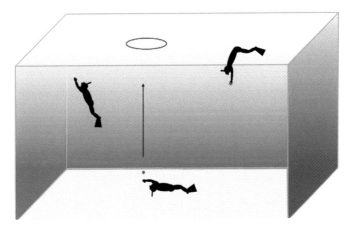

Abb. 02: *Während der Taucher einen Gymnastikreifen, der sich an der WO befindet, untertaucht, soll er versuchen, einen kleinen Ball so auftreiben zu lassen, dass dieser innerhalb des Gymnastikreifens die Wasseroberfläche erreicht (Ansicht von der Seite).*

0 3 *Name:* **Tauchen mit**　　　　　　　*Charakteristik:* PÜ
　　　　　　　verbundenen Augen

Gerätebedarf: 1 Augenbinde pro Paar　　　*Flächenbedarf:* Lehrbecken

Beschreibung: Ein Partner führt einen »blinden« Partner durch die Unterwasserwelt. Beide Tauchpartner müssen vorher vereinbaren, wie sie sich trotz der Sichtbehinderung verständigen (Händedruck).

Besondere Hinweise: Eine Kombination dieser Übung mit einem UW-Parcours stellt eine besondere Herausforderung dar.

0 4 *Name:* **Partner nachahmen**　　　*Charakteristik:* PÜ

Gerätebedarf:　　　　　　　　　　　*Flächenbedarf:* Lehrbecken

Beschreibung: Ein Taucher soll im Becken einen freien Kurs tauchen und dabei Drehungen um die Körperlängs- und -querachse (Rollen, Schrauben) durchführen. Dabei soll das gesamte Becken genutzt werden. Der Partner soll den führenden Taucher verfolgen und dabei versuchen, alle Bewegungen nachzuahmen. Nach entsprechender Zeitvorgabe sollen die Rollen vertauscht werden.

Besondere Hinweise: Hindernisse aus einem Tauchparcours können ebenfalls genutzt werden.

0 5 *Name:* **Ball balancieren**　　　　*Charakteristik:* GS

Gerätebedarf: Tischtennisbälle, Löffel　　*Flächenbedarf:* Lehrbecken

Beschreibung: Ein Ball soll mit einem umgedrehten Löffel unter Wasser transportiert werden. Diese Übung kann als Staffel durchgeführt werden.

Abb. 05: *Der Transport eines Balles, der unter einem Löffel transportiert werden soll, erfordert Geschicklichkeit und Konzentration während der Apnoe.*

0 6 *Name:* **Looping und Schrauben**　　*Charakteristik:* PÜ

Gerätebedarf:　　　　　　　　　*Flächenbedarf:* Schwimmbahn, *Tiefe:* 2 m

Beschreibung: Während ein Partner an der Wasseroberfläche sichert, soll der zweite vom Beckenboden aus einen Looping tauchen und mit Drehungen um die Körperlängsachse zum Startpunkt am Beckenboden zurückkehren. Wenn möglich soll diese Übungskombination mehrfach wiederholt werden, ohne aufzutauchen.

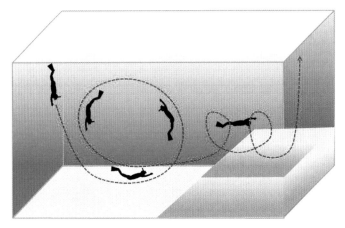

Abb. 06: *Loopings und Drehungen um die Körperlängsachse schulen die Koordination und die Orientierung im Raum.*

0 7 *Name:* **Kleine Spiele** *Charakteristik:* PW

Gerätebedarf: div. Brettspiele *Flächenbedarf:* Lehrbecken

Beschreibung: Zwei Partner spielen uW kurze Spiele z. B. Drei gewinnt, SchnickSchnack-Schnuck. Beide Partner sollen gemeinsam ab- und wieder auftauchen.

Besondere Hinweise: Zur Absicherung sollte hier ein Paar ein anderes beobachten.

0 8 *Name:* **Sandwich-Tauchen** *Charakteristik:* PÜ

Gerätebedarf: *Flächenbedarf:* Schwimmbahn

Beschreibung: Zwei Partner tauchen gemeinsam ab und sollen eine vorgegebene Strecke durchtauchen. Dabei sollen die Partner übereinander, der eine in Bauch- und der andere in Rückenlage tauchen.

Abb. 07: *Gute Abstimmung untereinander ist gefordert, wenn zwei Taucher in dieser Form tauchen sollen.*

13. Krafttraining

(N. Holle, F. Steinberg)

In manchen Fällen ist es nötig, begleitend zum Techniktraining ein gezieltes Krafttraining durchzuführen, um schwächere, am Flossenbeinschlag beteiligte Muskelgruppen zu stärken. Auch zur Steigerung der allgemeinen Leistungsfähigkeit ist ein solches Training durchaus sinnvoll. Allerdings ist bei der Zielsetzung zu beachten, dass Krafttraining u. U. das Ausdauertraining stören kann. Richtiges Krafttraining führt zu einer Verdickung der Muskelstrukturen (siehe Kap. 10 »Ein paar Fakten zum Muskelaufbau«), wodurch die Versorgung der Muskulatur mit Sauerstoff verschlechtert werden kann. Daher ist es immer sinnvoll, das Krafttraining vor der oder begleitend zur Phase des Ausdauertrainings durchzuführen.

Der Taucher soll im Rahmen des hier dargestellten Trainingszieles nicht zum Muskelprotz werden, vielmehr steht die Funktionalität der Muskelmasse und des Bewegungsapparates für ausdauernde Belastungen beim Tauchen im Vordergrund. Ein solches Training kann in vielfältiger Weise durchgeführt werden. Um die Muskulatur funktionell zu stärken, ist es nicht notwendig, stundenlang im Fitnessstudio zu trainieren, um möglichst schwere Gewichte stemmen zu können. Um eine für den Alltag und für die sportliche Belastung des Tauchens angemessene Muskulatur zu entwickeln, ist es ausreichend, Übungen mit dem eigenen Körpergewicht im oder außerhalb des Wassers durchzuführen. Daher werden in den folgenden Abschnitten Möglichkeiten aufgezeigt, eine funktionelle Muskulatur durch Training im und außerhalb des Wassers zu entwickeln.

Neben dem Krafttraining für das Flossenschwimmen sollte auch die allgemeine Kräftigung der Rumpfmuskulatur betrieben werden. Mit der Vor- und Nachbereitung eines Tauchganges kommt es immer zu Situationen, bei denen schwere Ausrüstungsteile oder die gesamte Ausrüstung außerhalb des Wassers bewegt werden muss. Selbst auf Tauchbasen mit größtem Komfort sind derartige Situationen kaum zu vermeiden. Ein kräftiges Muskelkorsett der Wirbelsäule, aber auch der Gelenke der oberen und unteren Extremitäten beugt Gelenkschäden vor.

In der Regel wird neben dem Krafttraining eine eiweißreiche Ernährung empfohlen. In Maßen ist dies sicher sinnvoll. Allerdings liegt der Bedarf selbst bei Spitzenathleten bei höchstens 2 Gramm Eiweiß pro Tag und Kilogramm Körpergewicht. Alles darüber hinaus kann der Körper nicht für einen Muskelaufbau verwerten. Diese Eiweißmenge ist oft schon in der normalen Ernährung enthalten. Sogenannte Nahrungsergänzungsprodukte sind daher nicht ratsam.

Der Erfolg eines Krafttrainings hängt auch vom Geschlecht ab. Männer haben aufgrund ihrer Hormonproduktion günstigere Voraussetzungen als Frauen und kommen schneller zum Trainingserfolg. Dennoch ist gerade Frauen das Krafttraining zu empfehlen, um den im Zuge des Alterungsprozesses größer werdenden natürlichen Muskelabbau entgegenzuarbeiten. Darüber hinaus wird auch dem Knochenabbau (Osteoporose) entgegengewirkt, unter der besonders ältere Frauen leiden.

13.1 Gestaltung des spezifischen Krafttrainings

Aus dem Bewegungsablauf des Flossenbeinschlags lässt sich ableiten, welche Muskelgruppen besonders beansprucht werden: die Muskelgruppen, die bei der Abwärtsbewegung die Streckung des Knies und die Hüftbeugung bewirken, und die, die bei der Rückholbewegung die Hüftstreckung herbeiführen.

Auch die in Kapitel 15 gemachten Übungsvorschläge zum Ausdauertraining können z. T. zum Training der Kraft verwendet werden. Dazu müssen allerdings dann die Widerstände und Intensitäten der Übungen erhöht werden, um einen Trainingseffekt im Sinne einer Kraftsteigerung zu erreichen.

Das folgende Kapitel soll zum einen exemplarisch aufzeigen, wie ein Krafttraining außerhalb des Wassers, z. B. zu Hause, durch geeignete Übungen durchgeführt werden kann. Zum anderen werden Übungen aufgezeigt, wie die wichtigsten Muskelgruppen auch im Wasser beim normalen Tauchsporttraining trainiert werden können.

Die auf den nächsten Seiten vorgestellten Übungen A bis E stellen eine mögliche Grundgestaltung dar. Die gesamte Dauer für die Durchführung der fünf Übungen liegt bei etwa 15 min. Eine optimierte Abfolge ist durch die gezielte Abwechslung der trainierten Muskelgruppen erreichbar. Denkbar ist eine Abfolge A-C-D-E-B der nachfolgend vorgestellten Übungen mit ca. 90 s Pause nach der Übung. Die Einführung der genannten Variationen bringt Abwechslung in das Training. Dieses Krafttraining muss nicht während der kostbaren Hallenzeit durchgeführt werden.

13.2 Übungen zum Krafttraining

A. Rumpf- + Oberschenkelmuskulatur

Übung: Unterarmstand vorlinks – statisch

Wichtige Merkmale:

❶ Keine oder geringe Hüftbeugung, kein Hohlkreuz

❷ Halswirbelsäule gestreckt (Blick zum Boden)

❸ Unterarme liegen entspannt auf dem Untergrund, die Ellenbogen sind ca. 90° gebeugt

Dauer: 3× langsam bis 20 zählen, dazwischen ablegen und ca. 20–30 s Pause

Variation:

■ Diagonal 1 Arm + 1 Bein strecken, langsam bis 10 zählen, dann Wechsel

■ Leichtere Form: Die Beine sind nicht gestreckt, sondern abgewinkelt (Kniestand)

■ Dynamisch: Jeweils ein Bein von oben abheben mit 15 langsamen Wiederholungen, ohne Zählen der Dauer (auch in der leichteren Form möglich)

Abb. 41: *Übung zur Kräftigung der Rumpf- und Oberschenkelmuskulatur.*

Abb. 40: *Die beanspruchten Muskelgruppen beim Kraulbeinschlag beim Abwärtskick (oben) und bei der Ausholbewegung (unten). Die grün eingefärbte Muskulatur ist die aktiv arbeitende, die rote der jeweilige Gegenspieler.*

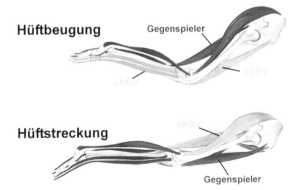

Hüftbeugung Gegenspieler

aktiv

Hüftstreckung

Gegenspieler

B. Rumpfmuskulatur – seitliche Oberschenkelmuskulatur

Übung: Unterarmstand seitlinks – statisch
Wichtige Merkmale:

❶ Keine oder geringe Hüftbeugung

❷ HWS gestreckt

❸ Unterarme liegen entspannt auf dem Untergrund, die Schulter befindet sich über dem Ellenbogen

❹ Die Sprunggelenke bleiben gerade

❺ Der obere Arm liegt locker auf der Hüfte

Dauer: 3× langsam bis 20 zählen, dazwischen ablegen und ca. 20–30 s Pause

Variation:

■ Das obere Bein wird in einem Winkel von ca. 60° nach oben abgespreizt

Abb. 42: *Übung zur Kräftigung der Rumpf- und seitlichen Oberschenkelmuskulatur.*

C. Rücken

Übung: Bauchlage, die Arme und Beine sind nach vorn bzw. hinten gestreckt. Der Oberkörper, die Arme und Beine werde ca. 5 cm vom Boden abgehoben

Wichtige Merkmale:

❶ Kein Hohlkreuz

❷ Blickrichtung zum Boden, gestreckte HWS

Dauer: 3× langsam bis 20 zählen, dazwischen ablegen und ca. 20–30 s Pause

Variation:

■ Die Armhaltung wird verbreitert, die Ellenbogen werden bis ca. 90° gebeugt

■ Die Veränderung der Position erfolgt langsam und kontrolliert

■ Dynamisch: Jeweils 1 Arm und 1 Bein werden diagonal angehoben, jede Seite 15× dann 20–30 s Pause

Abb. 43: *Übung zur Kräftigung der Rückenmuskulatur sowie zur Kräftigung der Rumpf- und seitlichen Oberschenkelmuskulatur.*

D. Hüftbeuger bzw. -strecker, Rumpfmuskulatur

Übung: Schulterstand rücklinks
Wichtige Merkmale:

❶ Die Knie sind ca. 90° gebeugt

❷ Keine oder geringe Hüftbeugung

❸ Die Fußspitzen werden angezogen

Dauer: 3× langsam bis 20 zählen, dazwischen ablegen und ca. 20–30 s Pause

Variation:

■ Jeweils ein Bein wird gestreckt, die Oberschenkel bleiben parallel, bis ca. 10 zählen, dann Wechsel

Abb. 44: *Übung zur Kräftigung der Hüftbeuger, -strecker und Rumpfmuskulatur.*

■ Dynamisch: Die Hüfte wird gebeugt und wieder gestreckt (Bild), 15× dann ca. 20 s Pause

■ Dynamisch: Die Hüfte wird mit einem gestreckten Bein gebeugt und gestreckt, 10× pro Bein, dann ca. 20 s Pause

E. Bauchmuskulatur

Übung: Crunch
Wichtige Merkmale:

❶ Die Hüfte ist ca. 80–90° gebeugt

❷ Die Handflächen liegen auf den Knien auf. Handflächen und Knie werden gegeneinandergedrückt.

❸ Die HWS ist gestreckt oder leicht gebeugt, ohne dass das Kinn die Brust berührt

Dauer: 3× langsam bis 20 zählen, dazwischen ablegen und ca. 20–30 s Pause

Variation:

- Statisch: Die Arme zeigen links bzw. rechts am Knie vorbei und ziehen auch dorthin
- Dynamisch: Die Beine werden alternierend angezogen und gestreckt, die Schultern rotieren zum diagonalen Knie, ca. 20–30 s, dann doppelt so lange Pause

Abb. 45: Übung zur Kräftigung der Bauchmuskulatur.

F. dynamische Ganzkörperübung

- Auf dem Rücken liegend ist das diagonale Arm-Bein-Paar gestreckt
- Alternierend wird das gestreckte Bein angewinkelt und der über den Kopf gestreckte Arm gestreckt am Körper vorbei zur Hüfte geführt
- Zu Beginn die Bewegung langsam ausführen, mit zunehmender Sicherheit auch die Geschwindigkeit erhöhen

Dauer: Zu Beginn drei Sätze à 15 s, jeweils 30 s Pause; später längere Sätze mit doppelter Pausenzeit

Abb. 46: Beispiel einer dynamischen Ganzkörperübung.

13.3 Funktionelles Körpertraining für Taucher im Wasser

Es gibt eine ganze Reihe an Übungsformen zur Kräftigung der Muskulatur, die sich dazu eignen, auch im Wasser während der wöchentlichen Trainingszeiten durchgeführt zu werden. Auch wenn dabei Zeit für das übliche Tauchtraining verloren geht, sollte darüber nachgedacht werden, Übungen zur Muskelkräftigung in das Tauchsporttraining zu integrieren. Auch Tauchsportler und andere Sportler, in deren Training es nicht primär um die Ausbildung der Kraft geht, sollten sich den gesundheitlichen Vorteilen eines gut entwickelten Skelettmuskelsystems bewusst werden. Dies gilt insbesondere dann, wenn ein Taucher kein eigenständiges Krafttraining betreibt und das einzige körperliche Training aus dem wöchentlichen Tauchsporttraining besteht. In diesem Fall ist es umso wichtiger, auch die Ausbildung der Kraft in das wöchentliche Training zu integrieren. Denn auch im Wasser ist es möglich, in Form eines funktionellen Körpertrainings die für das Tauchen wichtigen Muskelgruppen angemessen zu trainieren. Zudem trägt das Körpertraining zu einer allgemeinen Haltungsschulung bei, welche sich positiv auf das Bewegungsverhalten im Alltag auswirken kann.

Gerade das Medium Wasser eignet sich für Übungen zur Kräftigung der Muskulatur, da die größere Dichte des Wassers für einen höheren Widerstand als an Land sorgt und deshalb verstärkte Muskelarbeit bei bestimmten Bewegungen erfordert. Der gesundheitliche Wert von funktionellem Körpertraining im Wasser ist auch deshalb so groß, weil die auf den Körper wirkende Gewichtskraft reduziert ist und dadurch ein schwerelosigkeitsähnlicher Zustand erreicht werden kann, wodurch Wirbelsäule, Gelenke, Bänder und Sehnen entlastet werden. Besonders in der Rehabilitation werden die Vorzüge der Bewegung im Wasser eingesetzt.

Ein funktionelles Körpertraining im Wasser macht den Stütz- und Bewegungsapparat leistungsfähiger, vermindert das Verletzungs- und Verschleißrisiko im Alltag und im Sport, stabilisiert den anfälligen Gelenkknorpel und den Rumpf und schützt die Gelenke und die Wirbelsäule durch eine verstärkte Muskulatur.

Auch die durch das Training im Wasser vergrößerte Muskelmasse erhöht den Grundumsatz des menschlichen Stoffwechsels und fördert damit die zusätzliche Verbrennung von Fetten und Kohlenhydraten als Energiequelle. Muskeln, die zur Abschwächung neigen (z. B. Rückenstrecker, Bauchmuskulatur, Gesäßmuskel und Beinstrecker), können durch ein entsprechendes funktionelles Körpertraining im Wasser ausgezeichnet gekräftigt werden, und die Übungen können auf die Belastungen beim Flossenschwimmen und im Zusammenhang mit der Vor- und Nachbereitung von Tauchgängen optimal vorbereiten.

13.4 Trainingsgestaltung zur Muskelkräftigung im Wasser

Die hier dargestellten Übungen können beliebig miteinander kombiniert und in ihrer Reihenfolge verändert werden. Bei allen Übungen sollten die besonderen Hinweise (siehe Kasten) unbedingt beachtet werden.

Jede einzelne Übung kann in einmaligen oder mehrmaligen Sätzen durchgeführt werden. Unter einem Satz wird eine bestimmte Anzahl von aufeinander folgenden Wiederholungen verstanden. Eine Übungsreihe kann in etwa 5 min mit jeweils 2 Sätzen (z. B. mit 15 Wiederholungen) pro Übung realisiert werden. Die Pausen zwischen den einzelnen Übungssätzen können relativ kurz gehalten werden (ca. 15–30 s Pause). Die Wiederholungszahl, mit der eine Übung absolviert wird, hängt vom Trainingszustand der Teilnehmer ab und sollte zu Beginn erprobt werden, um den angemessenen

Intensitätsbereich zu finden. Dabei können den Teilnehmern, je nach Leistungsstand, unterschiedliche Wiederholungszahlen aufgegeben werden. Alle drei hier vorgestellten Übungsreihen können in insgesamt 15 min durchgeführt werden. Die Flossen können bei allen Übungen angezogen bleiben. Je nach Schwimmbeckenbedingungen können die Übungen stehend im Wasser oder am Beckenrand durchgeführt werden. Optimalerweise würde dieses Programm zweimal wöchentlich stattfinden. In Kombination mit den zusätzlichen Kräftigungsübungen an Land sollte dieses Programm zumindest einmal wöchentlich durchgeführt werden.

Wichtige Hinweise zu allen Übungen

Bei allen Übungen sollte auf den richtigen Stand der Teilnehmer geachtet werden. Sie können den Hinweis erhalten, die Füße z. B. parallel schulterbreit aufzustellen. Der Übungsleiter sollte darauf hinweisen, dass der Rumpf während aller Übungen immer stabilisiert ist. Dazu wird der Bauchnabel eingezogen und die Bauchmuskulatur angespannt. Dabei ist es wichtig zu beachten, dass sich die Bauchdecke nicht nach vorn wölben darf, sondern flach bleibt. Das Becken sollte immer aufgerichtet bleiben und die Lendenwirbelsäule gestreckt werden. Der Kopf sollte in Verlängerung der Wirbelsäule gehalten werden.

Übungsreihe 1:
Kräftigung der Rumpf- und Brustmuskulatur

1a): *Bewegungsbeschreibung* (Abb. 47a und b):

■ Das Schwimmbrett wird in den Händen bei gebeugten Ellenbogen auf Brusthöhe gehalten und durch das Durchstrecken der Ellenbogen nach vorn gedrückt und anschließend wieder zur Brust zurückgezogen. Als Variation kann die Armstreckung in die Diagonale oder auch schräg nach unten oder oben erfolgen.

1b): *Bewegungsbeschreibung* (Abb. 47c und d):

- Das Schwimmbrett senkrecht zwischen die Handflächen klemmen. Die Ellenbogen beugen und das Brett auf Bauchhöhe halten. Aus dieser Position heraus erfolgt eine Rotation des Rumpfes abwechselnd nach links und nach rechts. Als Orientierung zur maximalen Bewegungsamplitude können die Arme dabei als ein Zeiger einer Uhr verstanden werden, indem der Zeiger von der Ausgangsposition 12:00 Uhr nach 09:00 Uhr und dann über 12:00 Uhr nach 3:00 Uhr geführt wird.

- *Variation:* Die gleiche Ausgangsposition und Bewegung. Dieses Mal werden die Ellenbogen gestreckt gehalten, sodass die Intensität erhöht wird.

- *Steigerungsmöglichkeiten:* Bei allen Übungen können zwei oder sogar drei Bretter verwendet werden; Variierung der Bewegungsgeschwindigkeiten, eine höhere Anzahl an Wiederholungen oder an Sätzen.

Besonderer Hinweis zur Übungsreihe 1

Der Bewegungsansatz erfolgt aus dem Schultergürtel. Bei der Einführung können die Übungen als Partnerarbeit erfolgen, indem der Partner das Becken festhält und es damit in der Position fixiert. Während des gesamten Übungsablaufs muss das Becken fixiert bleiben, und es darf während der Übung nicht ausgewichen werden.

Abb. 47: Übungen zur Kräftigung der Rumpf- und Bauchmuskulatur.

a

b

c

Abb. 48: *Übungen zur Kräftigung der Gesäßmuskulatur, des Beinbeugers und -streckers sowie zur aktiven Dehnung der Hüftbeugemuskulatur.*

Übungsreihe 2:

Kräftigung der Gesäßmuskulatur, des Beinbeugers und Beinstreckers, aktive Dehnung der Hüftbeugemuskulatur

2a: *Bewegungsbeschreibung (Abb. 48a):*

- Die Trainierenden befinden sich aufrecht stehend mit der Front zum Beckenrand und legen die Hände auf diesen. Das rechte Bein wird nach hinten in die maximale Hüftstreckung geführt. Der Fuß wird beim Hinaufführen des Beines von der Beugung in die Streckung gebracht. Die Flossen oder Füße sollen am Ende der Bewegung in Verlängerung des Beines zeigen. Nach maximaler Hüftstreckung wird das Bein wieder in die Ausgangsposition zurückgeführt.

- *Variation* zur gezielteren Kräftigung des Beinbeugers und -streckers: Nach dem Erreichen der maximalen Hüftstreckung kann das Knie aktiv weiter gebeugt werden und anschließend wieder aktiv gegen den Wasserwiderstand in die Streckung gebracht werden, um das Bein danach wieder in die Ausgangsposition zu führen (Abb. 48b).

2b: *Bewegungsbeschreibung (Abb. 48c):*

- Die Trainierenden befinden sich in aufrecht stehender Position mit dem Rücken zum Beckenrand und legen die Hände auf diesen. Das Bein wird erst gebeugt nach vorn oben geführt und in der Endphase der Bewegung das Knie gestreckt. Der Fuß wird, um einen höheren Wasserwiderstand zu erhalten, gestreckt gehalten. Anschließend wird das Bein gestreckt in die Ausgangsposition zurückgeführt.

Übungsreihe 3:

Kräftigung der Schulter- und Rückenmuskulatur, Dehnung der Brustmuskulatur

3a: *Bewegungsbeschreibung* (Abb. 49a):

- Im aufrechtem schulterbreiten Stand wird ein Schwimmbrett mit beiden Händen parallel zur Wasseroberfläche auf Brusthöhe mit ausgestreckten Armen gehalten. Zu Beginn wird das Brett so weit wie möglich unter der Wasseroberfläche nach unten in Richtung Beine geführt. Anschließend wieder in Richtung Wasseroberfläche und ohne in der Ausgangsposition zu verharren mit ausgestreckten Armen senkrecht über den Kopf geführt. Eine Abwärts- und Aufwärtsbewegung entsteht.

3b: *Bewegungsbeschreibung* (Abb. 49b–e):

- Bewegungsausführung wie bei Abb. 49a. Dieses Mal soll das Brett nicht gerade vor dem Körper hochgeführt werden, sondern diagonal nach schräg unten und danach nach schräg oben und wieder zurück.
- *Variation:* Die Arme können bei der Bewegung auch einen großen Kreis vor dem Körper beschreiben, bei dem die Arme mit dem Schwimmbrett vor dem Körper geführt werden.

Besonderer Hinweis zur Übungsreihe 3

Bei dieser Übung müssen die Schulterblätter aktiv rückwärts und abwärts gezogen werden, damit die Schultern unten bleiben und somit Fehlbelastungen der Nackenmuskulatur verhindert werden.

Abb. 49: Übungen zur Kräftigung der Schulter- und Rückenmuskulatur sowie der Dehnung der Brustmuskulatur.

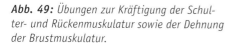

14. Beweglichkeitstraining

(F. Steinberg)

Die Beweglichkeit ist elementare Voraussetzung, um Bewegungen qualitativ und quantitativ gut auszuführen. Daher ist es wichtig, die Beweglichkeit angepasst an die Erfordernisse beim Tauchsport auszubilden. Eine optimale Beweglichkeit beeinflusst die Verbesserung und den Ausprägungsgrad der übrigen leistungsbestimmenden Fähigkeiten sowie die sportmotorischen Fertigkeiten und Techniken positiv. Dehnungsübungen stellen eine wichtige Komponente eines funktionellen Körpertrainings dar. Wie bei den Übungen zur Kräftigung sollte der Übungsleiter auf eine strukturadäquate Schulung achten. Bei gezielten Dehnungsübungen sollte immer ein Bewegungsoptimum, nie ein Bewegungsmaximum, angestrebt werden. Sehnen und Bänder sollten nicht über ihre physiologischen Grenzen hinaus gedehnt werden, da dies ihrer gelenkstabilisierenden Funktion widersprechen würde.

Ein funktional orientiertes Körpertraining soll die anatomisch-physiologischen Besonderheiten der belasteten Strukturen berücksichtigen. Es nimmt eine sehr hohe Wertigkeit im Sinne einer Erhaltung bzw. Steigerung der psychophysischen Leistungsfähigkeit ein. Durch kräftigende, dehnende und lockernde Übungsanteile in der richtigen Ausführung und mit dem richtigen Übungsgut leistet ein funktionelles Körpertraining unter Einbezug von Dehnübungen einen wichtigen Beitrag im Sinne der Leistungsoptimierung bzw. Gesunderhaltung des Tauchsportlers.

14.1 Anwendungsmöglichkeiten

- Das Training der Beweglichkeit kann in einem hierfür gesonderten Trainingsabschnitt durchgeführt werden.
- In der Aufwärmphase, ergänzend zur allgemeinen und speziellen Aufwärmphase.
- Zwischen bestimmten zeitlichen Belastungen wie Intervalltrainingsabschnitten oder Krafttraining.
- Am Ende einer Trainingseinheit, um optimale Voraussetzung für die beginnenden Regenerationsprozesse zu schaffen.
- Gezielte Dehnung von Muskeln, die zur Verkürzung neigen.

14.2 Allgemeine methodische Hinweise

- Vor den Dehnübungen sollte eine mindestens 5-minütige Erwärmung erfolgt sein.
- Werden Dehnungsübungen in ein Aufwärmprogramm integriert, sollte behutsam begonnen und erst allmählich gesteigert werden.
- Langsames und kontrolliertes Einnehmen der Dehnposition.
- Über die Wiederholungszahl bzw. die Zeit (beim Stretching) allmählich eine Zunahme der Gelenkamplitude erreichen.
- Alle bei der jeweiligen Belastungsart leistungsrelevanten Muskelgruppen dehnen.
- Nicht im ermüdeten Zustand die Dehnfähigkeit trainieren. Das bedeutet, dass am Ende einer Trainingseinheit nur passiv statisch gedehnt werden sollte, um die beanspruchte Muskulatur zu entspannen und auf die Regenerationsprozesse vorzubereiten.

14.3 Übungsauswahl

Die folgende Auswahl an Dehnungsübungen kann sowohl in das spezielle Aufwärmen als auch in der Phase des Abwärmens integriert werden. Sie beschränken sich hauptsächlich auf die Muskelgruppen der unteren Extremität, da diese hauptsächlich beim Flossenschwimmen und Tauchen beansprucht werden. Dabei ist zu beachten, dass beim Aufwärmen das Einnehmen der Dehnstellung maximal 8 bis 20 Sekunden dauert mit jeweils zwei Wiederholungen für jeden Muskel. In der Phase des Aufwärmens muss nicht die maximale, sondern die optimale Dehnstellung (es sollte nicht schmerzen) eingenommen werden. Sinnvoll ist ein Wechsel der Dehnstellungen zwischen Agonist und Antagonist. Während des Abwärmens kann die Dehnstellung maximal 20 bis 30 Sekunden dauern und sollte für jede Muskelgruppe zwei bis drei Mal durchgeführt werden. Das Stretching beim Aufwärmen nimmt somit etwa 3 bis 5 Minuten ein und sollte während des Abwärmens etwa 5 bis 7 Minuten

in Anspruch nehmen. Bei allen Übungen können die Flossen angezogen bleiben. Steht der Gruppe kein flacher Schwimmbadteil zur Verfügung, können die Übungen auch am Rand des tiefen Schwimmbadteils durchgeführt werden.

Übung 1: Dehnung der Oberschenkelvorderseite/Beinstrecker (Abb. 50)

Am Beckenrand oder frei im Becken stehend wird das Fußgelenk umfasst und das Knie in die maximale Beugung zum Gesäß geführt. Die Knie beider Beine sollen auf einer Ebene gehalten werden. Das Standbein bleibt durchgestreckt, die Hüfte soll nicht gebeugt werden.

Übung 2: Dehnung der Oberschenkelrückseite/Beinbeuger (Abb. 51)

Seitlich zum Beckenrand oder frei im Becken stehend wird ein Bein nach vorn oben ausgestreckt, eine oder beide Hände halten das Bein an der Flossenoberseite fest und ziehen den Fuß (bzw. die Flosse) zum Körper und nach oben, bis ein Dehnungszug in der Oberschenkelunterseite verspürt wird. Das Knie des ausgestreckten Beines sowie das Knie des Standbeines sollten, wenn möglich, gestreckt bleiben. Der Rücken sollte gerade gehalten werden.

Abb. 50: Dehnung der Oberschenkelvorderseite/Beinstrecker.

Abb. 51: Dehnung der Oberschenkelrückseite/Beinbeuger.

Übung 3: Dehnung der Oberschenkelinnenseite/Adduktoren (Abb. 52)

In aufrechter Position im Schwimmbecken (bei tiefem Wasser am Beckenrand) auf einem Bein (Standbein) stehend wird das Spielbein im Knie gebeugt nach oben gezogen und zur Seite geführt. Die Hand auf der Beininnenseite des Spielbeins hält das zu dehnende Bein in der Dehnstellung.

Abb. 52: *Dehnung der Oberschenkelinnenseite/Adduktoren.*

Übung 4: Dehnung der Oberschenkelaußenseite/Abduktoren (Abb. 53)

In aufrechter Position im Schwimmbecken (bei tiefem Wasser am Beckenrand) wird das Standbein leicht gebeugt. Das Fußgelenk des freien Beines wird auf den Oberschenkel oberhalb des Knies gelegt. Jetzt wird das Standbein verstärkt gebeugt, bis ein leichter Dehnungszug auf der Außenseite des aufgelegten Beins verspürt wird. Diese Position wird gehalten.

Abb. 53: *Dehnung der Oberschenkelaußenseite/Abduktoren.*

Übung 5: Dehnung der Schulter- und Brustmuskulatur (Abb. 54)

Mit dem Rücken zum Beckenrand stehend werden die Arme nach hinten geführt, und dort hält man sich mit den Händen am Beckenrand fest. Jetzt werden die Arme ausgestreckt, wobei der Oberkörper sich vom Beckenrand vorwärts neigt. Um die Dehnung in der Brustmuskulatur zu verstärken, kann der Oberkörper langsam weiter nach vorn abgesenkt werden.

Abb. 54: *Dehnung der Schulter- und Brustmuskulatur.*

15. Grundlage aller Aktivitäten: Ausdauer

(U. Hoffmann, F. Steinberg)

Der Begriff »Ausdauer« muss weiter unterschieden werden: Wie schon in Kapitel 9 erwähnt, kann zwischen Kurz- (Belastungszeit < 4 min), Mittel- (Belastungszeit > 4 min und < 30 min) und Langzeitausdauer (Belastungszeit > 30 min) unterschieden werden. Das entscheidende Kriterium für die Einteilung ist die Energiebereitstellung und die damit verbundenen Transportprozesse. Bei der Kurzzeitausdauer spielt die anaerobe Energiebereitstellung eine entscheidende Rolle. Je länger die Belastung dauert, umso stärker spielen die Transportprozesse zum Muskelgewebe hin und vom Muskelgewebe weg eine Rolle. Besonders gefordert sind schnelle Regulationsprozesse, um den Anteil des anaeroben Stoffwechsels nicht zu stark nutzen zu müssen. Im Mittelzeitbereich dominiert die aerobe Energiebereitstellung, aber auch die anaerobe Energiebereitstellung hat noch einen erheblichen Anteil bei Beginn der Belastung. Hier spielt die Sauerstoff-Transportkette eine zentrale Rolle. Bei länger andauernden Belastungen ist dann das gesamte System – Transportkette und die Fähigkeit, im Muskel den Sauerstoff zu verwerten – und die entsprechenden Depots im Körper gefordert.

Für ein sicheres und ungetrübtes Tauchvergnügen ist die Lang- und Mittelzeitausdauer unerlässlich. Hier sollte gezielt geschult werden. Aber auch die Kurzzeitausdauer ist gefragt, wenn kurzfristig erhebliche Leistungen zu erbringen sind. Beispiele hierfür sind das Erreichen des Schiffes an der Wasseroberfläche, das Schwimmen gegen eine Strömung über eine kurze Distanz oder im Fall der Fälle der schnelle Transport eines verunglückten Tauchers.

Grundsätzlich muss zwischen der allgemeinen und der lokalen Ausdauer unterschieden werden. Dabei bezieht sich die allgemeine Ausdauer im Wesentlichen auf alle Transportprozesse und die damit verbundenen Regulationsvorgänge. Alles, was sich auf die aktive Muskulatur bezieht, ist dann die lokale Ausdauer. Dies schließt die Muskeldurchblutung und die Stoffwechselkapazitäten ein. Sofern »schwere Muskeln« zur Reduktion der Leistung zwingen, deutet dies auf Grenzen der lokalen Ausdauer oder der Kraft hin.

Mögliche Trainingsmethoden der Ausdauer lassen sich wie folgt unterscheiden:

	Kurzzeit-ausdauer	Mittelzeit-ausdauer	Langzeit-ausdauer
Dauermethode		++	+++
Fahrtspiel	+	+++	+++
Extensives Intervalltraining		+++	+
Intensives Intervalltraining	+++	+	
Wiederholungsmethode	+++		

15.1 Hinweise zum allgemeinen Ausdauertraining

Walken, Joggen, Radfahren, Skaten, Schwimmen ... Diese Liste lässt sich noch erweitern und nennt typische Ausdauerbelastungsformen. Je nach Intensität und Dauer wird dabei der jeweilige Ausdauerbereich geschult. Die Muskelgruppe ist nicht spezifisch für das Flossenschwimmen, und daher fehlt das spezielle, lokale Training. Dennoch ist diese Form des Trainings nicht nur »besser als Nichtstun«, sondern eine notwendige Ergänzung zum spezifischen Tauchtraining. Für diejenigen, die zu wenig Gelegenheiten für das Training mit ABC-Ausrüstung im Wasser haben, ist das sicher auch ein geeigneter Ersatz!

Anregungen für die Gestaltung des Trainings

- Wählen Sie sich Standardstrecken, die Sie dann besser variieren können.
- Versuchen Sie einen festen Atemrhythmus zu finden. Z. B. ein Schritt zur Einatmung, 3 Schritte zur langsamen Ausatmung.
- Fügen Sie kurze Belastungsspitzen ein. Das kann ein Zwischenspurt, eine Steigung im Gelände o. Ä. sein.
- Versuchen Sie nach Belastungsspitzen die Atmung schnell wieder zu beruhigen.
- Führen Sie kurze Phasen des Atemanhaltens (Apnoe) ein.
- Steigern Sie die Belastungszeit (Strecke) langsam ohne übermäßigen Ehrgeiz.

15.2 Beispiele zum Training der Langzeitausdauer (aerober Bereich)

Bei jeder Trainingsgestaltung sollte beachtet werden, dass eine gleichmäßige Belastung nicht nur oft langweilig ist, sondern auch in der Realität selten in »Reinform« auftritt. Der Körper wird auch nicht zu Anpassungsvorgängen gezwungen. Genau diese Anpassungsvorgänge sollten aber auch geschult werden. Um den Langzeitbereich allerdings wirkungsvoll zu trainieren, bleibt keine Alternative zur lang andauernden Belastung.

Dauermethode

Die Dauermethode beinhaltet eine lange Belastungsdauer mit gleich bleibender Belastungsintensität möglichst unterhalb der anaeroben Schwelle. Als Richtwert kann hier der Puls hinzugezogen werden: Ruheherzfrequenz plus 75 % der maximalen Herzfrequenzspanne sollten nicht überschritten werden. Diese berechnet sich nach der Faustregel

HF-Spanne
= 220 – Lebensalter – Ruheherzfrequenz

Für die Pausengestaltung gilt, dass es »lohnende Pausen« sein sollen. Die Dauer der Pause liegt zwischen einer Minute und der vorherigen Belastungsdauer.

Fahrtspiel

Das Zeitschwimmen über eine vorgegebene Dauer oder Distanz mit unterschiedlichem Tempo ist möglich. Hierbei wird die Muskulatur unterschiedlichen Reizen ausgesetzt und ausreichend Zeit der Erholung mit in die Übung eingebaut.

Sowohl für die Dauermethode als auch für das Fahrtspiel gilt, dass es in reiner Form eher langweilig ist und dem »Bahnenfressen« der Schwimmer ähnelt.

15.3 Beispiele zum Training der Mittelzeitausdauer (aerober Bereich)

Das Intervalltraining
basiert auf der Abwechslung zwischen Belastung und Entlastung (Erholung).

1. Extensives Intervalltraining

Das Tempo der zu schwimmenden Bahn ist bei ca. 60 % der maximalen Geschwindigkeit, die Pause dient der Erholung.

Organisationsform – drei Gruppen:

Zwei am Ende einer Bahn, die dritte auf der anderen Seite. Die erste Gruppe schwimmt zügig ans andere Ende, die zweite übernimmt, dann die dritte, die wieder an die erste übergibt.

Auf diese Weise hat jede Gruppe immer eine Bahn Belastung und zwei Bahnen Pause.

2. Intensives Intervalltraining

Das Tempo der zu schwimmenden Bahn ist 75 % der maximalen Geschwindigkeit, die Zwischenbahn betont ruhig.

Diese hilft beim Abbau der Sauerstoffschuld, die nachfolgende Pause dient der weiteren Erholung.

Organisationsform – vier Gruppen:

Die Gruppen 1 und 3 am einen Ende, die Gruppen 2 und 4 am anderen.

Die Gruppe 1 beginnt, übergibt an die Gruppe 2, bleibt aber nicht stehen, sondern schwimmt in langsamem Tempo hinterher usw.

Auf diese Weise hat jede Gruppe immer eine Bahn Belastung und drei Bahnen Pause, von denen sie zwei Zeit hat, auf die andere Seite zu gelangen.

15.4 Beispiele zum Training der Kurzzeitausdauer (anaerober Bereich)

Die Wiederholungsmethode

Diese Methode dient der Ökonomisierung des Stoffwechsels und der Vergrößerung der Energiereserven und trainiert vor allem die Maximalkraft, Schnellkraft, Beschleunigungsfähigkeit und die Schnelligkeitsausdauer.

Die Wiederholungsmethode ist gekennzeichnet durch das wiederholte Absolvieren einer Strecke, die nach einer jeweils vollständigen Erholung mit maximaler möglicher Geschwindigkeit durchlaufen wird.

Das Tempo der zu schwimmenden Bahn oder Bahnen liegt dann bei einer Intensität zwischen 90–100 %. Es sollte eine Belastungsdichte zwischen 4 und 30 min für das gesamte Training der Kurzzeitausdauer gewählt werden. Der Belastungsumfang sollte maximal sechs Schwimmstrecken beinhalten.

Das bedeutet, dass die jeweilige Pause stark von der Belastungsdauer abhängt und immer in Bezug dazu gesetzt werden muss.

Beispiel

Wenn eine hochintensive Belastung über nur wenige Sekunden (z.B. beim Schwimmen einer 25- oder 50-m-Bahn in maximaler Geschwindigkeit) verrichtet wurde, dann ist auch die Pausendauer entsprechend kurz anzusetzen. Sie würde dann z. B. ein bis zwei Minuten dauern. Wenn die Belastungsdauer mehr als zwei bis drei Minuten beträgt, dann ist auch die Pausendauer entsprechend länger anzusetzen und würde etwa 10 bis 15 Minuten einnehmen.

15.5 Übungsvorschläge zum Ausdauer- und Schnelligkeitstraining

Alle Übungen, die mit dem Ziel der Ausdauerverbesserung eingesetzt werden, sollten mindestens eine Beanspruchungsdauer von 10 bis 15 min je nach Leistungsstand der Gruppe aufweisen. Dies kann, wie in diesem Kapitel beschrieben, in Form einer Dauerbelastung oder einer extensiven Intervallbelastung erfolgen, wenn die Verbesserung der aeroben Ausdauer im Vordergrund stehen soll; intensive Intervallbelastungen bieten sich an, wenn die anaerobe Ausdauer verbessert werden soll. Mit den hier dargestellten Übungsvorschlägen kann durchaus auch die Kraft trainiert werden. Dazu muss dann aber der Widerstand und die Intensität entsprechend höher angesetzt

Alter (Jahre)	Unter 30	30–39	40–49	50–59	60–70	Über 70
Ruheherzfrequenz (Schläge/min)						
unter 50	130	130	125	120	115	110
50–59	130	130	125	120	115	110
60–69	135	135	130	125	120	115
70–79	135	135	130	125	120	115
80–89	140	135	130	125	120	115
90–100	140	140	135	130	125	120
über 100	145	140	135	130	125	120

Tabelle: Orientierungswerte für Trainingsherzfrequenzen beim aeroben Ausdauertraining für Trainingsanfänger. Ausdauertrainierte sollten 10 Schläge/min zuschlagen (Völker et al. 1983).

werden, um eine Trainingswirkung hinsichtlich der Kraft zu erwirken.

Aus der Tabelle sind grobe Herzfrequenzempfehlungen für ein extensives Training im Wasser zu entnehmen. Die Werte sind in Abhängigkeit von Ruheherzfrequenz und Lebensalter zu wählen. Die Herzfrequenz sollte durch Ertasten des Pulses für 10 oder 15 s bestimmt werden (mal 6 bzw. mal 4). Bei besserem Ausdauertrainingszustand können die Trainingsherzfrequenzen höher liegen. In diesem Fall sollte versucht werden, die Belastungsintensität (Schwimmgeschwindigkeit) so zu bemessen, dass die Herzfrequenz gerade noch konstant bleibt.

Gerade beim Training der aeroben Ausdauerleistungsfähigkeit im Kindes- und Jugendalter sollte berücksichtigt werden, dass die meisten Übungsformen gleichförmige und damit langweilige Bewegungen verlangen. Durch witzige und ungewöhnliche Aufgabenstellungen kann die Belastungszeit sehr abwechslungsreich gestaltet und damit der Aufforderungscharakter für die jungen Übenden erheblich gesteigert werden.

Übungen, die die Schnelligkeit verbessern, sollten die Teilnehmer nur kurz belasten, da hierbei eine hohe Konzentrationsfähigkeit gefordert wird. Es muss ausreichend Zeit zur Erholung geboten werden (mindestens 2 min). Dadurch wird auch sichergestellt, dass der Bewegungsablauf korrekt durchgeführt werden kann.

P   1   *Name:* **Flosse zeigen**   *Charakteristik:* IÜ

Gerätebedarf: *Flächenbedarf:* Schwimmbahn

Beschreibung: Eine Flosse soll beim Schwimmen mit Kraularmzugbewegung ständig aus dem Wasser gehalten werden.

Besondere Hinweise: Minimale Dauer eines Belastungsintervalls: 2 min. Empfohlene Organisationsform: Laufendes Band.

P   2   *Name:* **Jump and reach**   *Charakteristik:* GÜ

Gerätebedarf: Leine von 3-m-Brett bis WO,   *Flächenbedarf:* 5 × 2 m²; *Tiefe:* 2 m
Wäscheklammern

Beschreibung: Die Übenden tauchen bis zum Beckenboden und versucht durch schnelles
Auftauchen möglichst weit aus dem Wasser zu kommen und dabei eine Wäscheklammer
möglichst hoch an einer Leine zu befestigen.

Variante: Aus der Schwimmbewegung Klammer anbringen.

Abb. P2: *Auch für Erwachsene stellt die
Jump-and-reach-Übung eine reizvolle Herausforderung dar. Gemeinsames Abtauchen an
der senkrecht gespannten Leine und der
gemeinsame Versuch, möglichst weit aus
dem Wasser zu kommen, erfordern eine gute
Abstimmung unter Wasser.*

P   3   *Name:* **Tauchring durchreichen**   *Charakteristik:* GW

Gerätebedarf: 1 Tauchring (> 2 kg) pro Gruppe   *Flächenbedarf:* Schwimmbahn; *Tiefe:* 2 m

Beschreibung: Gruppen schwimmen auf der Stelle in einer Reihe; der Ring muss von vorn
nach hinten uW durchgereicht werden; der Letzte der Gruppe bringt den Ring uW nach vorn.

P   4   *Name:* **Cargo-System**   *Charakteristik:* PÜ

Gerätebedarf: *Flächenbedarf:* Lehrbecken

Beschreibung: Partner A in Bauchlage fasst Partner B in Rückenlage an den Fußgelenken.
Partner B soll schiebend transportiert werden; er legt die Schwimmrichtung fest und kann
auch einen Lagewechsel einleiten.

Variation: Jegliche Ladung (Partner B) unterscheidet sich durch ihr Gewicht; Partner B soll
durch Bremswirkung der Arme oder Absenken des Gesäßes den Transport erschweren oder
erleichtern.

Besondere Hinweise: Die Mindestdauer eines Übungsintervalls sollte 2 min betragen.

P   5   *Name:* **Dauerschwimmen**   *Charakteristik:* GÜ
            mit Sprints

Gerätebedarf: *Flächenbedarf:* Schwimmbahn; *Tiefe:* 1,5 m

Beschreibung: 2–4 Schwimmer schwimmen in ruhigem Tempo hintereinander. Der Letzte der
Gruppe muss im Sprint unter den anderen Partnern tauchen und die Führung übernehmen.

P 6 *Name:* **Bretter schieben** *Charakteristik:* IÜ

Gerätebedarf: Schwimmbretter *Flächenbedarf:* Schwimmbahn

Beschreibung: Die Bretter sollen senkrecht zur Schwimmrichtung mit möglichst großer Widerstandsfläche transportiert werden. Empfohlene Belastungsdauer mindestens 2 min.

Abb. P6: *Ein senkrecht vor dem Körper gehaltenes Schwimmbrett erhöht den Widerstand und damit die Belastung auf der Schwimmstrecke. Auch Tauchstrecken können auf diese Weise anspruchsvoller gestaltet werden.*

P 7 *Name:* **Armgymnastik** *Charakteristik:* IÜ

Gerätebedarf: u. U. Handgeräte *Flächenbedarf:* Schwimmbahn; *Tiefe:* 2 m

Beschreibung: Der Taucher soll auf der Stelle schwimmen und dabei die Arme aus dem Wasser halten. Ein »Vorturner« soll verschiedene Übungen mit den Armen vormachen, die von dem Rest der Gruppe nachgemacht werden sollen. Dabei können auch Handgeräte eingesetzt werden. Belastungsdauer mindestens 2 min.

P 8 *Name:* **Up and Down** *Charakteristik:* IW

Gerätebedarf: kleine Tauchringe *Flächenbedarf:* Schwimmbahn; *Tiefe:* 2 m

Beschreibung: Es soll versucht werden, 3 bis 10 Tauchringe einzeln in möglichst kurzer Zeit an die Wasseroberfläche zu bringen.

16. Training der Atemkontrolle

(U. Hoffmann, A. Steegmanns)

Vorüberlegungen

Das Training der Atemkontrolle für Sporttaucher bezieht sich nicht allein auf die Verbesserung der Fähigkeit, solange wie möglich seinen Atem anzuhalten. Sicherlich: In der Ausbildung fällt der Apnoefähigkeit eine gewisse Rolle zu. Dennoch soll das Training zur Verbesserung der Atemkontrolle nicht auf dieses Kriterium allein reduziert werden. Sporttaucher bewegen sich in einem Medium, in dem die Atmung einen hohen Stellenwert hat und überlebenswichtig ist. Über die Atmung werden auch sekundäre Ziele, wie zum Beispiel die Tarierung, gesteuert.

Befasst man sich mit Faktoren, wie Apnoefähigkeit trainiert werden kann und welche Auswirkungen diese hat, so kommt man schnell zu dem Schluss, dass es dabei nicht so sehr auf körperliche Faktoren ankommt. Training der Atemmuskulatur durch maximale In- und Exspiration wird für den Sporttaucher keine großen Vorteile bringen. Das Hauptaugenmerk muss auf der starken Wechselwirkung zwischen Atmung und Psyche liegen. Der Psyche fällt im Hinblick auf eine Kontrolle der Atmung und auf die Effekte, die diese hat, eine entscheidende Rolle zu. Sie ist es, die eine Panik verhindern kann und uns Herr unserer Fähigkeiten bleiben lässt. Genauso gut kann sie aber auch eine große Blockade darstellen und uns daran hindern, das Richtige zur richtigen Zeit zu tun.

Die Psyche hat einen wesentlichen – wenn auch nur indirekten – Einfluss auf die Tarierung. Gerade der Tauchanfänger befindet sich im Stress durch die neue Situation. Er wird seine Atmung in das inspiratorische Reservevolumen verschieben und damit mehr Luft als nötig in der Lunge behalten. Dieses wiederum führt dazu, dass er in der Regel mehr Blei als nötig mitführen wird. Mehr Blei führt zu der Konsequenz, dass durch das größere Gesamtgewicht die Einflussmöglichkeiten der Lunge auf die Tarierung prozentual sinken und der Taucher sich einem weiteren Stress aussetzt, der mit dem subjektiven Kontrollverlust zusammenhängt.

Innerhalb dieses Kreislaufes hängen die einzelnen Teilelemente Grobtarierung (die aus dem Zusammenspiel zwischen der Bleimenge und der Befüllung der Tarierhilfe besteht), Atmung und Psyche voneinander ab. Kennt der Taucher diese Zusammenhänge, kann er darauf einwirken, andernfalls ist er ihnen ausgeliefert.

Gerade das richtige Tarieren ist ein komplexer Bewegungs- und Denkvorgang, der die Atmung mit einbezieht und der nicht einfach zu vermitteln ist. Die grundsätzlichen Richtlinien der beeinflussenden physikalischen Größen und die Bedienung der Ausrüstung sind dem Tauchanfänger relativ leicht verständlich zu machen. Die eigentlichen Schwierigkeiten des Tarierens sind nicht die Bauart des Jackets, die Dicke des Neoprenanzuges und die Luftlieferleistung des Inflators, sondern von anderen Faktoren beeinflusst. Zu nennen sind beispielsweise Stress, Anspannung, Ungeduld sowie mangelnde Bewegungsempfindung.

Es gilt, die Aufmerksamkeit der Tauchschüler auf die Komplexität des Ablaufs der Tarierung zu lenken, damit ein Denkprozess eingeleitet werden kann. Erst wenn der Tauchschüler in der Theorie verstanden hat, wie er zum gewünschten Ergebnis kommt, wird er die nötige Ruhe beim Tauchgang und in dessen Vorbereitung finden. Durch Ausprobieren wird er zu seinen eigenen Lösungswegen und Verhaltensweisen kommen, diese sind essenziell für das Erhalten der Umwelt und für die Sicherheit des Tauchenden selbst. Die Ausbildung muss deshalb Raum lassen, eigene Wege zu erarbeiten.

Leider werden diese Aspekte in der Ausbildung häufig nicht oder nur unzureichend angesprochen und dargelegt. Ebenso wird wenig oder nicht in der nötigen Tiefe über psychologische Aspekte gerade des Anfängertauchens gesprochen sowie ein tieferes Verständnis auf die Gefahren und Schäden, die durch mangelnde Tarierung entstehen, gelegt.

Unruhe, Anspannung und Stress aufgrund von Überforderungen des Tauchanfängers führen bei diesem zu einem mangelnden Sicherheitsgefühl und zu einem Gefühl des Kontrollverlustes. Gerade diese psychischen Aspekte sind jedoch essenziell für die Sicherheit des Tauchers unter Wasser, da dadurch gefährliche Situationen im Vorfeld erkannt und vermieden werden können. Es können verschiedene Teilaspekte unterschieden werden, die je nach Taucher einen höheren oder weniger starken Einfluss auf das Sicherheits- und Kontrollgefühl haben. Die Wichtigsten sind folgende:

■ **Sicherheit durch körperliches Training**
Die durch das Training verbesserte körperliche Leistungsfähigkeit stärkt das Bewusstsein über sich, seinen Körper und dessen Funktionen. Dies bildet die Grundlage für ein entspanntes Tauchen und erhöht die Chance, in Notsituationen die Kontrolle zu behalten.

■ **Sicherheit durch Bewegungsökonomie**
Übungen zur Bewegungsökonomie helfen, sich bewusster mit weniger Kraftaufwand durch das Wasser zu bewegen. Dieses führt zu einem gesteigerten Sicherheitsgefühl durch eine bessere Nutzung vorhandener Ressourcen, gerade in Apnoe-Phasen.

■ **Sicherheit durch Bewegungserfahrung**
Der von uns vertretene Ansatz des Lernens auch über Bewegungserfahrungen hilft dabei, mehr Sicherheit zu erlangen, da Überraschungen und damit »Schrecksekunden« reduziert werden. Dieses hat wiederum einen Einfluss auf die Entspannung und damit die Herzfrequenz und die Atemfrequenz, womit wir wieder bei der besseren Nutzung der vorhandenen Ressourcen sind.

■ **Selbstvertrauen durch realistische Selbsteinschätzung**
Das Sammeln von Bewegungserfahrungen, die gemachten Erfahrungen im Training und das bewusste Reflektieren kombiniert mit einem Austausch in der Gruppe führen zu einem besseren Selbstbild hinsichtlich der eigenen Leistungsfähigkeit vor allem in Bezug auf deren Grenzen.

Die bisher angesprochenen psychologischen Elemente lassen den Schluss zu, dass ein entspannter Taucher ruhiger atmet, weniger Stress hat und damit weniger anfällig für Panikreaktionen ist und dadurch letztlich ein sicherer Taucher ist. Um entspannter zu tauchen, kann er die vorgestellten Trainingsmöglichkeiten und Einflussfaktoren nutzen. Er kann zusätzlich bereits vor dem Tauchgang damit anfangen, sich mental auf diesen vorzubereiten. Das ist beispielsweise sehr sinnvoll auf einem großen Tauchboot während der Ausfahrt. Es ist voll und es herrscht ein gewisses Maß an Hektik. Hier kann der Taucher bereits damit anfangen, sich in seinem Kopf auszumalen, wie er seine Ausrüstung zusammenbaut, auf welche neuralgischen Punkte er dabei achten muss. Er macht sich bewusst, dass er alle nötigen Informationen kennt und die Fertigkeiten beherrscht. Zusätzlich kann er sich darauf konzentrieren, langsam und ruhig zu atmen. Das wird seine Konzentrationsfähigkeit steigern und seine Herzfrequenz verlangsamen. Er wird selbst ruhiger werden, und seine eventuell vorhandene Erregung und Nervosität wird abnehmen. Diese Form des mentalen Trainings wird ihn dazu bringen, entspannter und ruhiger ins Wasser zu gehen und auch seine Atmung dahingehend zu beeinflussen. So kann er vielleicht auf gewisse Bleimengen verzichten und hat mehr Kontrolle über die Tarierung.

Sicherlich ist an dieser Stelle darauf hinzuweisen, dass die Bebleiung nur so weit reduziert werden soll, dass am Ende des Tauchgangs noch genügend Abtrieb erzeugt wird, um einen kontrollierten Sicherheitsstopp durchführen zu können.

Die Atmung gilt als der Kern zu einem entspannten Tauchen, aus diesem Grund gehen wir jetzt etwas genauer auf diesen Einflussfaktor ein.

16.1 Atemtechnik

Die Atmung hat beim SCUBA-Tauchen eine besondere Bedeutung. Neben der Funktion der Sauerstoffversorgung des Körpers beeinflusst sie die Position und die Bewegungsrichtung des Tauchers. Dies kann zum Teil über die Atemtiefe beeinflusst werden, auf der anderen Seite wird immer ein gewisser Einfluss herrschen, denn die Atmung kann nicht eingestellt werden.

Um ein geeignetes Atemschema zu erhalten, sollte der Taucher entspannt sein. Ein optimales Atemschema besteht aus einer langsamen, kontinuierlichen, tiefen, ruhigen In- und Exspiration. Dieses Schema kann jederzeit unterbrochen werden, um auf die Tiefe Einfluss zu nehmen. Die Lunge wird gut belüftet, und infolgedessen ist die Abatmung des entstehenden CO_2 als gut zu bewerten.

Bei langsamer und ruhiger Atmung steigt die Konzentrationsfähigkeit. Der Luftverbrauch sinkt, und die Herzfrequenz verlangsamt sich.

Wird die Befüllung des Jackets mit Luft verändert, fällt ihr die Rolle der Grobtarierung zu. Diese ist notwendig, wenn sich der Taucher in größere Tiefen begibt bzw. er von dort wieder aufsteigt. Dann verändern sich auch die Auftriebskräfte des Kälteschutzes. Um auf diese Veränderungen angemessen reagieren zu

können, be- oder entlüftet der Taucher sein Tarierjacket und generiert damit den Auftrieb. Die Feintarierung geschieht mittels der Ein- und Ausatemtiefe. Tauchanfänger tendieren dazu, die gesamte Tarierung über die Befüllung der Tarierhilfe zu steuern.

16.2 Apnoefähigkeit für Sporttaucher

Sicherheit beim Tauchen mit Atemgerät beinhaltet natürlich auch die Fähigkeit, in kritischen Situationen den Atem anzuhalten und so diese Situationen zu beherrschen. Diese Apnoefähigkeit unterscheidet sich grundlegend von den Anforderungen des Apnoetauchens:

- Diese Situationen kommen unvorhergesehen.

- Der Taucher beginnt die Apnoe nicht ausgeruht, sondern meist während körperlicher Arbeit.

- Komplexes und gezieltes Handeln ist erforderlich.

- Der Faktor Angst und Stress spielt hier grundsätzlich eine herausragende Rolle.

Die konditionellen Grundfertigkeiten beim Apnoetauchen und bei den Apnoeanforderungen beim Tauchen mit Atemgerät sind sicherlich vergleichbar und die physiologischen Mechanismen sogar weitgehend identisch. Allerdings steht gerade das, was den Genuss Apnoetauchen ausmacht – die Entspannung und das Erlebnis unter Wasser – hier nicht im Vordergrund.

Die geänderte Zielrichtung muss sich in den Übungsformen widerspiegeln: Nicht die Entspannung und die gezielte Vorbereitung auf die Apnoephase stehen im Mittelpunkt, sondern die überraschende Anforderung, die Verbindung mit stressvollen Situationen.

Gerade Apnoe-Übungen sollen niemals allein durchgeführt werden, und es muss immer eine ausreichende Sicherung von außen gewährleistet sein. Sicherlich können auch Übungen, die im »typischen« Apnoetauchen bekannt sind, mit leichten Abwandlungen in das Training eingebaut werden. Die Kombination der Übungen führt zu einem verbesserten Trainingseffekt, und auf diese Weise lassen sich abwechslungsreiche Übungseinheiten zusammenstellen.

Verschiedene Zielstellungen können unterschieden werden:

16.2.1 Apnoe mit körperlicher Arbeit

Einfache Veränderungen des Wasserwiderstandes führen zu erhöhter körperlicher Arbeit

unter Wasser. Streckentauchen mit dem Jacket, mit/ohne Flasche ist eine Möglichkeit. Eine andere ist das Streckenschwimmen kurz unter der Wasseroberfläche gegen den Widerstand eines Schwimmbrettes oder Balles. Der Fantasie sind keine Grenzen gesetzt. Auch der Wechsel zwischen verschiedenen Wasserwiderständen stellt eine besondere Herausforderung für den Taucher dar. Dies kann beispielsweise durch Partnerübungen erfolgen, bei denen die Teilnehmer den Grund des Widerstandes tauschen.

Beispielhafte Übungen, die durch Variationen komplexer und schwieriger gestaltet werden können:

Q 1   *Name:* **Tauchring schieben**   *Charakteristik:* PÜ

Gerätebedarf: Tauchringe/-steine   *Flächenbedarf:* ½ Schwimmbahn; *Tiefe:* 1,5 m

Beschreibung: Der Ring/Stein muss auf dem Boden über eine bestimmte Strecke geschoben werden, während des Luftholens bleibt der Ring/Stein auf dem Boden liegen. Der Partner sichert begleitend an der WO.

Q 2   *Name:* **Tauchen nach Ausatmung**   *Charakteristik:* PÜ

Gerätebedarf: *Flächenbedarf:* ½ Schwimmbahn; *Tiefe:* 2 m

Beschreibung: Nach dem Abtauchen soll maximal ausgeatmet und eine vorgegebene Strecke getaucht werden. Der Partner sichert begleitend an der WO.

Q 3   *Name:* **Slalomtauchen**   *Charakteristik:* PÜ

Gerätebedarf: Gymnastikreifen, Leinen, Tauchringe als Bodenverankerung   *Flächenbedarf:* ½ Schwimmbahn; *Tiefe:* 2 m

Beschreibung: Die Gymnastikreifen werden in unterschiedlichen Tauchhöhen als Slalomparcours aufgestellt; Ausrichtung horizontal und vertikal, »Atemlöcher« an WO. Der Partner sichert begleitend an der WO neben dem Parcours.

Q 4   *Name:* **Partner treffen**   *Charakteristik:* GÜ

Gerätebedarf: *Flächenbedarf:* ½ Schwimmbahn; *Tiefe:* 2 m

Beschreibung: Zwei Partner tauchen an gegenüberliegenden Seiten los und steuern gemeinsam einen Zielpunkt an; nach der Begegnung uW, die eventuell mit Übergabe eines Gegenstandes verbunden werden kann, soll noch eine weitere Strecke zurückgelegt und anschließend korrekt aufgetaucht werden. Ein dritter Übender sichert von der Mitte aus an der WO und beobachtet das sichere Auftauchen der Taucher.

Q 5 *Name:* **Gruppe untertauchen** *Charakteristik:* GÜ

Gerätebedarf: *Flächenbedarf:* ½ Schwimmbahn; *Tiefe:* 2 m

Beschreibung: Die Gruppe nimmt die Formation einer Reihe ein. Der Letzte der Gruppe taucht ab und unter der Gruppe her. Durch Grätschen der Beine kann das Untertauchen erleichtert werden.

Variation: Die Übung kann als Wettkampfform durchgeführt werden. Aufgabe: Welche Gruppe ist zuerst am anderen Ende der Schwimmbahn.

Q 6 *Name:* **Auftauchen im Kreisel** *Charakteristik:* GÜ

Gerätebedarf: Gymnastikreifen *Flächenbedarf:* ½ Schwimmbahn; *Tiefe:* 2 m

Beschreibung: Eine kleine Gruppe von 3–4 Teilnehmern soll gemeinsam abtauchen, sich rund um einen am Boden liegenden Gymnastikreifen postieren und diesen mit der Hand fassen. Auf das Zeichen des vorher festgelegten Gruppenführers beginnt die Gruppe, in einem Kreiskurs mit dem Gymnastikreifen aufzutauchen. Die Auftauchgeschwindigkeit soll möglichst langsam sein.

Abb. Q6: *Auftauchen im Kreisel.*

Q 7 *Name:* **Streckentauchen mit Rast** *Charakteristik:* PÜ

Gerätebedarf: 5-kg-Tauchringe *Flächenbedarf:* ½ Schwimmbahn

Beschreibung: In ruhigem Tempo soll ein Tauchring angetaucht werden, der am Ende einer Tauchstrecke deponiert ist. Dort soll noch versucht werden, eine Rast einzulegen, bevor aufgetaucht wird. Als weitere Verschärfung kann ein Ausatmen bei Erreichen des Rastplatzes gefordert werden.

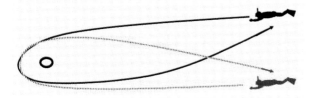

Abb. Q7: *Streckentauchen mit Rast.*

16.2.2 Apnoe mit kognitiven Aufgaben

Gerade die Annahme, dass im freizeittaucherischen Kontext nur Krisensituationen zu Apnoephasen führen, macht deutlich, wie wichtig gerade hier die Fähigkeit ist, die Nerven und damit die Kontrolle zu behalten. Die vorgestellten Übungen zielen darauf ab, auch unter Luftnot gezielte und kontrollierte Handlungen abrufen zu können, die zum Teil das Einschätzen und Bewerten der Situation mit einbeziehen.

Übungen:

R 1 *Name:* **Farben suchen** *Charakteristik:* GS

Gerätebedarf: Spielbausteine (Duplo) in mindestens 3 verschiedenen Farben

Flächenbedarf: Schwimmbahn

Beschreibung: Steine gleicher Farbe werden zu Säulen am Ende des Beckens aufgebaut und über die Beckenbreite verteilt. Schüler bilden drei Gruppen. Jeder Teilnehmer muss zu der seiner Gruppe zugeordneten Farbe tauchen. Der gewählte Tauchweg darf nicht geändert werden. Nach jedem Durchgang wird die Position der Säule gewechselt.

Besondere Hinweise: Diese Übung ist zur Demonstration des Farbsehens uW geeignet.

R 2 *Name:* **Ringe sammeln** *Charakteristik:* PS

Gerätebedarf: kleine Tauchringe *Flächenbedarf:* Lehrbecken

Beschreibung: Die Tauchringe werden über den Beckenboden verteilt und sollen zu einer Sammelstation unter Wasser gebracht werden. Es darf immer nur ein Ring transportiert werden. Aufgabe ist es, so viele Ringe wie möglich bei einem Tauchgang einzusammeln. Der Partner sichert begleitend an der WO.

R 3 *Name:* **Reise nach Jerusalem** *Charakteristik:* GS

Gerätebedarf: schwimmende Gymnastikreifen *Flächenbedarf:* Lehrbecken

Beschreibung: Die Gymnastikreifen stellen die Atemlöcher dar. Allerdings darf sich in jedem Atemloch nur ein Taucher aufhalten. Es befindet sich ein Atemloch weniger als Übende im Wasser. Auf ein Zeichen taucht die Gruppe ab und bewegt sich frei im Becken. Nach einem akustischen UW-Handzeichen (z. B. Klopfen an einem Metallrohr) muss jeder Taucher sich ein freies Atemloch suchen. Der Taucher, der kein freies Loch findet, muss ausscheiden.

Besondere Hinweise: Da keine Partnerbeobachtung möglich ist, sollte die Apnoezeit angemessen kurz gewählt werden. Um die Wartezeiten kurz zu halten, sollte nach dem Auftauchen auch nur kurze Zeit zur Erholung gegeben werden. U. U. ist die Anzahl der Reifen noch stärker zu reduzieren, sodass pro Durchgang mehr als ein Taucher ausscheiden muss.

R 4 *Name:* **Tic Tac Toe** *Charakteristik:* PÜ

Gerätebedarf: UW-Schreibtafeln und Stifte *Flächenbedarf:* ½ Schwimmbahn; *Tiefe:* 1,5 m

Beschreibung: 2 Spieler setzen abwechselnd Kreuze und Kreise und versuchen 3 ihrer Symbole in einer Reihe anzuordnen. Die 3 Tafeln werden in regelmäßigen Abständen an einer Schnur oder auf dem Beckenboden angebracht.

R 5 *Name:* **An- und Ausziehen der Ausrüstung** *Charakteristik:* PÜ

Gerätebedarf: ABC-Ausrüstung und/oder DTG-Ausrüstung *Flächenbedarf:* ½ Schwimmbahn; *Tiefe:* 1,5 m

Nach einer festgelegten Strecke sollen Ausrüstungsteile an- oder ausgezogen werden. Diese Art Übungen sind bereits Bestandteil der klassischen Tauchausbildung. Sie sind aus unterschiedlichen Gründen sinnvoll neben den kognitiven Aufgaben dienen sie zusätzlich dem besseren Verständnis über das Tauchgerät. Ebenso führt das Arbeiten unter relativem Stress zu einer besseren Einschätzung der benötigten Zeitdauern. Beispiele sind ABC-Ausrüstung, Jacket mit/ohne Flasche.

R 6 *Name:* **Knoten nach Strecke** *Charakteristik:* PÜ

Gerätebedarf: ABC-Ausrüstung und/oder DTG-Ausrüstung *Flächenbedarf:* ½ Schwimmbahn; *Tiefe:* 1,5 m

Nach einer festgelegten Tauchstrecke soll ein vorher besprochener Knoten korrekt ausgeführt werden. Auch diese Übung ist bereits Bestandteil der klassischen Ausbildung, dient aber ähnlichen Zielstellungen wie die zuvor genannte Übung. Ein Beispiel ist ein Palstek nach 20 m Strecke.

R 7 *Name:* **Zusammenbauen nach Strecke** *Charakteristik:* PÜ

Gerätebedarf: ABC-Ausrüstung und/oder DTG-Ausrüstung *Flächenbedarf:* ½ Schwimmbahn; *Tiefe:* 1,5 m

Das Zusammenbauen des Tauchgerätes oder einzelner Ausrüstungsgegenstände stellt eine Erweiterung des An-/Ausziehens dar. Zusätzlich ist es nötig zu erfassen, was nicht optimal zusammengebaut ist. Beispiele sind das Flossenband oder die Schnellverschlüsse des Jackets.

R 8 *Name:* **Perlen aufziehen** *Charakteristik:* PÜ

Gerätebedarf: Perlen für Halsketten, Bindfaden zum Aufziehen *Flächenbedarf:* Schwimmbahn

Beschreibung: Die Perlen werden in einer Tüte am Boden verankert. Aus der Distanz soll diese Tüte angetaucht werden, und der Taucher soll versuchen, so viele Perlen wie möglich auf den Faden aufzuziehen. Der Partner sichert an der WO.

R 9 *Name:* **UW-Handzeichen geben** *Charakteristik:* PÜ

Gerätebedarf: 1 UW-Schreibtafel mit Stift pro Paar *Flächenbedarf:* Schwimmbahn

Beschreibung: Beide Partner tauchen gemeinsam ab. Ein Partner gibt ein UW-Handzeichen, der Partner muss die Bedeutung auf der Schreibtafel notieren, bevor beide Partner wieder auftauchen. Es soll versucht werden, so viele Zeichen wie möglich pro Abtauchen zu geben.

Besondere Hinweise: Die UW-Handzeichen werden in Kapitel 5 besprochen und in Abb. 21 dargestellt.

R 10 *Name:* **Murmeln sortieren**   *Charakteristik:* PW

Gerätebedarf: Murmeln verschiedener Größe   *Flächenbedarf:* Schwimmbahn
und Farbe, verschiedene Töpfchen

Beschreibung: Die Murmeln, die sich am Ende einer Tauchstrecke befinden, sollen nach Größe und Farbe sortiert werden. Der Partner sichert an der WO.

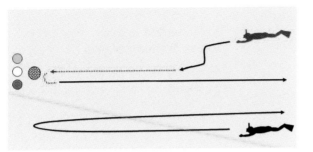

Abb. R10: *Murmeln am Ende einer Tauchstrecke (gestrichelt) sollen in die zugehörigen Gefäße sortiert werden (Ansicht von oben). Ein Partner (grau) sichert den Taucher von der Wasseroberfläche aus.*

R 11 *Name:* **Puzzle legen**   *Charakteristik:* PS

Gerätebedarf: Wasserfestes Puzzle   *Flächenbedarf:* Schwimmbahn

Beschreibung: Zwei Partner sollen versuchen, abwechselnd während der Apnoe ein Puzzle zusammenzufügen. Während der Pause übernimmt jeder Partner die Sicherungsaufgabe.

R 12 *Name:* **Längsten Satz schreiben**   *Charakteristik:* PW

Gerätebedarf: 1 UW-Schreibtafel mit Stift pro   *Flächenbedarf:* Schwimmbahn
Paar

Beschreibung: Abwechselnd sollen die Partner versuchen, einen möglichst langen vollständigen Satz während der Apnoe zu schreiben.

R 13 *Name:* **Tauchen mit verbundenen**   *Charakteristik:* PÜ
          Augen in Apnoe

Gerätebedarf: 1 Augenbinde pro Paar   *Flächenbedarf:* Lehrbecken

Beschreibung: Ein Partner führt einen »blinden« Partner durch die Unterwasserwelt. Beide Tauchpartner müssen vorher vereinbaren, wie sie sich trotz der Sichtbehinderung verständigen (Händedruck).

Besondere Hinweise: Eine Kombination dieser Übung mit einem UW-Parcours stellt eine besondere Herausforderung dar.

Zusammenfassung der Sicherheitshinweise

- Die Hyperventilation vor dem Apnoetauchen ist verboten!
- Mindestens ein Partner muss den Apnoetaucher sichern!

Trainingspläne

(N. Holle)

Diese Trainingspläne sind Beispiele und auch als Anregungen zu verstehen. Sie müssen an Rahmenbedingungen sowie die jeweilige Gruppenstruktur und deren Leistungsniveau angepasst werden. Manche Pläne setzen schon Vorkenntnisse in der Gruppe voraus, um die Abläufe in der dargestellten Form reibungslos durchführen zu können.

Bei einigen Trainingsplänen wurden Verweise auf Übungen eingefügt, die sich in diesem Buch finden lassen. Zum Teil sind die Übungen 1:1 übernommen, zum Teil wurden sie variiert. Dies soll eine Aufforderung sein, die eigene Kreativität bei der Erstellung eigener Trainingspläne einzusetzen.

Zeichenerklärungen zu den Trainingsplänen

Die Piktogramme am rechten, oberen Rand der Trainingspläne geben einen Kurzüberblick des jeweiligen Stundeninhaltes wieder.

Die linke Darstellung zeigt, in welcher Gruppenkonstellation die Übungen durchgeführt werden sollten. (Aber Achtung: Auch wenn Übungen allein durchgeführt werden können, ist eine Sicherung durch einen anderen Teilnehmer immer nötig.)

Die mittlere Darstellung zeigt die räumliche Organisationsform. Hier wird unterschieden, ob für das Schwimmen Bahnen ausreichend sind oder ob eine größere Fläche (und/oder Tiefe) nötig ist. Dies ist hilfreich, um die Planung der Stunde auf die jeweiligen räumlichen Möglichkeiten abzustimmen.

Das rechte Kästchen gibt in zwei/drei Schlagworten die Hauptbeanspruchungsform der Stunde an. Auf diese Weise lassen sich die wichtigsten Parameter der Stunde mit einem kurzen Blick erfassen und sich das Training optimal planen.

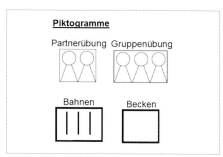

Abb. 55: Bedeutung der Piktogramme in den folgenden Trainingsplänen.

Trainingsplan-Nr. 1

Ziel: Aerobe + anaerobe Ausdauer
Teilnehmer: Partnerübung
Beckenbeschreibung: Bahn

	Aerobe + anaerobe Ausdauer

Beanspruchung	Aufgabe	Strecke / Intervall/Pause	lfd. Zeit (min.)	Kommentar
Aerobe Ausdauer zur Aufwärmung	**Übung 1:** Laufendes Band mit Richtungswechsel nach Signal. Es sollen verschiedene Flossenschlagtechniken verwandt werden. Das Tempo soll sich langsam steigern.	Signal vom ÜL nach 60 – 90 – 60 – 90 s	03–15	Der Körper wird aufgewärmt, d. h., das Kreislaufsystem wird auf die Belastung eingestimmt und vorbereitet. Die Übung dient dazu a. das Bahnenschwimmen aufzulockern b. die Konzentration soll auf die Atmung gelegt werden und hier vor allem auf das bewusste, kontrollierte Ausatmen
Erholung	Danach treffen sich die TN und tauschen ihre Erfahrungen aus.		16–18	
Anaerobe + aerobe Ausdauer	**Übung 2:** Es werden 2er-Teams gebildet. Diese positionieren sich Kopf an Kopf zueinander und schieben sich eine Bahn oder kürzer. (ACHTUNG: Der Geschobene muss unbedingt Körperspannung aufrechterhalten, sonst sackt er durch und es geht nicht, optional kann er die Knie beugen.) Nachdem jeder drei Versuche hatte, treten die Teams gegeneinander an. Wer kann bei korrekter Ausführung die längste Strecke schieben (max. eine Bahn), sind es mehrere, wer ist dabei schneller als die andere(n) Gruppe(n)?	3 x 2 x 1 Bahn, dann Wettkampf	19–34	Durch den zusätzlichen Widerstand ist der Kraftaufwand größer. Auch der Geschobene muss mitarbeiten und Spannung aufrechterhalten. Es ist Zusammenarbeit gefragt und ein Abwägen zugunsten der Geschwindigkeit oder der besseren Technik. Bei korrekt ausgeführter Beinschlagtechnik werden sich die besten Ergebnisse erzielen lassen.
Erholung	Die TN schwimmen langsam, aber ohne Pause noch 2 Bahnen auf dem Rücken.		35–37	Der Puls sollte sich wieder beruhigen.
Kraft-Ausdauer mit anaeroben Anteilen	**Übung 3:** Schwerpunkt Kraft-Ausdauer Zwei möglichst gleichstarke Partner bilden ein 2er-Team. Es wird die gleiche Position wie in Ü1 eingenommen. Jetzt wird aber versucht, den Partner/Gegner wegzuschieben. Dabei sollen Markierungen am Beckenrand oder Beckenboden als Begrenzungen dienen (Hütchen, Taschen etc.). Es wird auf drei Gewinnpunkte gespielt. Es ist möglich, ein Turnier zu gestalten. Die Sieger treten gegeneinander an und die Verlierer auch.		38–55	Der Anfangsabstand der Markierungen soll zu Beginn 5 m nicht überschreiten, gegebenenfalls auch kleiner. Bei zunehmendem Trainingseffekt kann diese Distanz länger werden. Wieder ist der korrekte Beinschlag der Schlüssel zum Erfolg.
	Ausschwimmen: 4–8 Bahnen langsam auf dem Rücken liegend, dabei die Konzentration auf eine ruhige Atmung und eine lange Ausatmung.		56–60	Der Kreislauf beruhigt sich nach der Belastung, die Regeneration wird in Gang gebracht.

Trainingsplan-Nr. 2

Ziel: Apnoefähigkeit bei Belastung verbessern
Teilnehmer: Partnerübung
Beckenbeschreibung: Bahn

Aerobe
Ausdauer +
Apnoe

Beanspruchung	Aufgabe	Strecke / Intervall/Pause	lfd. Zeit (min.)	Kommentar
Aerobe Ausdauer bei der Erwärmung	**Übung 1:** Alle Teilnehmer sind mit ABC-Ausrüstung ausgestattet. Die TN schwimmen sich langsam ein. Dabei versuchen sie jeweils eine Bahn so lange wie möglich einzuatmen (Flossenschläge zählen), dann so lange wie möglich auszuatmen (dito). Dabei soll langsam, aber kontinuierlich die Geschwindigkeit erhöht werden. Nach ca. 12 Bahnen endet die Übung.	12 Bahnen	0–10 min	Die TN sollen ein Gefühl dafür entwickeln, mit ihrer Atmung zu spielen, und diese steuern lernen.
Erholung	Die Teilnehmer treffen sich und vergleichen ihre Ergebnisse.		11–12	
Aerobe Ausdauer + Apnoe	**Übung 2:** Es werden 2er-Gruppen gebildet. Diese schwimmen hintereinander her und der jeweils Hintere überholt unter Wasser den Vordermann/-frau. Für den jetzt Hinteren gilt das Gleiche. Es soll immer ein Partner unter Wasser sein. Zu Beginn ist ein betont langsames Grundtempo zu wählen, welches sich im Lauf der Übung langsam steigern kann, wenn es im Bereich des Möglichen liegt. Der Tauchende soll zusätzlich darauf achten, tief genug zu tauchen und weit genug vor dem Partner aufzutauchen, um ihn nicht zu behindern. Die Übung soll mindestens 12 Minuten andauern.	8–12 m schwimmen, dann Tauchbeginn ca. 5–10 m weit. Insgesamt ca. 10–15 Bahnen	13–35	Eine weitere Variation bzw. Erschwernis besteht darin, 3er-Gruppen mit demselben Aufgabenstellung zu bilden. Ein gewollter Nebeneffekt ist das Einplanen der Körperlänge mit Flossen sowie die Bewegungsamplitude des Beinschlages.
Erholung	Die TN schwimmen langsam, aber ohne Pause noch 6 Bahnen auf dem Rücken und konzentrieren sich auf ihre Ausatmung, dabei beobachten sie, ob und wie sich ihr Puls verändert.	6 Bahnen	36–40	Der Puls sollte sich wieder beruhigen.
Aerobe Ausdauer mit anaeroben Anteilen + Apnoe	**Übung 3:** Das gleiche System wie in der Übung 2, nur bildet diesmal die gesamte Gruppe eine Reihe hintereinander. Der jeweils Erste taucht ab und verlangsamt seinen Flossenschlag, ohne ganz aufzuhören. Die Gruppe überholt ihn so lange, bis er auftauchen muss, dann reiht er sich ein (an alle: beobachten und ausreichend Platz lassen). Bestenfalls befindet er sich jetzt am Ende der Gruppe. Wenn der Taucher wieder oben ist, beginnt derjenige an der ersten Position abzutauchen …	ca. 10–12 m, dann Tauchbeginn, insgesamt ca. 12–16 Bahnen	41–55	Es sind Teamgeist und Beobachtungsgabe gefragt und somit ein gruppendynamischer Prozess.
	Ausschwimmen		56–60	

Trainingsplan-Nr. 3

Ziel: Apnoefähigkeit bei Belastung verbessern
Teilnehmer: Gruppe
Beckenbeschreibung: Bahn

Beanspruchung	Aufgabe	Strecke / Intervall/Pause	lfd. Zeit (min.)	Kommentar
Aerobe Ausdauer in der Erwärmung	**Übung 1:** 10 Bahnen mit gesamter ABC-Ausrüstung schwimmen. Dabei das Tempo langsam und kontinuierlich steigern. Maximal werden 70 % der möglichen Höchstgeschwindigkeit erreicht. Während der Bahnen 3, 5, 7 und 9 ist es die Aufgabe, unter Wasser möglichst lange kontrolliert auszuatmen (dient als Vorbereitung auf die Apnoe).	10 x 25 m, 15 s Pause	1 min Erklärung, 13 min Durchführung	DTG, um Pause attraktiv und tauchnah zu machen. Pro Bahn 4 DTG, je 2 an Anfang und Ende der Bahn. 2 6er-Gruppen, Markierungen alle 5 Meter am Beckenrand, wenn der Vordermann die erste Markierung erreicht, startet der Nächste. a. Organisationsform beachten (siehe Abbildung 1).
Erholung	Treffen am Beckenrand, Austausch über gemachte Erfahrungen. Der ÜL erklärt die nächste Übung.		15–20	Vollständige Erholung, der Erfahrungsaustausch dient auch der Reflexion und evtl. der organisatorischen Verbesserung der Übung.
Aerobe Ausdauer mit Sprints (anaerobe Ausdauer) unter Apnoe	**Übung 2:** 15 Bahnen in 3er-Gruppen hintereinander in mäßigem Tempo schwimmen (ausreichend Abstand lassen). Ziel ist es, aus der letzten Position die beiden Vorderleute zu untertauchen. Variationsmöglichkeiten liegen im Grundtempo und der Gruppengröße.	15 x 25 m, gegebenenfalls Pause durch Besprechung	21–43	Die Gruppen sollen sich austauschen und als Team zum Erfolg kommen, so entstehen die Pausen, die nicht zu lang sein sollen (max. 20 s). Wichtig ist, dass der Tauchende weit genug vor dem Führenden auftaucht. Dafür muss er seine gesamte Körperlänge (mit Flossen) einplanen. Ebenso wichtig ist die gleich bleibende Geschwindigkeit der beiden an der WO.
Erholung	Die TN schwimmen langsam, aber ohne Pause noch 2 Bahnen auf dem Rücken.	2 Bahnen	44–45	Der Puls sollte sich wieder beruhigen.
Aerobe Ausdauer, längere Apnoephasen	**Übung 3:** Als Spielform zum Anschluss versuchen alle in immer größer werdenden Gruppen die Übung zu meistern, wie viele können untertaucht werden? Möglich ist auch ein Wettkampf, auf jeder Bahn eine Gruppe, die gegeneinander ein Rennen veranstalten (ähnlich dem Bahnradvierer).	abhängig von der Gruppengröße	46–55	Der Ausklang steht nicht so sehr im Fokus des Trainings, stellt aber dennoch einen Trainingsreiz dar, außerdem soll zum Ende ein Anreiz in Spielform gegeben werden, der Wettkampfcharakter unterstützt dies.
Ausschwimmen	6 Bahnen ruhig auf dem Rücken ausschwimmen, dabei auf eine lange Ausatmung achten.	6 x 25 m	56–60	Der Kreislauf beruhigt sich nach der Belastung, die Regeneration wird in Gang gebracht.

Trainingsplan-Nr. 4

Ziel: Aerobe Ausdauer für Arme + Beine
Teilnehmer: Partnerübung
Beckenbeschreibung: Bahn

Aerobe Ausdauer

Beanspruchung	Aufgabe	Strecke / Intervall/Pause	lfd. Zeit (min.)	Kommentar
Aerobe Ausdauer in der Erwärmung	**Übung 1:** Alle Teilnehmer sind mit ABC-Ausrüstung ausgestattet. Die TN schwimmen sich in einem laufenden Band ein. Verschiedene Flossenschlagtechniken sollen eingesetzt werden.	5 Runden, mittleres Tempo	0–10 min	Der Kreislauf wird in Schwung gebracht und damit auf die kommende Belastung vorbereitet.
Erholung	Die Teilnehmer treffen sich, die neue Übung wird erklärt.		11–12	
Aerobe Ausdauer abwechselnd für Arme und Beine auf den Bahnen 3 + 4 mit anaeroben Anteilen	**Übung 2:** Es werden 2er-Gruppen gebildet. Der Hintermann greift den Vordermann an den Knöcheln. Der Vordere schwimmt mit Kraularmzug, der Hintere mit Kraulbeinschlag, nach je 2 Bahnen ist Wechsel. Jeder ist dreimal vorn und dreimal hinten. Das Tempo ist auf den Bahnen 3 und 4 so schnell es geht, bei korrekter Ausführung.	12 Bahnen	13–25	Die Koordination der Übung ist eine nicht zu unterschätzende Aufgabe, die ein wenig Übung benötigt.
Erholung	Die TN schwimmen langsam, aber ohne Pause noch 6 Bahnen auf dem Rücken und konzentrieren sich auf ihre Ausatmung, dabei beobachten sie, ob und wie sich ihr Puls verändert.		26–31	Der Puls sollte sich wieder beruhigen.
Aerobe Ausdauer für Arme und Beine	**Übung 3:** Das gleiche System wie in der Übung 2, nur diesmal in 3er-Gruppen. Wieder ist nach ja 2 Bahnen Wechsel. Der Mittlere hat »Pause«, auch wenn es ihm nicht so vorkommt. Wichtig sind Körperspannung und »Gelassenheit«. Jeder soll zweimal an jeder Position sein.	12 Bahnen	32–52	Es ist wieder die Koordination, auf die es ankommt.
	Ausschwimmen betont langsam und ruhig.		53–60	

Trainingsplan-Nr. 5

Ziel: Leistungsfähigkeit unter Apnoe verbessern
Teilnehmer: Gruppe
Beckenbeschreibung: Bahn

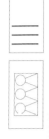

**Leistungs-
fähigkeit in
der Apnoe**

Beanspruchung	Aufgabe	Strecke / Intervall/Pause	lfd. Zeit (min.)	Kommentar
Aerobe Ausdauer in der Erwärmung, Vorbereitung auf die Apnoe	**Aufwärmen (Übung 1):** Die Teilnehmer schwimmen sich ein, dabei tauchen sie nach der Ausatmung ab und versuchen 1-2-3-... Flossenschläge lang weiterzutauchen, ohne sich zu beeilen oder sich anzustrengen.	8 Bahnen, mittleres Tempo	0–10	Der Kreislauf wird »in Schwung« gebracht.
Erholung	Die TN treffen sich, die Übung wird erklärt.		11–12	
Konzentrationsfähigkeit in der Apnoe und Aerobe Ausdauer, abhängig von den Distanzen auch anaerobe Anteile	**Übung 2:** Die TN tauchen nacheinander am Übungsaufbau ab. An diesem befinden sich drei Schreibtafeln mit Stift in unterschiedlichen Tiefen, auf denen Tic Tac Toe gespielt werden soll. Es soll von oben nach unten gespielt werden. Immer wenn ein Taucher beim übernächsten Brett ist, darf der nächste abtauchen. Danach soll in hohem Tempo zur gegenüberliegenden Wand getaucht oder geschwommen werden (vgl. Übung R4). Es können auch (bei entsprechender TN-zahl) mehrere Spielstationen aufgebaut werden. Dann ist es auch möglich, zwischen den »Türmen« zu wechseln.	16 min Durchführung	13–29	**Übungsaufbau:** Zwischen einem Auftriebskörper (Boje) und einer Befestigung am Boden (Gewicht, Saugnapf ...) ist eine Kordel gespannt, an dieser sind mit Knoten 3 Schreibtafeln in regelmäßigen Abständen zum Boden befestigt.
Erholung	Es sollen 4 Bahnen in mittlerem Tempo und mit unterschiedlichen Flossenschlag-Stilen geschwommen werden.	4 Bahnen, mittleres Tempo	30–33	Die TN sollen sich beruhigen und ein wenig abgelenkt werden.
siehe Übung 2	**Übung 3:** Derselbe Aufbau, nur jetzt sollen die TN nach dem Abtauchen ihre Maske aufsetzen, diese ausblasen und dann die Spiele spielen.	2 min Erklärung 16 min Durchführung	34–52	Das geübte Handling der Ausrüstung gibt Sicherheit und spart Luft.
	Ausschwimmen, abbauen		53–60	

Trainingsplan-Nr. 6

Ziel: Leistungsfähigkeit unter Apnoe verbessern
Teilnehmer: Gruppe
Beckenbeschreibung: Becken

Beanspruchung	Aufgabe	Strecke / Intervall/Pause	lfd. Zeit (min.)	Kommentar
Aerobe Ausdauer in der Erwärmung	**Übung 1:** 8 Bahnen ohne Pause mit gesamter ABC-Ausrüstung schwimmen. Dabei das Tempo langsam und kontinuierlich steigern. Auf jeder Bahn soll eine andere Beinschlagtechnik verwendet werden. Maximal werden 70% der möglichen Höchstgeschwindigkeit erreicht. Während jeder Bahn soll eine Tauchphase stattfinden, die sich zunehmend verlängert.	8 × 1 Bahn	0–12	Der Körper wird aufgewärmt, d. h., das Kreislaufsystem wird auf die Belastung eingestimmt und vorbereitet. Vorbereitung auf die Apnoe.
Erholung	Die TN treffen sich am Rand. Der ÜL erklärt die Übung.		13–14	
Aerobe Ausdauer mit anaeroben Anteilen, Wahrnehmungs-schulung	**Übung 2:** Jeder TN schwimmt von Rand ca. 7–10 m weg. Dort taucht er ab und dreht sich um 180°. D. h., er taucht danach kopfüber zurück zur Wand. (Mit der WO als Boden.) An der Wand angekommen, rollt er sich wieder um 180° mit dem Bauch zur Wand. Danach geht es in normaler Position zurück von der Wand weg. Nach erneuten 7–10 m dreht er sich wieder um 180°… usw. Es entsteht eine Art Schlangenlinie. Nach 3–5 Versuchen soll ein Wettbewerb stattfinden. Ziel ist es, so oft wie möglich hin und her zu tauchen, d. h. so tief wie möglich zu kommen.	2 min Erklärung 15 min Durchführung	15–32	Die Übung besitzt neben dem Aufforderungscharakter des Wettkampfes die Möglichkeit, andere Wahrnehmungen der Unterwasserwelt zuzulassen.
Erholung	Die TN treffen sich am Rand und tauschen ihre Erfahrungen aus.		33–35	Welche Erfahrungswerte haben die TN gesammelt?
Aerobe Ausdauer mit anaeroben Anteilen, abhängig von den Distanzen und Geschwindigkeiten	**Übung 3:** Jeder TN bekommt einen Ball, der Auftrieb besitzt; alle Bälle sollen unterschieden werden können. (Bsp. verschiedenfarbige Tennisbälle.) Jeder wirft im Becken den Ball so, dass er ihn nach dem Abtauchen und Erreichen des Beckenbodens von unten antauchen kann. Mit zunehmendem Trainingserfolg lassen sich die Aufgaben steigern. D. h., der Ball wird weiter weggeworfen, oder nach dem Abtauchen müssen der Beckenboden und 2 Wände berührt werden, etc.	3 min Erklärung 15 min Durchführung	36–54	Neben dem Aufforderungscharakter des Balles sollen die TN einschätzen lernen, wie sich Distanzen an der Oberfläche und unter Wasser unterscheiden. Zusätzlich sollen sie einschätzen lernen, wie weit sie unter Berücksichtigung der Aufgaben tauchen können. Außerdem lernen sie dabei, während des Auftauchens nach oben zu schauen und evtl. Gefahren im Freiwasser aus dem Weg gehen zu können.
	Ausschwimmen: 8 Bahnen langsam auf dem Rücken liegend, dabei die Konzentration auf eine ruhige Atmung und eine lange Ausatmung.		55–60	Der Kreislauf wird wieder ausreichend mit Sauerstoff versorgt, die angesammelten Schadstoffe werden besser abgebaut.

Trainingsplan-Nr. 7

Ziel: Verbesserung der Bewegungsgeschicklichkeit
Teilnehmer: Partnerübung
Beckenbeschreibung: Becken

Arbeit an der Bewegungsgeschicklichkeit

Beanspruchung	Aufgabe	Strecke / Interval/Pause	lfd. Zeit (min.)	Kommentar
Aerobe Ausdauer in der Erwärmung	**Aufwärmen (Übung 1):** Die Teilnehmer sind mit ABC-Ausrüstung ausgestattet. Sie schwimmen sich in mittlerem Tempo ein. Dabei ändern sie jede Bahn ihre Schwimmlage oder ihre Flossenschlagtechnik.	12 Bahnen	0–8	Es geht um das Vorbereiten des Körpers und das Nachdenken über verschiedene Fortbewegungsarten.
Erholung	**Erholung 1:** Die TN versuchen, für 4 Minuten langsame, ruhige Drehungen um alle 3 Körperachsen unter und über Wasser zu machen.		9–13	
aerobe Ausdauer mit anaeroben Anteilen durch das schnelle Schwimmen zur anderen Seite	**Übung 2:** Es werden 2er-Gruppen gebildet. Diese positionieren sich ca. 5 m vom Beckenrand entfernt. Die Aufgabe besteht darin, abzutauchen (1–2 m Tiefe), auf die Wand zuzutauchen und so nah wie möglich vor der Wand zum Stillstand zu kommen. Ziel ist es, verschiedene Möglichkeiten der Geschwindigkeitsreduktion auszuprobieren (Vergrößerung des Wasserwiderstandes, Abdrehen, …). Die TN sollen alle Möglichkeiten ausprobieren. Der Fantasie sind keine Grenzen gesetzt. Danach soll in hoher Geschwindigkeit zur gegenüberliegenden Wand getaucht/geschwommen werden (vgl. Übung A3). Nach ca. 15 Minuten kommen die TN zusammen und tauschen ihre Erfahrungen aus.	3 min Erklärung 15 min Durchführung	14–32	Der Übertrag in die »reale« Tauchwelt, am Riff oder einer Wand, ist Hintergrund dieser Übung, denn man möchte zwar etwas betrachten, muss sich aber auch wieder entfernen können, ohne die Umwelt zu schädigen.
Erholung	Anschließend soll jeder noch mal für ca. 5 Minuten an seiner Flossenschlag-Technik feilen.		33–38	Der Lerneffekt vergrößert sich im Austausch.
Aerobe Ausdauer mit Apnoe-Anteilen	**Übung 3:** Ein Wettkampf findet statt, die TN sollen der Reihe nach in ca. 1–2 m Tiefe in eine Ecke des Beckens tauchen und so kurz wie möglich vor der Wand abdrehen. Der ÜL ist über ihnen an der WO und kontrolliert bzw. vergleicht die Distanzen. (Eventuell kann er die Kacheln in der Ecke zählen.) Nach drei Durchgängen wird ein Sieger ermittelt, dieser muss seine Technik den anderen gegebenenfalls erklären, und sie sollen versuchen, es nachzumachen. Ein letzter Durchgang zeigt, ob der alte Sieger auch der neue ist.	2 min Erklärung Durchführung bis 5 min vor Ende der Stunde	39–55	Die Ecke schafft eine zusätzliche Einschränkung, Enge und ganz nebenbei eine Möglichkeit, den Abstand zur Wand zu »messen«. Die »wartenden« TN erproben und beobachten die verschiedenen Techniken der anderen.
	Ausschwimmen		56–60	

Trainingsplan-Nr. 8

Ziel: Aerobe Ausdauer verbessern
Teilnehmer: Partnerübung
Beckenbeschreibung: Becken

Aerobe und
anaerobe
Ausdauer

Beanspruchung	Aufgabe	Strecke / Intervall/Pause	lfd. Zeit (min.)	Kommentar
Aerobe Ausdauer mit anaeroben Anteilen	**Übung 1:** Spielform »Fangen mit Ball« Alle Teilnehmer sind mit Flossen ausgerüstet. Ein »Jäger« wird bestimmt, dieser versucht die »Hasen« abzuschlagen. Erwischt der »Jäger« einen Hasen tauschen diese beiden die Rollen. Es wird pro 3 Teilnehmer 1 Ball ins Spiel gebracht. Ein Hase darf nicht »gefangen« werden, wenn er einen Ball in der Hand hält. Nach spätestens 3 Minuten wechselt der »Jäger« wenn er keinen Hasen gefangen hat.	2 min Erklärung 10 min Durchführung	0–12	Achtung: Die Beckengröße muss gegebenenfalls an die Teilnehmerzahl angepasst werden.
Erholung	Die Spieler schwimmen 2 Bahnen auf dem Rücken liegend, konzentrieren sich auf ihre Atmung und versuchen möglichst lange auszuatmen.		13–15	Es sollte sich eine merkliche Verlangsamung des Pulses einstellen.
Aerobe Ausdauer mit stark anaeroben Anteilen	**Übung 2:** Alle TN sind mit ABC-Ausrüstung ausgestattet. Es werden 2er-Gruppen gebildet, in denen die Partner eine ähnliche Konstitution haben. Diese positionieren sich mit dem Kopf zueinander in Schwimmposition, legen die Handflächen gegeneinander und versuchen den Partner wegzuschieben. Nach einigen Versuchen sollen zwei Markierungen am Beckenboden oder Beckenrand gewählt werden, die eine Zone bilden. Es folgt ein Wettkampf mit dem Ziel, den Partner aus dieser Zone herauszuschieben.	3 min Erklärung 15 min Durchführung	16–33	Der ÜL kann die Gruppen neu zusammenstellen, wenn das Verhältnis nicht passt, bzw. wenn die Gruppen es selbst bemerken.
Erholung	Die Spieler schwimmen 4 Bahnen auf dem Rücken liegend und konzentrieren sich auf ihre Beinschlagtechnik.	4 × eine Bahn	34–37	Diese Vorübung dient dazu, sich zu erholen und sich die richtge Ausführung noch mal zu Gemüte zu führen.
Aerobe Ausdauer durch Dauerbelastung	**Übung 3:** Die Teilnehmer sind mit ABC-Ausrüstung ausgestattet. Die TN schwimmen Bahnen ohne Unterbrechung und versuchen möglichst viele Beinschläge auszuatmen. Es werden 2er-Gruppen gebildet, die parallel Bahnen schwimmen und als Wettkampfform versuchen, wer länger ausatmen kann. Dafür müssen sie sich anschauen. Nach drei Punkten spielen die Sieger gegeneinander, bis ein eindeutiger Sieger feststeht.	2 min Erklärung 2 + 4 Bahnen Eingewöhnung, dann Wettkampf	38–55	Am besten kann man die Ausatmung (Luftperlen) sehen, wenn die Partner die Schnorchel dabei aus dem Mund nehmen.
	Ausschwimmen		56–60	

Trainingsplan-Nr. 9

Ziel: Aerobe Ausdauer verbessern
Teilnehmer: Gruppe
Beckenbeschreibung: Bahn

Aerobe
Ausdauer

Beanspruchung	Aufgabe	Strecke / Intervall/Pause	lfd. Zeit (min.)	Kommentar
Aerobe Ausdauer	**Übung 1:** Jeder Teilnehmer hat seine ABC-Ausrüstung an. Es werden je 4 Bahnen mit anderer Aufgabe bewältigt. – 1x 4 ohne Maske durch den Schnorchel atmen, – 1x 4 mit Maske den Schnorchel aus dem Mund nehmen, hinter dem Rücken in die andere Hand nehmen und in den Mund zurück, – 1x 4 ohne Maske den Schnorchel hinter dem Rücken in die andere Hand nehmen, ausblasen und weiteratmen, – 1x 4 mit dem Daumen eine »Flamme« aus Luft kurz unter der WO machen, diese so lange wie möglich halten (dazu erst den Daumen aus dem Wasser halten und dann langsam absenken), – 1x 4 aus maximaler Geschwindigkeit komplett abstoppen und wieder beschleunigen (vgl. Übung A3), – 1x 4 ausblasen und weiteratmen.	6 x 4 Bahnen mit wechselnden Geschwindigkeiten, jeweils kurze Einweisung nach 4 Bahnen	0–18	Die Übungen dienen der Auflockerung, der Ablenkung vom eigentlichen aeroben Training, zusätzlich wird das Handling der Ausrüstung trainiert.
Erholung	Die Spieler schwimmen 2 Bahnen auf dem Rücken liegend, konzentrieren sich auf ihre Atmung und versuchen möglichst lange auszuatmen.	2 Bahnen, ruhiges Tempo	19–20	Es sollte sich eine merkliche Verlangsamung des Pulses einstellen.

Beanspruchung	Aufgabe	Strecke / Intervall/Pause	lfd. Zeit (min.)	Kommentar
Aerobe Ausdauer mit anaeroben Anteilen	**Übung 2:** Die TN finden sich in Zweiergruppen zusammen. Es werden je 4 Bahnen mit einer anderen Aufgabe bewältigt. – 1x 4 beide TN schwimmen auf gleicher Höhe und nehmen sich an der inneren Hand. Jeder versucht mit der anderen Hand eine »Flamme« kurz unter der WO zu machen (siehe oben), – 1x 4 jede Gruppe hat nur einen Schnorchel und tauscht diesen wie oben beschrieben (vgl. Übung L2, L4, L7), – 1x 4 beide TN tauchen ohne Maske bei gleicher Aufgabe, – 1x 4 je ein TN bremst aus hoher Geschwindigkeit ab, lässt den Partner vorbei, wechselt auf dessen andere Seite und beschleunigt wieder bis auf gleiche Höhe, – 1x 4 aus einer hohen Geschwindigkeit stoppen beide ab und beschleunigen wieder (vgl. Übung A3), – 1x 4 es ist nur ein Schnorchel in der Gruppe, der Partner ohne Schnorchel stoppt ab, beschleunigt wieder und während des Überholens wird der Schnorchel übergeben (vgl. Übung L4, L7).	6 x 4 Bahnen mit wechselndem Tempo	21–39	Zusätzlich zu den obigen Punkten kommen hier der Austausch und die Koordination zwischen den Partnern hinzu.
Erholung	Die Spieler schwimmen 4 Bahnen auf dem Rücken liegend und konzentrieren sich auf die richtige, langsame Ausführung ihres Beinschlages sowie auf ihre Ausatmung.	4 Bahnen, ruhiges Tempo	40–43	
Aerobe Ausdauer mit größeren anaeroben Anteilen	**Übung 3:** Dieselben Paare wie vorher, drei Übungen werden vorher abgesprochen, diesmal als Wettkampf, welche Gruppe ist schneller bei korrekter Übungsausführung?	3 x 4 Bahnen so schnell es die Übung zulässt	44–55	Unter dem Wettkampfcharakter leidet eventuell die Qualität, trotzdem bleibt die korrekte Ausführung im Vordergrund.
	Ausschwimmen	ruhiges Tempo	56–60	Der Kreislauf soll sich wieder beruhigen.

Trainingsplan-Nr. 10

Ziel: Leistungsfähigkeit in der Apnoe verbessern, Übersicht schulen
Teilnehmer: Einzeln oder Partnerübung
Beckenbeschreibung: Becken

Leistungs-
fähigkeit
unter Apnoe

Beanspruchung	Aufgabe	Strecke / Intervall/Pause	lfd. Zeit (min.)	Kommentar
Aerobe Ausdauer bei der Erwärmung	**Übung 1:** Die Teilnehmer schwimmen sich ein, dabei tauchen sie nach der Ausatmung ab und versuchen 1-2-3-... Flossenschläge lang weiterzutauchen, ohne sich zu beeilen oder sich anzustrengen. Zuerst 1 FS, dann 2, ... Die Teilnehmer tauchen eine Strecke, ohne an Apnoe-Grenzen zu gehen. Dabei sollen sie verschiedene Wahrnehmungen ausprobieren. Also nach dem Abtauchen eine 180°-Drehung und die Wasseroberfläche als »Boden« akzeptieren und versuchen, möglichst nahe an diesem entlangzutauchen. Gleiches ist an einer Wand möglich.	2 min Erklärung 12 Bahnen Durchführung	0–11	Die Apnoe beeinflusst auch die Wahrnehmung.
	Pause am Beckenrand und Erfahrungsaustausch		12–13	
Aerobe Ausdauer zum Erreichen des Balles, gute Bewegungsökonomie für große Distanzen	**Übung 2:** Jeder Teilnehmer oder jede 2er-Gruppe bekommt einen Ball, dieser soll schwimmen können, aber nicht zu leicht sein. (Bsp. Tennisball). Der TN wirft den Ball von sich weg und taucht ihn anschließend von unten an. Um den Trainingseffekt zu steigern, kann der Ball immer weiter weggeworfen werden. Es ist auch möglich, vorher Aufgaben zu stellen. Bsp. Abtauchen, den Beckenboden berühren und dann zum Ball, oder abtauchen, den Beckenboden und danach zwei Wände berühren und dann zum Ball. In der Gruppe wird der Ball immer für den Partner geworfen und nach vorher abgesprochener Aufgabe angetaucht.	3 min Erklärung 15 min Durchführung	14–31	Neben der Apnoefähigkeit wird die Übersicht geschult, beim Auftauchen nach oben zu schauen und den Ball zu suchen.
	4 ruhige Bahnen auf dem Rücken liegend mit betonter Ausatmung.		32–35	
siehe Übung 2	**Übung 3:** Der ÜL steht am Beckenrand, die TN vor ihm an der Wand. Auf Kommando sollen alle gleichzeitig abtauchen. Der ÜL wirft den Ball, die TN müssen versuchen, ihn von unter Wasser zu sehen und anzutauchen. Evtl. nach vorner festgelegter Aufgabe.	2 min Erklärung 17 min Durchführung	36–54	Der Ball muss an der OF gefunden werden. (Rat: überkopf, mit der OF als Boden, fällt die starre Struktur des Balles im bewegten Wasser schneller auf.)
	Ausschwimmen		55–60	

Trainingsplan-Nr. 11

Ziel: : Aerobe Ausdauer verbessern / Konzentration unter Belastung
Teilnehmer: Gruppe
Beckenbeschreibung: Becken / Bahn

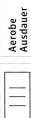

Aerobe Ausdauer

Beanspruchung	Aufgabe	Strecke / Interval/Pause	lfd. Zeit (min.)	Kommentar
Aerobe Ausdauer in der Erwärmung	**Übung 1:** Jeder Teilnehmer hat seine ABC-Ausrüstung an. Es werden 12 Bahnen geschwommen, dabei soll immer kurz nach der Wende für 10 s beschleunigt werden (im Kopf langsam bis 10 zählen). Den Rest der Bahn soll die Geschwindigkeit gemütlich bis langsam sein. Je 4 Bahnen sollen in der gleichen Technik geschwommen werden. (Normaler BS, Delfin-BS und »Brust«-BS).	3 x 4 Bahnen mit wechselnden Geschwindigkeiten, jeweils eine Technik pro 4 Bahnen	0–10	Die Übungen dienen der Auflockerung, der Ablenkung vom eigentlichen aeroben Training, zusätzlich wird das Handling der Ausrüstung trainiert.
Erholung	Die TN kommen am Rand zusammen, der ÜL erklärt die Übung.		11–13	
Aerobe Ausdauer mit zunehmender Belastung	**Übung 2:** Die Übung findet in der Organisationsform einer laufenden Acht statt. Auf dem Rückweg wird am Beckenboden bis zur Ausgangswand (Startpunkt) abgetaucht (vgl. Übung C7). Beim Auftauchen drehen sich die TN um die Körperlängsachse, um die anderen TN und die WO zu beobachten und Zusammenstöße zu vermeiden. Die Geschwindigkeit steigt bei jeder Acht.	8 Achten mit steigendem Tempo	14–30	Die Konzentration ist vor allem am Ende der Apnoe gefragt, und die steigende Geschwindigkeit fordert zunehmend mehr davon.
Erholung	Die Spieler schwimmen 4 Bahnen auf dem Rücken liegend und konzentrieren sich auf die richtige, langsame Ausführung ihres Beinschlages.	4 Bahnen, ruhiges Tempo	31–34	Der Puls und die Atmung beruhigen sich.
Aerobe Ausdauer mit wechselnden Belastungen und anaeroben Anteilen	**Übung 3:** Jeder TN bekommt ein Schwimmbrett. Die Aufgabe ist eine Verbindung der beiden vorherigen. Also eine laufende Acht mit Geschwindigkeitssteigerung zur Mitte der Bahn hin, auch während der Apnoe. Das Brett kann als Steuerungshilfe (gerade in der Apnoe) verwendet werden oder als zusätzlicher Widerstand (vor allem auf dem »Hinweg« bis zum Scheitelpunkt der Acht). Das Tempo soll auch hierbei steigen, aber nur so lange die sichere Kontrolle des Brettes erhalten bleibt.	kurze Erklärung dann 8 Achten mit gemäßigt steigendem Tempo	35–53	Die Verbindung der kognitiven Aufgaben mit konditionellen Anforderungen ist anspruchsvoll und erfordert eventuell entsprechendes Training im Vorfeld.
	Ausschwimmen	ruhiges Tempo	54–60	Der Kreislauf soll sich nach der Anstrengung wieder beruhigen.

Trainingsplan-Nr. 12

Ziel: Aerobe Ausdauer + schwimmen mit DTG, anaerobe Anteile
Teilnehmer: Gruppe
Beckenbeschreibung: Becken / Bahn

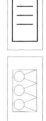

Aerobe
Ausdauer
+ tDTG

Beanspruchung	Aufgabe	Strecke / Intervall/Pause	lfd. Zeit (min.)	Kommentar
	Vor dem Training wird für jeden TN ein DTG zusammengebaut.		0–10	
Aerobe Ausdauer während der Erwärmung	**Übung 1:** Jeder Teilnehmer hat seine ABC-Ausrüstung an. Es werden 16 Bahnen in verschiedenen Flossenschlagtechniken geschwommen.	16 Bahnen mit wechselnden Techniken, mittleres Tempo	11–22	Der Kreislauf wird in Schwung gebracht.
Erholung	Die TN kommen am Rand zusammen, der ÜL erklärt die neue Übung, die DTGs werden angezogen.		23–29	
Aerobe Ausdauer	**Übung 2:** Die TN schwimmen mit leerem Jacket je eine Bahn auf dem Rücken und eine auf dem Bauch, dann wird alle 2 Bahnen mehr Luft in das Jacket gefüllt, das Tempo soll konstant zügig sein.	8 x 2 Bahnen, zügiges Tempo	30–42	Der größere Auftrieb wird die Schwimmlage verändern.
Erholung	**Erholung 2:** Die Spieler schwimmen 4 Bahnen auf dem Rücken liegend.	4 Bahnen, ruhiges Tempo	43–46	Der Puls und die Atmung beruhigen sich.
Aerobe Ausdauer mit anaeroben Anteilen	**Übung 3:** Die TN schwimmen mit leerem Jacket jeweils eine Bahn so schnell wie möglich in den drei Techniken »Normal«, »Delfin« und »Brust«, die jeweils zweite Bahn ist betont langsam und ruhig.	3 schnelle und 3 langsame Bahnen, die letzte langsame geht in das Ausschwimmen über	47–55	Die wechselnden Geschwindigkeiten verändern die Beanspruchung.
	Ausschwimmen	ruhiges Tempo	56–60	Der Kreislauf soll sich nach der Anstrengung wieder beruhigen.

Trainingsplan-Nr. 13

Ziel: Apnoefähigkeit verbessern / Wahrnehmungsschulung
Teilnehmer: Gruppe / Einzeln
Beckenbeschreibung: Becken

| Apnoefähig- |
| keit + Wahr- |
| nehmung |

Beanspruchung	Aufgabe	Strecke / Intervall/Pause	lfd. Zeit (min.)	
Aerobe Ausdauer mit Apnoephasen	**Übung 1:** Die TN sind mit ABC ausgestattet. Sie schwimmen sich 12 Bahnen ein und steigern dabei ihre Geschwindigkeit auf jeder Bahn. Auf ungefähr der Mitte der Bahn soll durch Stoppen (langsam bis fünf zählen) der Schwimmbewegung und Ausatmung ein Stück abgetaucht werden. Im Anschluss soll die Bahn zu Ende getaucht werden. Nach 6 Bahnen soll diese Tauchphase »auf dem Kopf« also mit der Brust Richtung WO getaucht werden.	12 Bahnen mit steigendem Tempo	0–10	Der Kreislauf wird aktiviert und der Wechsel schwimmen-stoppen-schwimmen unterstützt dies. Die Drehung in der zweiten Hälfte verändert die Wahrnehmung und lenkt von der Apnoephase ab.
Erholung	Die TN schwimmen 2 Bahnen langsam und konzentrieren sich auf ihre Ausatmung.	2 Bahnen langsames Tempo	11–12	
Aerobe Ausdauer mit Apnoephasen	**Übung 2:** Es werden 2er-Gruppen gebildet. Der Hintermann umfasst die Knöchel des Vordermanns und schiebt diesen. Der Vordermann »lenkt«. Dabei sollen verschiedene Positionen eingenommen werden. Normal an der WO, abtauchen durch Hüftknick, in der Apnoephase kurz unter der WO 180° drehen (wie Vorübung), abtauchen an der Wand entlang, abtauchen am Beckenboden entlang. Dabei gilt es auch, den anderen Gruppen auszuweichen. Nach jeweils 3 Minuten werden die Positionen getauscht. Jeder TN ist 3x »vorn« und 3x »hinten«.	3 x 2 x 3 min + 4 min Wechselzeit, Bewegung im freien Raum	13–35	Der Vordermann braucht unbedingt Körperspannung. Zusätzlich ist die Apnoezeit der Partner unterschiedlich, also müssen die Gruppen Zeichen für den Hintermann vereinbaren.
Erholung	Die TN schwimmen 4 Bahnen auf dem Rücken.	4 Bahnen ruhiges Tempo	36–39	
Aerobe Ausdauer mit Apnoephasen	**Spielform (Übung 3):** Dieselben Paare gehen zusammen. Es soll eine lange Kette gebildet werden, in der die nachfolgenden Paare die Strecke und Bewegungsformen der Vorderleute nachtauchen. Nach jedem »Tauchgang« tauschen erst die Partner in den Gruppen, dann die Führungsgruppen.	2 min Erklärung, dann bis 5 min vor der Ende der Stunde	40–55	Neben den obigen Zielen geht es für das »Führungsteam« um das Abstimmen der eigenen Geschwindigkeit mit den Gruppen, also die Aufmerksamkeit nach »hinten«.
	Ausschwimmen		56–60	

177 Trainingsplan-Nr. 13

Trainingsplan-Nr. 14

Ziel: Apnoefähigkeit verbessern / DTG antauchen + anatmen
Teilnehmer: Partnerübung
Beckenbeschreibung: Bahn

Apnoefähigkeit + aerobe Ausdauer

Beanspruchung	Aufgabe	Strecke / Intervall/Pause	lfd. Zeit (min.)	Kommentar
	Vor dem Training wird für jeden TN ein DTG zusammengebaut (ca. 8 min)			
Aerobe Ausdauer mit Apnoephasen	**Übung 1:** Die TN sind mit ABC ausgestattet. Es werden 2er-Gruppen gebildet. Sie schwimmen sich 12 Bahnen in mittlerem Tempo ein. Dabei wird nur ein Schnorchel benutzt und dieser nach jeweils zwei Atemzügen getauscht. Diese Dauer der Apnoe kann beliebig gesteigert werden und richtet sich nach dem Trainingszustand der Teilnehmer (vgl. Übung L1).	12 Bahnen mit mittlerem Tempo	9–18	Der Kreislauf wird aktiviert, und der Wechsel des Schnorchels dient der Konzentration und lenkt vom Schwimmen ab.
Erholung	Die TN schwimmen 2 Bahnen langsam und konzentrieren sich auf ihre Ausatmung.	2 Bahnen langsames Tempo	19–20	
Aerobe Ausdauer mit Apnoephasen	Die Gruppen bleiben bestehen. Die Geräte werden jeweils an den Enden der Bahn auf dem Boden deponiert. **Übung 2:** In den Gruppen taucht immer ein Partner, der zweite sichert über ihm an der OW. Am Ende der Bahn wird getauscht. Der Tauchende steigt auf, der Schnorchelnde taucht ab. Jeder Partner taucht 4 Bahnen (vgl. Übung F6). **Übung 2a:** Der Übende taucht ab, atmet 2x aus dem Gerät und taucht dann die Bahn zu Ende und taucht auf, hier tauschen die Partner. Der Tauchende atmet beim Tauchen kontinuierlich langsam aus. Sonst wie Übung 2. Jeder Partner taucht 4 Bahnen.	4 x 2 Bahnen (Ü2) 4 x 2 Bahnen (Ü2a)	21–34	Bei langer Bahnen kann auch zuerst ein Stück nebeneinander geschnorchelt werden, um die Tauchdistanz zu verringern. **Beim Auftauchen unbedingt die Ausatmung nicht vergessen!**
Erholung	Die TN schwimmen 4 Bahnen auf dem Rücken und konzentrieren sich auf die Ausatmung.	4 Bahnen ruhiges Tempo	35–38	
Aerobe Ausdauer mit Anaeroben Anteilen	**Übung 3:** Jede 2er-Gruppe benötigt ein DTG, dieses wird in der Mitte der Bahn deponiert. Die gleiche Abfolge wie in Übung 2a, nur dass jetzt zuerst eine Apnoephase kommt, dann aus dem DTG geatmet und schließlich weitergetaucht wird. Jeder Partner taucht 4 Bahnen. **Übung 3a:** Wie Übung 3, nur soll der Tauchende vor dem Abtauchen bereits beginnen auszuatmen. Jeder Partner taucht 4 Bahnen.	4 x 2 Bahnen (Ü3) 4 x 2 Bahnen (Ü3a)	39–53	Die Variationen verändern die Apnoe und fördern so die Konzentration. Zusätzlich wird in allen 4 Übungen der Umgang mit dem DTG geübt. **Beim Auftauchen unbedingt die Ausatmung nicht vergessen!**
	Ausschwimmen + DTG aufräumen		54–60	

Trainingsplan-Nr. 15

Ziel: Bewegungsgeschicklichkeit mit DTG
Teilnehmer: Einzeln bis Gruppe
Beckenbeschreibung: Becken

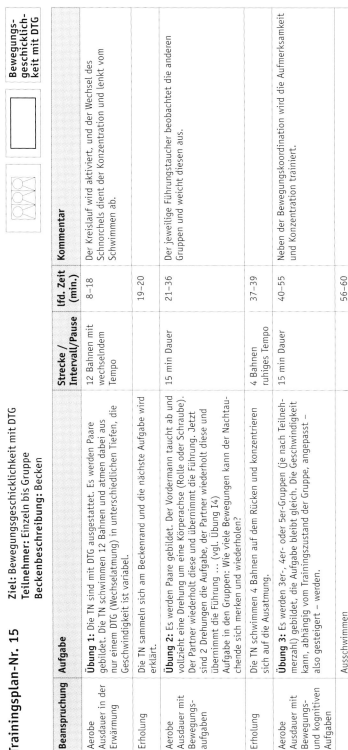

Bewegungs-geschicklich-keit mit DTG

Beanspruchung	Aufgabe	Strecke / Intervall/Pause	lfd. Zeit (min.)	Kommentar
Aerobe Ausdauer in der Erwärmung	**Übung 1:** Die TN sind mit DTG ausgestattet. Es werden Paare gebildet. Die TN schwimmen 12 Bahnen und atmen dabei aus nur einem DTG (Wechselatmung) in unterschiedlichen Tiefen, die Geschwindigkeit ist variabel.	12 Bahnen mit wechselndem Tempo	8–18	Der Kreislauf wird aktiviert, und der Wechsel des Schnorchels dient der Konzentration und lenkt vom Schwimmen ab.
Erholung	Die TN sammeln sich am Beckenrand und die nächste Aufgabe wird erklärt.		19–20	
Aerobe Ausdauer mit Bewegungs-aufgaben	**Übung 2:** Es werden Paare gebildet. Der Vordermann taucht ab und vollzieht eine Drehung um eine Körperachse (Rolle oder Schraube). Der Partner wiederholt diese und übernimmt die Führung. Jetzt sind 2 Drehungen die Aufgabe, der Partner wiederholt diese und übernimmt die Führung ... (vgl. Übung 14) Aufgabe in den Gruppen: Wie viele Bewegungen kann der Nachtauchende sich merken und wiederholen?	15 min Dauer	21–36	Der jeweilige Führungstaucher beobachtet die anderen Gruppen und weicht diesen aus.
Erholung	Die TN schwimmen 4 Bahnen auf dem Rücken und konzentrieren sich auf die Ausatmung.	4 Bahnen ruhiges Tempo	37–39	
Aerobe Ausdauer mit Bewegungs- und kognitiven Aufgaben	**Übung 3:** Es werden 3er-, 4er- oder 5er-Gruppen (je nach Teilneh-merzahl) gebildet, die Aufgabe bleibt gleich. Die Geschwindigkeit kann, abhängig vom Trainingszustand der Gruppe, angepasst – also gesteigert – werden.	15 min Dauer	40–55	Neben der Bewegungskoordination wird die Aufmerksamkeit und Konzentration trainiert.
	Ausschwimmen		56–60	

Trainingsplan-Nr. 16

Ziel: Aerobe und anaerobe Ausdauer mit DTG
Teilnehmer: Partnerübung
Beckenbeschreibung: Becken / Bahn

Aerobe + anaerobe
Ausdauer mit DTG

Beanspruchung	Aufgabe	Strecke/ Intervall/Pause	lfd. Zeit (min.)	Kommentar
Aerobe Ausdauer bei der Erwärmung	**Übung 1:** Die TN sind mit ABC ausgestattet. Jeder schwimmt sich zügig 6 Runden ein (laufendes Band), dabei werden die Beinschlagtechniken gewechselt und auch die Arme eingesetzt.	6 Runden mit steigendem Tempo	8–16	Der Kreislauf wird aktiviert, die Armmuskulatur wird ebenso auf »Temperatur« gebracht.
Erholung	Die TN schwimmen 4 Bahnen langsam und konzentrieren sich auf ihre Ausatmung.	4 Bahnen langsames Tempo	17–19	
Aerobe Ausdauer mit anaeroben Anteilen	**Übung 2:** Es werden etwa gleichstarke/-schwere 2er-Gruppen gebildet. Die Partner sind mit ABC ausgerüstet. Die Partner umfassen sich an den Unterarmen und stellen sich gegenüber auf. Abwechselnd soll nun ein Partner den anderen mit Flossenunterstützung (durch sich aus dem Wasser heben) herunterdrücken. Eine Schaukelbewegung ist das Ziel. Die Übung ist am besten in möglichst tiefem Wasser durchführbar. **(Übung 2a):** Die Partner ziehen ihre DTGs an und wiederholen die Übung.	2 x 3 min ohne DTG, dazwischen 1 min Pause 2 x 3 min mit DTG, dazwischen 1 min Pause	20–38	Neben der schnellen Beschleunigung wird auch die Schulter-Arm-Bereich trainiert. Der Partner uW holt trotz kurzer Apnoe Schwung. Mit DTG sind eine gut verstaute Ausrüstung und eine höhere Körperspannung wichtig.
Erholung	Die TN schwimmen 4 Bahnen auf dem Rücken, lockern ihre Arme und Schultern dabei.	4 Bahnen ruhiges Tempo	39–43	
Aerobe Ausdauer mit stark zunehmenden anaeroben Anteilen	**Übung 3:** Es bilden sich wieder dieselben Paare. Sie tauchen in horizontaler Lage gemeinsam ab und tarieren sich aus. Dann drücken sie ihre Handflächen aneinander und versuchen den Partner wegzudrücken (vgl. Übung 19). Zuerst soll ein Gefühl für den Druck entwickelt werden und dann die Belastung gesteigert werden. Die jeweilige Belastung soll zwischen 100 % »Vollgas«, dafür nur kurz, und »mal sehen, wer länger kann« variiert werden.	2 min Erklärung, dann bis 5 min vor Ende der Stunde.	44–55	Neben der Kraftentwicklung über die Flossen ist auch hier die Körperspannung wichtig.
	Ausschwimmen		56–60	

Trainingsplan-Nr. 17

Ziel: Apnoefähigkeit, aerobe Ausdauer
Teilnehmer: Einzeln / 2er-Gruppe
Beckenbeschreibung: Becken / Bahn

Aerobe
Ausdauer
mit Apnoe

Beanspruchung	Aufgabe	Strecke/ Intervall/Pause	lfd. Zeit (min.)	Kommentar
Aerobe Ausdauer während der Erwärmung	**Übung 1:** Die TN sind mit ABC ausgestattet. Zusätzlich bekommt jeder TN einen Löffel und einen Tennisball. Jeder schwimmt sich 12 Bahnen ein, dabei soll zuerst (vgl. Übung A5) 2 Bahnen der Ball auf dem Löffel über Wasser balanciert werden. Dann 10 Bahnen der Ball mit dem Löffel unter Wasser transportiert werden (vgl. Übung G14). Zuerst ruhig und langsam, mit zunehmender Sicherheit soll das Tempo dann gesteigert werden.	12 Bahnen mit steigendem Tempo	0–11	Der Kreislauf wird aktiviert, die Armmuskulatur wird ebenso auf »Temperatur« gebracht. Die Übung mit dem Ball lenkt davon ab.
Erholung	Die TN schwimmen 2 Bahnen langsam und konzentrieren sich auf ihre Ausatmung.	2 Bahnen lang-sames Tempo	12–13	
Aerobe Ausdauer mit Apnoephasen	**Übung 2:** Jetzt wird die Aufwärmübung erschwert. Diesmal soll der Ball in größerer Tiefe unter Wasser transportiert werden. Also muss er auch während des Abtauchens entsprechend kontrolliert werden. 6x 2 Bahnen in unterschiedlichen Tiefen mit unterschiedlich langen Tauchphasen sind das Ziel. Auch das Tempo kann bei zunehmender Sicherheit gesteigert werden.	6 x 2 Bahnen, wechselndes Tempo	1–26	Auch bei der Ablenkung durch die Aufgabe ist auf die korrekte Ausführung des Abtauchens zu achten.
Erholung	Die TN schwimmen 4 Bahnen auf dem Rücken, lockern ihre Arme und Schultern dabei.	4 Bahnen ruhiges Tempo	27–30	
Aerobe Ausdauer mit anaeroben Anteilen und Apnoephasen	**Übung 3:** Die TN gehen in 2er-Gruppen zusammen. Jede Gruppe hat einen Löffel und einen Ball. **Erste Aufgabe:** 4 Bahnen den Löffel + Ball unter Wasser übergeben (schnorchelnd). **Zweite Aufgabe:** 4 Bahnen den Löffel + Ball nach dem Abtauchen übergeben und unter Wasser mindestens einmal tauschen (vgl. Übung O5). **Dritte Aufgabe:** Löffel und Ball werden unter Wasser nahe dem Beckenboden eine möglichst lange Strecke transportiert, d. h., die Partner tauchen abwechselnd auf und ab. Maximal 3 Bahnen am Stück. **Übung 3a:** Dieselbe Aufgabe wie zuvor, nur als Wettkampf, also gleicher Startpunkt; das Ziel ist, 4 Bahnen Löffel und Ball unter Wasser zu halten.	Je schneller sich die Gruppen zurechtfinden, desto schneller geht es zur Spielform	31–55	Neben der Apnoefähigkeit ist durch die Dauerbelastung auch die aerobe Ausdauer im Fokus. Daneben sicherlich auch die Konzentrationsfähigkeit.
	Ausschwimmen		56–60	

Trainingsplan-Nr. 18

Ziel: Handling der Ausrüstung, Konzentration in der Apnoe
Teilnehmer: Partnerübung
Beckenbeschreibung: Bahn

Aerobe + anaerobe Ausdauer

Beanspruchung	Aufgabe	Strecke/Intervall/Pause	lfd. Zeit (min.)	Kommentar
Aerobe Ausdauer zur Erwärmung	**Übung 1:** Die TN sind mit ABC ausgestattet. Jeder schwimmt 12 Bahnen in mittlerem Tempo. Dabei soll jede zweite Bahn ohne Maske geschnorchelt werden. Zwei Bahnen sollen mit nur einer Flosse geschwommen werden, jeder darf selbst entscheiden, in welcher Reihenfolge.	12 Bahnen in mittlerem Tempo	0–9	Der Kreislauf wird auf »Temperatur« gebracht, die Aufgaben dienen der Ablenkung und Auffrischung des Handlings der ABC-Ausrüstung.
Erholung	Die TN schwimmen 2 Bahnen langsam und ordnen ihre Ausrüstung.	2 Bahnen langsames Tempo	10–12	
Aerobe Ausdauer mit anaeroben Anteilen bei wachsender Distanz	**Übung 2:** Es werden 2er-Gruppen gebildet, jede Gruppe bekommt einen Tauchring (5 kg). Je ein Partner taucht ab, zieht seine ABC aus, deponiert sie unter dem Tauchring und taucht auf. Nach 2–3 Atemzügen taucht er erneut ab, zieht sein ABC wieder ordnungsgemäß an und taucht mit ausgeblasener Maske auf. Der andere Partner sichert an der Oberfläche, und jetzt ist er dran, die gleiche Aufgabe zu lösen. Nachdem er seine Ausrüstung angelegt hat, entfernt er den Tauchring weiter vom Ausgangspunkt (vgl. Übung G2, G3, R5). Aufgabe: Wie weit kann der Tauchring weg sein? Variation: Der Ring wird von jedem Taucher versetzt.	ca. 15 min Dauer	13–32	Die Bewegungskoordination, das Kennen seiner Ausrüstung und die Konzentration auch unter Luftnot bestimmen diese Übung.
Erholung	Die TN schwimmen 4 Bahnen auf dem Rücken und ordnen ihre Ausrüstung.	4 Bahnen ruhiges Tempo	30–33	

Beanspruchung	Aufgabe	Strecke/ Intervall/Pause	lfd. Zeit (min.)	Kommentar
Aerobe Ausdauer mit anaeroben Anteilen bei wachsender Distanz	**Übung 3:** Die TN finden sich in 2er-Gruppen zusammen, jede Gruppe hat einen Tauchring. Ein Partner taucht mit dem Ring ab und transportiert ihn am Beckenboden über eine immer größer werdende Distanz (5 m, 10 m, 15 m ...), zieht wieder die ABC aus, klemmt sie unter dem Ring fest und kommt zum Ausgangspunkt zurück. Nach kurzer Pause taucht er erneut zum Ring, legt seine Ausrüstung an und kehrt mit dem Ring zurück. Dann ist der vorher sichernde Partner an der Reihe. Aufgabe: Wer kann den Ring weiter weg positionieren? Variation: Eine vorher festgelegte Aufgabe muss vor dem Zurück-kommen mit dem Ring bewältigt werden, z. B. zwei unterschied-liche Wände berühren oder einen Salto schlagen.	3 min E-klärung, Durchführung bis 5 Minuten vor Ende der Stunde	34–55	Mit zunehmender Distanz spielt die Bewegungsökonomie eine größere Rolle. Daneben stehen die bereits oben angesprochenen Inhalte.
	Ausschwimmen		56–60	

Trainingsplan-Nr. 19

Ziel: Klassische Fehlerbilder und Bewegungsgefühl
Teilnehmer: Partnerübung
Beckenbeschreibung: Becken / Bahn

				Aerobe Ausdauer + Bewegungsgefühl

Beanspruchung	Aufgabe	Strecke/ Intervall/Pause	lfd. Zeit (min.)	Kommentar
	Vor dem Einstieg ins Wasser wird je ein DTG pro Teilnehmer fertig zusammengebaut und am Beckenrand deponiert (ca. 7 min).			
Aerobe Ausdauer	**Übung 1:** Die TN sind mit ABC ausgestattet. Jeder schwimmt 10 Bahnen in wechselndem Tempo, dabei sollen die Körperposition und der Beinschlag bewusst verändert werden. Auf dem Rücken mit Blick zur Decke, auf dem Rücken mit Kinn auf der Brust, in Bauchlage mit Blick zum Boden, in Bauchlage mit Blick nach vorn, sehr kleine Bewegungsamplitude der Beine, sehr große Bewegungsamplitude der Beine. Normale Schwimmlage des Einzelnen.	12 Bahnen in mittlerem Tempo	8–16	Die verschiedenen Positionen und Bewegungen kennzeichnen klassische Fehlerbilder, die erfahrbar gemacht und mit der »eigenen« Schwimmlage erfahren werden.
Erholung	Die TN schwimmen 2 Bahnen langsam und ordnen ihre Ausrüstung.	2 Bahnen langsames Tempo	17–18	
Aerobe Ausdauer	**Übung 2:** Es werden 2er-Gruppen gebildet, je 2 Bahnen beobachten sich die Partner beim normalen Flossenschwimmen mit Gerät und achten auf Eigenheiten. Danach soll jeder versuchen, den jeweils anderen zu kopieren. Nach kurzem Austausch findet dieselbe Übung beim Tauchen statt.	12 Bahnen plus Austausch	19–29	Die Bewegungskoordination, das Kennen seiner Ausrüstung und die Konzentration auch unter Luftnot bestimmen diese Übung.
Erholung	Die TN schwimmen 2 Bahnen auf dem Rücken und ordnen ihre Ausrüstung.	2 Bahnen ruhiges Tempo	30–31	
Aerobe Ausdauer	**Übung 3:** Wieder werden 2er-Gruppen gebildet. Jeweils ein Partner »übt«, der andere schaut zu und verbessert. Es sollen die oben genannten Fehlerbilder bewusst wiederholt und übertrieben werden (ein Fehlerbild pro Bahn). Gemeinsam mit dem Partner wird darüber gesprochen und an der Technik gefeilt. Erst alle Fehlerbilder, dann eine optimierte Bahn, dann Partnerwechsel.	4 Fehlerbilder à 2 Partner plus je 2 Bahnen verbesserte Bewegungsausführung (16 Bahnen) plus Austausch	32–55	Die Korrektur kann sich auch auf Jacketfüllung, Bebleiung etc. ausweiten.
	Ausschwimmen		56–60	

Die Mitglieder der Arbeitsgruppe und Autoren des Buches

Dr. Sportwiss. Marc Dalecki
studierte Sportwissenschaften und lehrt seit 2006 im Sportlehrgebiet Sporttauchen an der Deutschen Sporthochschule Köln. Er ist Tauchlehrer (TL 4) und Präsidiumsmitglied des Verbandes Europäischer Sporttaucher (VEST) und ist tätig für die European Space Agency (ESA) beim Astronautentraining unter Wasser. Sein Forschungsschwerpunkt ist die Leistungsfähigkeit des Menschen in Schwerelosigkeit und unter Wasser.

Dr. Sportwiss. Tobias Dräger
studierte Biologie, Sportwissenschaften und Sportökonomie und promovierte im Bereich Leistungsphysiologie. Seit 1993 ist er in der Tauchausbildung als CMAS***-Tauchlehrer und Lehrbeauftragter aktiv. Die Leistungsfähigkeit des Menschen unter schwierigen Umweltbedingungen ist sein Forschungsschwerpunkt.

Dr. Sportwiss. Uwe Hoffmann
leitet das Sportlehrgebiet Sporttauchen an der Deutschen Sporthochschule Köln seit 1986. Er ist Tauchlehrer im VDST (TL 3) und Verfasser zahlreicher Bücher zur Methodik und Vermittlung im Sporttauchen. Auch in zahlreichen Forschungsprojekten befasst er sich mit dem Sporttauchen.

Nils Holle, Diplom-Sportwissenschaftler
taucht seit 1998, war und ist als Trainer/Coach in den Bereichen Nordic Walking, Rückenkurse, Aquafitness, Ausdauertraining, Personal Training, Sportcoaching tätig. Gewann mit seiner Diplom-Arbeit über die Erhebung und Schulung von Bewegungsgeschicklichkeit im Sporttauchen einen Forschungspreis des VDST und erreichte damit auch die Endrunde des Forschungswettbewerbes »Junge Wissenschaft« des DIN e.V.

Ansgar Steegmanns, Diplom-Sportwissenschaftler
ist CMAS**-Tauchlehrer und als zertifizierter Astronaut Instructor für die Tauchausbildung der Astronauten bei der Europäischen Weltraumagentur (ESA) im Europäischen Astronauten Center (EAC) tätig. Als wissenschaftlicher Mitarbeiter an der Deutschen Sporthochschule Köln war er in der Forschung (Schwerpunkt: Auswirkungen der Apnoe unter Leistung auf das Herz-Kreislauf-System) und als Lehrbeauftragter im Sportlehrgebiet Sporttauchen tätig.

Fabian Steinberg, Sportwissenschaftler und Biologe
ist Tauchlehrer beim VDST (TL 2), Lehrbeauftragter im Fach Sporttauchen an der Deutschen Sporthochschule Köln (DSHS) und beschäftigt sich dort als wissenschaftlicher Mitarbeiter mit der menschlichen Leistungsfähigkeit im Wasser und in Schwerelosigkeit. Zudem ist er Arbeitstaucher für das Astronautentraining im Europäischen Astronauten Zentrum der Europäischen Weltraumagentur.

Alexander Wojatzki
studierte Sport und Geografie für das Lehramt an Gymnasien und Gesamtschulen an der Deutschen Sporthochschule Köln sowie der Universität zu Köln. Während seines Studiums war er Mitarbeiter der Arbeitsgruppe von Herrn Dr. Hoffmann, bei der er die Tauchausbildung der DSHS im Schwimmbad und Freigewässer unterstützte. Seit 2008 ist er als Tauchlehrer, fit2dive-Coach und Trainer in der Hai Society Köln e.V. tätig.

Anforderungen Leistungsabzeichen Flossenschwimmen

VDST

	25 m Tauchsprint/Flossenschwimmen*			100 m Flossenschwimmen			400 m Flossenschwimmen			800 m Flossenschwimmen		
	Bronze	Silber	Gold	Bronze	Silber	Gold	Bronze	Silber	Gold	Bronze	Silber	Gold
Weibliche Jugend												
8–9	00:22,0	00:21,5	00:21,0	01:40	01:37	01:34	08:00	07:45	07:30	–	–	–
10–11	00:20,0	00:19,5	00:19,0	01:30	01:27	01:24	07:00	06:45	06:30	–	–	–
12–13	00:18,5	00:18,0	00:17,5	01:22	01:19	01:16	06:10	05:55	05:40	14:20	14:00	13:40
14–15	00:18,0	00:17,5	00:17,0	01:20	01:17	01:14	06:00	05:45	05:30	13:50	13:30	13:10
16–17	00:17,5	00:17,0	00:16,5	01:18	01:15	01:12	05:50	05:35	05:20	13:20	13:00	12:40
Frauen												
18–34	00:17,0	00:16,5	00:15,5	01:17	01:12	01:05	05:40	05:25	05:10	13:20	12:50	12:20
35–44	00:18,5	00:17,5	00:16,5	01:22	01:17	01:12	06:00	05:40	05:30	14:10	13:35	13:00
45–49	00:19,5	00:18,5	00:17,5	01:27	01:22	01:17	06:30	06:10	05:50	15:10	14:35	14:00
50–54	00:20,0	00:19,0	00:18,0	01:32	01:27	01:22	06:45	06:25	06:05	15:40	15:05	14:30
55–59	00:20,5	00:19,5	00:18,5	01:37	01:32	01:27	07:00	06:40	06:20	16:10	15:35	15:00
60–64	00:21,0	00:20,0	00:19,0	01:42	01:37	01:32	07:15	06:55	06:35	16:40	16:05	15:30
65–69	00:21,5	00:20,5	00:19,5	01:47	01:42	01:37	07:30	07:10	06:50	17:10	16:35	16:00
70–74	00:22,0	00:21,0	00:20,0	01:57	01:52	01:47	07:50	07:30	07:10	17:45	17:10	16:35
75–79	00:22,5	00:21,5	00:20,5	02:07	02:02	01:57	08:10	07:50	07:30	18:20	17:35	17:00
80–84	00:23,0	00:22,0	00:21,0	02:17	02:12	02:07	08:30	08:10	07:50	18:55	18:10	17:35
85–89	00:23,5	00:22,5	00:21,5	02:27	02:22	02:17	08:50	08:30	08:10	19:30	18:35	18:00
90+	00:24,0	00:23,0	00:22,0	02:37	02:32	02:27	09:10	08:50	08:30	20:05	19:30	18:55

* bis AK 10/11 als Flossenschwimmen, ab AK 60 als Flossenschwimmen

	25 m Tauchsprint/Flossenschwimmen*			100 m Flossenschwimmen			400 m Flossenschwimmen			800 m Flossenschwimmen		
	Bronze	Silber	Gold	Bronze	Silber	Gold	Bronze	Silber	Gold	Bronze	Silber	Gold
Männliche Jugend												
8–9	00:22,0	00:21,5	00:21,0	01:40	01:37	01:34	08:00	07:45	07:30	–	–	–
10–11	00:20,0	00:19,5	00:19,0	01:30	01:27	01:24	07:00	06:45	06:30	–	–	–
12–13	00:18,0	00:17,5	00:17,0	01:20	01:17	01:14	06:00	05:45	05:30	14:00	13:40	13:20
14–15	00:17,5	00:17,0	00:16,5	01:18	01:15	01:12	05:50	05:35	05:20	13:30	13:10	12:50
16–17	00:17,0	00:16,5	00:16,0	01:16	01:13	01:10	05:40	05:25	05:10	13:00	12:40	12:20
Männer												
18–34	00:16,5	00:16,0	00:15,0	01:15	01:10	01:03	05:30	05:15	05:00	13:00	12:30	12:00
35–44	00:18,0	00:17,0	00:16,0	01:20	01:15	01:10	05:50	05:30	05:20	13:50	13:15	12:40
45–49	00:19,0	00:18,0	00:17,0	01:25	01:20	01:15	06:20	06:00	05:40	14:50	14:15	13:40
50–54	00:19,5	00:18,5	00:17,5	01:30	01:25	01:20	06:35	06:15	05:55	15:20	14:45	14:10
55–59	00:20,0	00:19,0	00:18,0	01:35	01:30	01:25	06:50	06:30	06:10	15:50	15:15	14:40
60–64	00:20,5	00:19,5	00:18,5	01:40	01:35	01:30	07:05	06:45	06:25	16:20	15:45	15:10
65–69	00:21,0	00:20,0	00:19,0	01:45	01:40	01:35	07:20	07:00	06:40	16:50	16:15	15:40
70–74	00:21,5	00:20,5	00:19,5	01:55	01:50	01:45	07:40	07:20	07:00	17:25	16:50	16:15
75–79	00:22,0	00:21,0	00:20,0	02:05	02:00	01:55	08:00	07:40	07:20	18:00	17:15	16:40
80–84	00:22,5	00:21,5	00:20,5	02:15	02:10	02:05	08:20	08:00	07:40	18:35	17:50	17:15
85–89	00:23,0	00:22,0	00:21,0	02:25	02:20	02:15	08:40	08:20	08:00	19:10	18:15	17:40
90+	00:23,5	00:22,5	00:21,5	02:35	02:30	02:25	09:00	08:40	08:20	19:45	19:10	18:35

* ab AK 60 als Flossenschwimmen

Literaturhinweise

Borg G., Noble B. J.: *Perceived exertion during walking and running,* **Proceedings from XVII Congress Applied Psychology in Liege 1971**

Bucher W. (Red.): *1001 Spiel- und Übungsformen im Schwimmen.* Verlag Karl Hofmann, 2010

de Marees H.: *Sportphysiologie (9. Auflage).* Sport und Buch Strauß, 2009

Ehm O. F., Hoffmann U., Wenzel J. (Hrsg.): *Tauchen – noch sicherer!* Pietsch Verlag, 2012

Gamberale, F. (1972): *Perceived Exertion, Heart Rate, Oxygen Uptake and Blood Lactate in Different Work Operations, Ergonomics, 15:5,* Seiten 545–554

Graf C. (Hrsg): *Lehrbuch Sportmedizin.* Deutscher Ärzte-Verlag, 2012

Hoffmann U., Baumgärtner T., Noethlichs M.: *Grundlagen des Sporttauchens.* Meyer&Meyer Verlag, 2003

Hoster M.: *Zur Bedeutung verschiedener Dehnungsarten bzw. Dehnungstechniken in der Sportpraxis. In: Lehre der Leichtathletik 26 (31),* S. 1523–1526, 1987

Kromp T., Roggenbach H. J., Bredebusch P.: *Praxis des Tauchens.* Delius Klasing Verlag/Edition Naglschmid, 2012

Lüchtenberg D.: *Tauchsporttraining.* Meyer&Meyer Verlag, 2007

Quenzer E., Nepper H.-U.: *Funktionelle Gymnastik – Grundlagen, Methoden, Übungen, 4. Auflage.* Limpert Verlag, 2008

Scheyer W.: *Orientierungstauchen – Nachttauchen – Strömungstauchen – Wracktauchen.* Delius Klasing Verlag/Edition Naglschmid, 2009

Stibbe A.: *Sporttauchen.* Delius Klasing Verlag/ Edition Naglschmid, 2008

Völker K., Madsen Ö., Lagerström D.: *Fit durch Schwimmen.* perimed-Fachbuch Verlagsgesellschaft mbH, 1983

Weineck J.: *Funktionelle Aspekte in der Gymnastik.* In: **Gutsche K.-J., Medau H. J.:** *Gymnastik – Ein Beitrag zur Bewegungskultur unserer Gesellschaft.* Hofmann Verlag, 1989

Weineck J.: *Optimales Training – Leistungsphysiologische Trainingslehre unter besonderer Berücksichtigung des Kinder- und Jugendtrainings.* Spitta Verlag, 2009

Wilke K. (Hrsg.): *Das große Limpert-Buch der Wassersportspiele.* Limpert-Verlag, 2013

Wilke K. (Hrsg.): *Schwimmsport Praxis.* Rowohlt Taschenbuch Verlag GmbH, 1988

Wilkens K., Löhr K.: *Rettungsschwimmen: Grundlagen der Wasserrettung.* Verlag Karl Hofmann, 2010

Übungsverzeichnis